北大法学阶梯
课程指引系列

北大法学高阶 壹

北京大学法学院 | 编

法律出版社 LAW PRESS · CHINA
北京

图书在版编目(CIP)数据

北大法学高阶. 壹 / 北京大学法学院编. -- 北京 : 法律出版社, 2023

ISBN 978 - 7 - 5197 - 7657 - 2

Ⅰ. ①北… Ⅱ. ①北… Ⅲ. ①法学 - 文集 Ⅳ. ①D90 - 53

中国国家版本馆 CIP 数据核字(2023)第 040250 号

北大法学高阶·壹
BEIDA FAXUE GAOJIE · YI

北京大学法学院 编

责任编辑 陆帅文
装帧设计 汪奇峰 臧晓飞

出版发行 法律出版社
编辑统筹 法律教育出版分社
责任校对 王 丰 郭艳萍
责任印制 刘晓伟
经　　销 新华书店

开本 710 毫米×1000 毫米 1/16
印张 15.75 **字数** 249 千
版本 2023 年 8 月第 1 版
印次 2023 年 8 月第 1 次印刷
印刷 固安华明印业有限公司

地址:北京市丰台区莲花池西里 7 号(100073)
网址:www.lawpress.com.cn
投稿邮箱:info@lawpress.com.cn
举报盗版邮箱:jbwq@lawpress.com.cn
销售电话:010 - 83938349
客服电话:010 - 83938350
咨询电话:010 - 63939796

书号:ISBN 978 - 7 - 5197 - 7657 - 2　　**定价**:49.00 元

凡购买本社图书,如有印装错误,我社负责退换。电话:010 - 83938349

编写说明

北京大学是中国法学教育的滥觞之地，是中国法学教学改革的先行者和探路者。北京大学法学院（以下简称北大法学院）始终秉持科研与教学并重的立院方针，将教学与科研视作大学教师的基本职责，两翼不可偏废。近年来，北大法学院大力推进教学供给侧改革，增加教学产品，创新教学活动，改善教学结构，提升课程质量，引领中国法学界教学改革风潮。

"北大法学阶梯系列讲座"是北大法学院诸多教学改革活动之一。2018 年秋季学期，该系列讲座正式面世。它包括三个系列：初阶（入门）讲座、进阶讲座和高阶讲座。初阶讲座是为了引领学生进入法学之门，为相关课程的学习提供方法论上的入门指引。进阶讲座旨在改变以往课后个别答疑不够充分、缺乏体系、难以集体受益的局面，致力于为学生系统性地答疑解惑，清除前期学习中累积的困扰，指明下一步学习的方向和重点。高阶讲座主要面向博士生群体，由各专业教授介绍学科最前沿的研究动态或发布自己最新的研究成果，激发法学博士生的学术志趣，培养全面的知识结构和开阔的视野。三个系列讲座都是以现有的课程为基础，以既定的课堂为平台，面对不同的授课对象，选择不同课程的不同阶段展开。通过前期宣传、后期综述以及视频播放等方式，将课堂教学与讲座模式有机结合，面向全社会公开。这不仅有效地提升了课堂质量，也实现了优质教育资源的共享。迄今为止，"北大法学阶梯系列讲座"已经累计举办 80 余场。

为了更全面地展示北大法学院的课程风采，为全国法科学生提供全方位的学习指引，法学院征求授课教师意见后，决定将部分阶梯讲座活动的内容整理出版。经与法律出版社协商，此次出版以"北大法学阶梯课程指引系列"的面貌呈现，旨在为处在学习法律各个阶段的学生提供一套全面的教学参考用书。每位授课教师负责自己的讲授内容，从格式到内容均对讲座实录文字做了大幅的修改润色，以符合"北大法学阶梯课程指引系列"的定位要求。

呈现在读者面前的这套丛书，基本上覆盖了全国法学院各类必修课和选修课，是北大法学院几十位教师的集体作品，希冀能帮助每一位法科学生迈入法学之门，克服路障，拾阶而上，领略法学的无限风光。

“北大法学阶梯系列讲座”的举办以及本书的出版，得到了来自法律出版社、《中国法律评论》编辑部以及北大英华科技有限公司等社会各界人士的关心、支持和帮助。在各方协力下，北大课堂以一种新的方式在纸上重现。在此一并致谢。

北京大学法学院

2021 年 9 月

目录

制度竞争与思想变迁：从“尊尊亲亲”到“选贤与能”

朱 苏 力

关于作者

朱苏力

北京大学博雅讲席教授，法学院天元讲席教授；博士。

祖籍江苏东台，1955年出生于安徽合肥。1970年入伍；1976年退役后，在安徽省测绘局当工人。1978年高考进入北京大学法律系学习。1984年北大法律系读研期间赴美留学。1992年博士毕业回北大任教至今。

先后出版个人专著《法治及其本土资源》《制度是如何形成的》《送法下乡》《道路通向城市》《法律与文学》《大国宪制》《是非与曲直》等12部，译著10余部；独立发表论文300余篇。

长大后我就成了你。

——流行歌曲

也许是杜撰的国策之争

《吕氏春秋》、《淮南子》和《韩诗外传》都曾有一段大同小异的记述,当年,姜太公吕望与周公旦受封齐鲁后,就各自治国的方略和制度,曾有过这么一段坦承直白近乎简单粗暴的交流。

太公:“你会以何种方略治理鲁国?”

周公:“尊尊,亲亲。”

太公:“鲁国会逐渐衰落的”。

周公:“你治理齐国会是何种方略呢?”

太公:“举贤,尚(上)功。”

周公:“日后齐国一定有人弑君夺权。”[1]

《吕氏春秋》以此来赞扬政治家的远见卓识(长见),《淮南子》《韩诗外传》则赞扬太公和周公是圣人,见微知著。数百年后,齐、鲁两国的结局与太公和周公的预判居然非常近似。齐国国力日增,直至齐桓公尊王攘夷,成为春秋第一霸主。但太公之后24代,田氏取代了姜氏,篡夺了国政。即便如此,齐国总体上仍是强国。鲁国国力则日衰,34(《淮南子》记为32)代后,鲁国被楚国灭了。

这则记载令我印象强烈,不只是两位政治家见微知著,而且在政治治理中,他们集中关注基本政治制度和原则,与之相伴的利弊,以及制度实践的长期后果。

但我贪得无厌,有更多疑惑。既然两位治国方略如此不同,难道太公和周公就不曾分析、讨论或争论哪种方略和制度更好,更理想,更符合人性?制度

---

〔1〕 许维遹:《吕氏春秋集释》,中华书局2009年版,第225页;何宁:《淮南子集释·齐俗训》,中华书局1998年版,第765页;许维遹:《韩诗外传集释》,中华书局2009年版,第364-365页。三书中,《吕氏春秋》中记述周公的方略为“亲亲上恩”,其余则大同小异。

上能否取长补短，适度综合，找出一个——今人常常相信只要努力就会有的——“万全之策”？如果两人有过争论，或虽未有争论却还是互有参考，那都意味着，他们认为可以思考发现，或听取内在冲突的多种意见来综合创造，一个大致放之四海而皆准的治国方略。这会是一种目的论的理性主义政治哲学。甚至，若仅就方案本身利弊权衡后仍坚持自己的方略，也可以归于这一进路。此外，我还很想了解他们就对方治国方略的长期后果给出的那个预判，究竟意味着什么。反对或批评？甚或，惺惺相惜，只是临别前的相互告诫？换言之，即便预见并提醒了对方未来可能的风险，周公也并不反对太公“举贤尚功”，太公也完全接受和认可周公的“尊尊亲亲”。他们完全可能认为，治国更多需要的是今天学人说的“实践理性”；即便山水相连，齐鲁两国也不可能适用有逻辑统一的方略，具体治理一定需要基于情境和大量具体信息的精细分析、判断和应对。理解对方的处境，也相信对方的政治才能和智识，尊重对方的选择，他们给出的预判只是道了声珍重。

我其实不大相信姜太公与周公旦有过这场对话。因为史家记叙人事，特别是当时的言辞，与文学创作虽“不尽相同而可相通”。[1] 更何况《吕氏春秋》成书时距周初已有800年了，《淮南子》和《外传》距周初则有900年之久。怎么可能，在周初，谁能用甲骨文或金文如此细致记录两人的会面、议题和对话。只有口耳相传的传闻则不足为据。我更趋于认为，这则记录是战国末期和汉初士人以其后见之明，依据齐鲁两国几百年的实在历史，杜撰的。太公和周公言辞简洁，各自主张反差鲜明，对可能的后果直言不讳，对读者很有冲击力，也很戏剧性。这很符合人们对太公和周公这两位先贤哲人的想象和期待；即便不完全符合，也足以令其熠熠生辉，有某种半神性。这都令我更相信这是作者的修辞追求。鉴于当时这类话语的预期受众，讲故事也比思辨论证更有说服力——想想那些不可能的中西方寓言：无论是守株待兔的农民还是吃不到葡萄说葡萄酸的狐狸。

但即便文中记述完全是杜撰，对本文也不重要。重要的是，我们能从全部“假”中看到什么“真”，并且有意义。真有。这就是说，至少战国末期和西汉初年，当吕不韦的门人或汉初的刘安和韩婴，记载、传抄甚或杜撰这则轶事之际，他们已分享一个也算得到历史验证的有关制度竞争的共识，并希望以生动有

〔1〕 钱钟书：《管锥编》(1)，生活 · 读书 · 新知三联书店2001年版，第272－273页。

力的表达,让更多士人理解接受。至于最先悟出这个道理的,究竟是太公/周公,或是吕氏门人/刘安/韩婴或其他什么人,时间在周初、战国还是汉初,那对中国政治法律思想的编年叙事或许有意义,对本文关注的知识谱系问题,思想因何发生和演变,意义不大。

主张者各自的语境

与今天讨论国政问题的学人不同,姜太公和周公都是政治家和实践者,当时肩负了治国的政治责任。这一制度角色使他们必须关心真实、具体且迫切的难题或麻烦,揣摩并努力避开最现实的风险,比较各种治国方略的成本和收益。即便今天的学人很容易将他们的方略归为某种理论,或从现有的某种理论中演绎出来,同抽象的人性相勾连,但这都不会是太公和周公的关注。他们的决策有理论寓意,但他们不可能在意理论。为了有效具体的应对和创新,他们甚至可能不得不反对某些众所周知的命题,或是不得不反对(或捡回)自己曾明确支持(或反对)的某些主张。一个典型例证就是下面提及的西周王位继承问题。

他们很可能也不那么在意某些抽象的人性,而更在意过于相信并依赖这一或某一人性特点会惹出什么大麻烦。事实上,周公和太公各自主张的“亲亲”与“尚贤”,乍一看对立,其实都符合人性——我说的是人的天性(human nature),即生物本能(biological instinct),有别于今天我们被告知人应当具有或信仰的教义化/美化的所谓“人性”(humanity),即便有时两者一致。我们只是更爱家人而已,而并非因为信仰或懂得了“爱有差等”。然而,我们也总是更喜欢好人、能人、聪明人、优秀或出众的人,包括相貌和体格,无论求偶或交友;乃至会因此而容忍这些人在其他方面的一些明显缺点。然而,无须特别敏感,从太公与周公的对话中,我们都能察觉,在试图借助或利用这些人性特点之际,他们都更在意甚至警惕,若迁就了这一人性特点,会有什么不可欲的长期社会后果,即那些可能影响许多人甚至一国的重大后果。这是政治家的品质,会自觉承担身后的责任。

太公和周公都有丰富政治社会军事经验。如果在这个问题上,真如史书上表现的那样,他们未讨论也未有争论,那么最大可能是他们深知:没有什么稳固、统一、所谓“最本质”的人性和制度来保证“长治久安”,所谓“为万世开太平”,制度选择只能针对具体现实迫切的难题,因此永远是各有利弊和风险,不能指望有放之四海皆最佳的制度选择。即便再努力,有时仍然是,人算不如天算。抽象理论分析和争辩没有太大意义,那只能交由政治行动者面对现实做出更切实的选择。

联系当年他们各自,但尤其是周公的政治责任和处境,更能看清这点。据《史记·鲁周公世家》,西周建立次年,周武王就病重,接着就去世了,继位的成王尚在襁褓之中。作为武王的弟弟和最重要的政治助手,周公成了西周政治的核心,实际主政。尽管受封于鲁,周公的政治责任其实是整个西周,他的施政方略首先要顾全和服从这一大局;鲁国将由周公的长子伯禽治理。与此同时,周公面对的另一重大挑战是,出于攀比羡慕嫉妒恨,周公的庶兄弟管叔和蔡叔散布流言,称周公图谋篡位,两人后来还公开反叛,被周公镇压。这一切都压缩或限定了周公的政治方略选择,他必须以稳妥为上。

“举贤尚功”从各方面看都不宜作为西周政治的基本方略,尽管周公主政期间,一直非常重视人才考察和选用,并成为后世佳话。[1] 周公的这种“言行不一”有大局考量,也有策略考量。从大局来看,“举贤尚功”的核心是鼓励竞争,政治地位和权力分配完全依据竞争者本人的才能和功绩。这当然好,但从大局来看,在武王以革命方式(“臣弑君”)建立西周后,面对交通不便、政治文化不统一的广阔农耕各地,为重建秩序,整合政局,必须以某种方式创造周天子的政治权威(“尊尊”)。竞争优先,不仅不利于合作和整合,更可能容易引发和激化矛盾。此外,周公若主张“举贤尚功”,也不利于周公辅助成王主政。因为,在西周创建过程中,周公功劳卓著,素有贤能之名,而夏商两代还一直有“兄终弟及”的传统。这种格局容易令人怀疑周公别有所图。而且,在其主政期间,即便周公出于公心“举”了谁,也容易引发猜忌,任何不满都会落在周公身上。这等于主动为管、蔡散布流言攻击周公提供口实。而一旦赶走了周公,管、蔡还可能据此主张更大的政治决断权。

相比起来,看来保守的“尊尊亲亲”,作为国策,反倒更有利于西周初年政治架构(政制/宪制)的创新和稳定。夏、商两代一直是部落联盟制,即夏、商仅

---

〔1〕 事实上,周公本人“一沐三捉发,一饭三吐哺,起以待士,犹恐失天下之贤人”。(汉)司马迁:《史记·鲁周公世家》,中华书局 1959 年版,第 1518 页。甚至,追溯起来,周公,而非周公的兄长管叔蔡叔,所以成为周武王最重要的政治助手,以及姜太公成为周武王最重要的军事助手,都因为西周初年的政治实践,在注重“亲亲”的同时也很看重贤能。

仅是众多部落中的老大,成千上万部落间的联系非制度化,很不稳定。殷商败于周的教训之一就是商纣王无法诉诸制度,合力抗周。周初因此尝试创新宪制:通过“分”土地和人民给周天子的兄弟叔侄和少数异姓功臣,在西周实际或可能控制的区域“建”众多诸侯国,通过等级“封”爵制度组织起来,“以蕃屏周”,[1]以宗法替代部落联盟,构建一个政治层级联系更紧密的大国,巩固并拓展西周治理的疆域。在这一体制下,诸侯有义务服从周天子,贡献财物(实物税),并参与重要战事。这大致就是《诗经》中说的“溥天之下,莫非王土;率土之滨,莫非王臣”,就是后来孔子概括并坚持的“天下有道,礼乐征伐自天子出”。[2] 但这个制度首先必须大大提高和确立周天子的法定政治地位,把天子、诸侯、卿大夫、士之间的等级关系制度化。

另一重要宪制变革则是把殷商兄终弟及加父死子继的继承制改为嫡长继承制。只有建立了确定有序的继承制度,才能有效打压乃至消除围绕每一次王权转移可能引发和激发的政治野心、阴谋和风险,保证高层政治稳定。管、蔡散布周公篡权的流言所以有人信,重要因素之一就是西周继承制度尚未确定。当初武王起兵反抗商纣王时,为了政治动员,对商纣王的指控之一就是他不重用自己的弟弟。[3] 但到了西周初年,这就成了不利于西周统治集团内部团结和权力有序转移的政治遗产之一,必须彻底清除。

要完成这两项宪制改革创新太难了。周武王死得太早,成王年幼,自然没有政治权威,没有确定的先例可以诉诸,也没有多少其他条件或资源可利用。“亲亲”被开掘出来了,周公挪用家族血缘关系来创新西周宪制,希望“兄弟阋于墙,外御其侮”。[4] 事后来看,这就是为弥补当时西周各地政治经济文化联系不足而对血缘亲缘这种生物资源的利用。在福柯视角下,这就是对人体及其自然情感的利用和征服。[5] 但“尊尊亲亲”也还可以说是周公的自我表白,

---

〔1〕 杨伯峻:《春秋左传注》,中华书局2009年版,第420、1308、1475、1536页。

〔2〕 余冠英:《诗经选译·北山》,人民文学出版社1985年版,第131页;杨伯峻:《论语译注·季氏》,中华书局1980年版,第174页。

〔3〕 “离逷其王父母弟”“遗其王父母弟不用”。(汉)司马迁:《史记·周本纪》,中华书局1959年版,第121、122页。又请看,“昏弃厥遗王父母弟不迪”。《尚书正义·牧誓》,北京大学出版社1999年版,第285-286页。

〔4〕 杨伯峻:《春秋左传注》,中华书局2009年版,第423-424页;邬国义等:《国语译注·富辰谏襄王以狄伐郑及以狄女为后》,上海古籍出版社1994年版,第37页。

〔5〕 Michel Foucault, *Discipline and Punish, The Birth of the Prison*, trans. by Alan Sheridan, Vintage Books, 1977.

一项公开的政治宣誓和承诺,不仅有助于抵消管、蔡的谣言,也能制约管、蔡的潜在野心并消解其欲求的政治合法性。

虽然同为西周功臣,太公与周公在很多方面非常不同。最重要的是,姜太公是异姓诸侯,他与周天子的关系既不是"亲亲",也不是亲亲层面的"尊尊"(不是同姓诸侯中大宗与小宗的关系),最多只有政治层面的"尊尊"。而这一层面的寓意在周初还不显著,要等到齐桓公"尊王攘夷"时,这一点才明确。作为功臣和政治核心成员之一,太公自然非常关心周的长治久安,但他也懂得,"不在其位,不谋其政"。有些事他没法操心,不好操心,甚至不该他操心,否则容易引发猜忌:是否有觊觎之心。不仅为避嫌,甚至为更好实践对周天子的"尊尊",太公似乎也不应在自己的封国内强调"亲亲"。似乎他就适合主张和倡导"举贤尚功",尊奉周天子,乃至必要时,有能力"勤王""尊王攘夷"。《史记》中记载姜太公贫寒出身,军事生涯,是兵家先驱。如果为真,这都会塑造他,促使他强调个人努力,严格论功行赏,依据能力和功绩拔擢人才,[1]换言之,他会更倚重一个注重竞争的制度。在这一点上,兵家与后来的法家是相通的。

但是,即便在军事上相对简便可行,甚至今天中国人觉得理所当然,但在政治上,"举贤尚功"却不是个容易付诸实践的制度;并因此,这并非——尽管普通人很容易如此假定——一个天然有利无弊或必定利大于弊的制度。它比"尊尊亲亲"复杂多了。要持续汇集大量准确的绩效信息,还要坚持统一客观的评价标准。这不仅在西周很难;即便今天也难——想象高考作文评分,就很难,更别说其他各类特长生了。也不能光凭口碑(借助于所谓的民意),那太容易被人操纵,便宜了伪君子或野心家。此外,"举"还必须有一个有见识和判断力,还有绝对权威的君主。当时的成王显然满足不了这个要求;而且,只要实行嫡长继承制,后世君主也很难一一达到这个标准。一旦君主没有基于见识的杀伐决断,所谓"举贤尚功"就是制造政治纷争,激化矛盾,就会内斗、内耗、内乱,往往还不择手段。周公对太公的告诫可谓深知利害,也切中要害。

仅凭对周公、太公身世以及周初政治格局的简单了解,作此番演绎,即便入情合理,也未必靠谱。但没想真实再现周初的政治格局,我想说的只是,任何有效决策必须针对决策者当下的具体难题,针对他无法推卸的责任,一定得

---

[1] (汉)司马迁:《史记·齐太公世家》,中华书局1959年版,第1477-1479页。

在给定制度环境和传统内,借助他可能获得的资源,做他认为最重要、最恰当和最迫切的事。你可以有“替万世开太平”的追求,却更要知道理性、个人能力和历史条件甚至资源都很有限。有些事,哪怕知道长期后果不可欲,但如果就是此刻的必须,为“救世”,也只能先这样做着,即便后人误解。有许多事,只能留给后人。

这或可以解说,文中为什么没提周公和太公争论、辩论或讨论。可能因为这事本就是杜撰,却不大可能是两位礼让、谦逊,各自保留意见。作为杰出甚至伟大的政治家,周公和太公应都能理解,对方的选择会有重大风险甚或结果注定糟糕,却不可能是对方脑子不清,不明人世的道理。更可能是,治国方略中就根本没有“万全之策”或“真理”这张牌,你就不能指望“真理越辩越明”,并强加于人。[1] 这就是一种“道不同,不相为谋”的智慧。[2] 但不只是“不争论”,更重要的或许是周初的局限条件下不得不如此设计和创设的封建宪制格局,令周公和太公在齐鲁两地,在此后数百年间,各自独立推进却也是合作了一次不可能复制的伟大自然实验,展开了人类历史上最早的一次自觉的制度竞争!

贤能政治的胜出

结果是,传统的“尊尊亲亲”,但尤其是“亲亲”,在国家政治层面被淘汰出局。

一直拖到战国末期公元前 249 年,鲁国才被楚国灭了。而且,尽管“尊尊亲亲”,曹刿论战及其之后的故事就表明鲁国并不排斥举任干才能人。[3] 只是,鲁国总体上一直不如齐国(以及其他强调举贤尚功的诸侯国)强盛。这可

---

〔1〕 “不搞争论,是我的一个发明。不争论,是为了争取时间干。”[《邓小平文选》(第 3 卷),人民出版社 1993 年版,第 374 页]但很多学者早就指出,有许多问题,争不出头绪,不会缩小分歧,相反会扩大分歧。如“道德辩论只是加深分歧,而不是沟通分歧”。[美]波斯纳:《道德与法律理论的疑问》,苏力译,中国政法大学出版社 2002 年版,第 8 页。又请看,Charles Larmore, *Pluralism and Reasonable Disagreement*, *The Morals of Modernity*, Cambridge University Press, 1996, 拉莫尔引证了波德莱尔、蒙田、潘恩、昆德拉以及罗尔斯等来支持或解说释这一命题。

〔2〕 杨伯峻:《论语译注 · 卫灵公》,中华书局 1980 年版,第 170 页。

〔3〕 长勺之战后,曹刿就出任了鲁国要职。《左传》记载了十三年后曹谏庄公“如齐观社”的事。杨伯峻:《春秋左传注 · 庄公 10 年》,中华书局 2009 年版,第 182 – 183 页;杨伯峻:《春秋左传注 · 庄公 23 年》,中华书局 2009 年版,第 225 – 226 页。

能还不重要;重要的是,虽然鲁国没出现田齐取代姜齐或“三家分晋”的政局变革,却难说鲁国比齐国或其他诸侯国在政治社会上更安定祥和。

《史记·鲁周公世家》摘要了鲁国历史。从周公长子伯禽开始的最初200年间,鲁国还算安定。但从鲁武公开始,数百年间发生了一系列令人瞠目的夺位乱政的丑事恶行:弟弟暗杀哥哥自立;因国君偏爱而废长立幼,引发政局动荡;国君甚至夺长庶子的未婚妻“自妻之”,生下儿子,旋即立为太子;阴谋家先劝说摄政的兄长谋杀弟弟/太子,不成,怕自己的阴谋暴露,便转而劝说并说动了弟弟/太子暗杀了摄政兄长;鲁国国君与夫人一同访齐,这位夫人居然与齐国国君私通,鲁国国君痛斥夫人后,却被齐国国君的儿子勒死;以及孟孙、叔孙、季孙三家臣子攻打昭公,昭公逃亡;等等。此外,季氏的家臣南蒯,有所图,谋国(谋划鲁国政事),而非尽忠(忠于季氏);败逃至齐国,被齐臣韩皙当着众人面数落“家臣而欲张公室,罪莫大焉”。[1] 诸如此类的事件,令孔子感叹,鲁国道德礼仪堕落得太不像话了!好像一直遵循着周礼,其实完全相反![2]

读者不可能有时间或有兴趣细致了解鲁国历史,但起码听说过一些至今传诵的名言或格言,都曾与当年鲁国的政治动荡有关。大名鼎鼎的“不去庆父(或庆父不死),鲁难未已”。[3] “吾恐季孙之忧,不在颛臾,而在萧墙之内也。”[4]虽不像田氏篡夺了齐国国政,但鲁国有四位君主当政时,权力一直为季氏掌控,乃至鲁国百姓都不知道国君是谁。《左传》因此有了另一句名言“器与名,不可以假人”。[5] 鲁国的麻烦因此不只是姜太公指出的国力衰落,还有周公从一开始就试图以“尊尊亲亲”来避免的政治动荡和大权旁落。但无情的历史经验表明,“尊尊亲亲”没能保证或促成鲁国相较于同时期其他诸侯国,政治上更稳定安宁。

周公也不可能预料这一切。这不仅有先见与后见的问题,重要但一向被人忽视的还有当时人们分享的生物知识。基于当时人们的生物常识和想象,以——以男性谱系为中心的——“亲亲”为基础创建并维系西周,这一追求不仅可能,而且便利。现代生物学研究发现孩子分别遗传父母50%的基因,但古

---

〔1〕 杨伯峻:《春秋左传注·昭公12年》,中华书局2009年版,第1335-1336页;杨伯峻:《春秋左传注·昭公14年》,中华书局2009年版,第1364页。

〔2〕 (汉)司马迁:《史记·鲁周公世家》,中华书局1959年版,第1527-1548页。

〔3〕 杨伯峻:《春秋左传注·闵公元年》,中华书局2009年版,第257页。

〔4〕 杨伯峻:《论语译注·季氏》,中华书局1980年版,第172页。

〔5〕 杨伯峻:《春秋左传注·昭公32年》,中华书局2009年版,第1520页。

人,中国以及西方,凭直观,一直习惯用种子和土地的形象来想象繁衍,认为女性只是以如土地般的子宫,培植了男性播撒的种子。[1] 农耕中国为避免近亲婚姻创设的女性外嫁制度、社会实践和相应意识形态也进一步弱化、大大低估了女性在繁衍后代中的生物学——有别于养育的社会学——意义。[2] 这当然政治不正确。但这一错误的生物学想象令古人只看到或更容易看到以男性为中心的“亲亲”在一段时间内的制度收益,却未能或更难察觉潜藏其中的制度自毁之必然。后代遗传父母50%的基因,这意味着,外婚制10代之后,也就大约200年,有共同祖先的同辈之间,亲缘系数也只剩1/1024。这岂止是形同路人,简直就是路人。后来的民间说法也支持这一点:“一代亲,二代表,三代四代认不了。”若没有制度化的、持续的政治经济文化交往,即便有周礼,有意识形态的“亲亲”,也无法补偿周天子与同姓诸侯、卿大夫间的血缘亲情的持续流失。即便没有其他利益冲突,以这一人性基础发生和矗立的大国,也会因这一基础被掏空而坍塌崩溃。在这一视角下,司马迁感叹“臣弑君,子弑父,非一旦一夕之故也,其渐久矣!”[3] 并不只是道德的衰败,也是“亲亲”的生物学历史必然。

相比之下,放弃“亲亲”,由简到繁,逐步建立完善“举贤尚功”的制度,把原先主要靠“亲亲”维系的“尊尊”转变为一种政治层级制度,甚至官僚体制,伴随

---

〔1〕 历史中国的血统认定一直以父系为准。突出证据是唐太宗。其祖母和母亲均为鲜卑,他有3/4鲜卑血统,但他称“戎狄人面兽心,一旦微不得意,必反噬为害”。[(汉)司马光:《资治通鉴》,中华书局1976年版,第6201页]这也不只是李世民本人的文化认同,有证据证明这是当时的共识。魏征、杜楚客、杜如晦均曾先后毫无忌讳地告诫唐太宗:北方游牧民族“非我族类,强必寇盗,弱则卑伏,不顾恩义,其天性也”;“北狄人面兽心,难以德怀,易以威服”;“夷狄无信,其来自久”。(《贞观政要·安边》,上海古籍出版社1978年版,第274、275页;《旧唐书·突厥上》,中华书局1975年版,第5161页)这显然更多源自当时的生物学知识,即“种”的概念。中国史书一直有大人物因母亲异常受孕而出生的记述(《史记·殷本纪》,第91页;《史记·周本纪》,第111页;《史记·高祖本纪》,第341页;《史记·孔子世家》,第1905页),“王侯将相宁有种乎”的信念,以及民间“孬种”“野种”的说法,都强调了“种”。古希腊悲剧中,以及其后的亚里士多德,也都有此类理解:母亲不是孩子的生育者,只是保存和培育了男子播下的种子。([古希腊]埃斯库罗斯:“报仇神”《罗念生全集》(补卷),世纪出版集团2007年版,第104页;[古希腊]亚里士多德:《政治学》,吴寿彭译,商务印书馆1965年版,第397-398页)

〔2〕 中国社会早就察觉了近亲结婚的弊端,从西周开始就有了所谓“男女同姓,其生不蕃”(杨伯峻:《春秋左传注·僖公23年》,中华书局2009年版,第408页)的禁忌和相应制度。但中国社会长期实践的规则是,不允许姑表亲婚姻(认为是近亲,“姑舅亲,辈辈亲,打断骨头连着筋”),允许姨表亲婚姻(不认为是近亲,“姨表亲,不算亲,死了姨娘断了亲”),而两者依据今天的生物学知识属于同等血缘关系。

〔3〕 (汉)司马迁:《史记·太史公自序》,中华书局1959年版,第3297-3298页。

有法定政治责任和义务,即便未必能"长治久安",甚至起初还不如"亲亲"简单方便,有迹可寻,长远看来,结果可能更好。举贤尚功,还更能吸引社会各阶层贤能也即精英的参与,并改善政治,随着这一政治制度的建立和稳固,也会提高当政者的政治权威——"周公吐哺,天下归心"。

因此,作为"尊尊亲亲"之备选或替代或反衬——但从来也不是异端——的"举贤尚功",由于见效更快更显著,便通过各种选拔任用政治军事精英的方式,逐渐流行起来了。周公吐哺就已经开了这个头。春秋,尤其在战国,各诸侯国在政治军事经济社会领域实践了形式各异的"礼贤下士"[1]"举贤尚功"。其中绩效最显著的当然是商鞅变法,奖励军功,奖励耕织。但更早的管仲或李悝,或之后的申不害或吴起,变法的重要措施之一都是按照工作绩效来选任或罢免官员。[2] 尽管不同学派、学人表述不同,在何为"功"或"贤"或"能"或"才"的内涵以及外在评判标准也有差别;也尽管,实践中有许多有才干的人曾被忽略(虽然有公叔痤大力举荐,商鞅还是被魏惠王彻底无视了;还有,差一点被赶出秦国的李斯),或在竞争中被对手打压甚至迫害致死(如因庞涓谗言而被膑足的孙膑,以及据说因李斯诋毁而自杀于牢狱的韩非),甚至,一定会有不少有才干的人根本没机会被人认识了解,就消失在茫茫人海中了;但只要看看当时诸子百家的不同表述,都以各种方式主张或支持了"尚贤"原则,并不同程度地付诸于尤其是战国时各国的社会政治实践。法家不必多说了。与儒家同为显学的墨家,其最重要主张之一也是"尚贤"。[3] 甚至,力主"无为"的老子也没逃脱这一魔咒,为消解弱化因竞争带来的各类社会冲突,他的核心主张之一居然是"不尚贤,使民不争"![4]

---

[1] 在战国之际各诸侯国间激烈政治经济军事竞争中,除秦孝公、齐威王、宣王、魏惠王、燕昭王等国君外,一些贵族如战国四公子也竭力网罗人才。后来汉儒则借孔子口中周公繁忙理政还"日见七十人"的形象,归纳出"以贵下贱,无不得也"的经验。陈士珂[辑]:《孔子家语疏证·贤君》,上海书店1987年版,第84页;向宗鲁:《说苑校证·尊贤》,中华书局1987年版,第193页。

[2] 管仲奖励任用官员的原则是"德义明于朝者""功力见于国者""临事信于民者"。(黎翔凤:《管子校注·立政》,中华书局2004年版,第59页)李悝任用官员的原则是"食有劳而禄有功,使有能而赏必行,罚必当"。(向宗鲁:《说苑校证》,中华书局1987年版,第165－166页)申不害主张"见功而与赏,因能而受官"(转引自王先慎:《韩非子集解·外储说左上》,中华书局2013年版,第282页);吴起变法"罢无能,废无用,损不急之官"[转引自(汉)司马迁:《史记·范雎蔡泽列传》,中华书局1959年版,第2423页]。

[3] 吴毓江:《墨子校注》,中华书局1993年版。其中冠名"尚贤"的文字就有三卷。

[4] 饶尚宽:《老子》(3),中华书局2012年版,第8页。

儒家相关思想表达的流变

变化的,自然也包括儒家。

不能说周公是儒家,就像不能说主张举贤尚功的太公是法家一样。但在中国古代思想史上,周公也常被尊为儒家奠基人。更重要的是,孔子曾多次致敬周公及其创造的周礼(可谓西周宪制)。[1] “齐一变,至于鲁,鲁一变,至于道”,[2] 也表明孔子认为鲁国的政治传统更接近他的理想。当齐景公问政时,孔子回答“君君、臣臣,父父、子子”,[3] 这几乎就是对周公“尊尊亲亲”的一次具体阐述!

因为“尊尊亲亲”,才可能实践孔子赞叹的“天下有道,礼乐征伐自天子出”。但仔细琢磨品味,也会察觉“君臣父子”并非只是重复了“尊尊亲亲”。因为有追求,所以有所损益。“尊尊”只界定了政治社会地位的尊卑高下,但尊卑高下并不必定伴随领导与服从关系——想想“县官不如现管”以及欧洲中世纪“我附庸之附庸并非我之附庸”。用“君臣”替代“尊尊”,孔子等于把原先更多基于习俗的尊卑关系重新界定为政治的和法律制度的关系。“率土之滨,莫非王臣”,大致相当于“附庸之附庸也是我之附庸”。这就多少有了点秦汉郡县制的意味,甚或是科层制的意味,这就有了确定的方向性追求。

“父子”也并非“亲亲”的简单重复,同样有所损益。“亲亲”包括父子,但不只父子,还有兄弟,还有叔侄,甚至更远的血缘亲缘关系。这看似很好,更多包容,但恰恰从这种包容中很难抽象出确定且统一的规范,有利于家族和国家组织。“亲亲”只是说还有点情分,但如果只说情之所至,那就等于放羊,各人可以随心所欲。父子关系则是高度确定的,不再是泛泛的亲情,最关键的是不可替代,不可更改,不可推诿。虽然没说责任、职责,但几乎就是责任、职责。在历史中国的农村,在儒家经义中,“父慈子孝”就是相互不可推诿的责任。因此,父子间就隐含和包括领导、管教的责任——想想后世“上阵父子兵”以及

---

[1] “甚矣吾衰也!久矣吾不复梦见周公!”“周监于二代,郁郁乎文哉!吾从周。”“克己复礼为仁。一日克己复礼,天下归仁焉!”“如有用我者,吾其为东周乎!”杨伯峻:《论语译注·述而》,中华书局1980年版,第67页;《论语译注·八佾》,第28页;《论语译注·颜渊》,第123页;《论语译注·阳货》,第182页。

[2] 杨伯峻:《论语译注·雍也》,中华书局1980年版,第62页。

[3] 杨伯峻:《论语译注·颜渊》,中华书局1980年版,第128页。

“子不教，父子过”之类的说法。“亲亲”的关系则没法特定化，最多也只是可以期待，但不能指望。因为那还不是责任。从孔子的父父子子开始改变，直到被后世儒家进一步界定和落实为“兄友弟恭”和“长幼有序”，“亲亲”其实或几乎是焕然一新了。

君臣父子中隐含的这些微调，不可能只是孔子举例说明周公的“尊尊亲亲”。孔子就是想用“君臣父子”来特定化“尊尊亲亲”，借此来重塑、改造并强化周公规定的西周宪制原则，进一步提纯、精制并界定君臣之间制度化的政治关系，就想用无可替代且居高临下的父子关系来初步澄清寓意含混的“亲亲”。天子当然“尊”，但绝不能仅仅停留于“尊”。如果这种关系不是政治制度上的“君臣”，孔子又有什么理由主张“礼乐征伐自天子出”，而不是各位共同协商决定？通过“君臣父子”，孔子把生物性的“亲亲”从政治领域中剔除了，让“亲亲”仅仅在农耕的社群、家族和家庭中起作用。“迩之事父，远之事君”，[1]虽然仍强调两者间的联系，但凸显的是每个人必须遵从相应领域内的制度角色，服从命令听指挥。

在这一时期，无论是实行了奖励耕织军功的政策制度，还是君主独具慧眼重用了政治精英，那些“举贤尚功”的诸侯国都更多活下来了，至少一段时间内还颇为强大，起码也能活得更久些。这就便于理解，孔子区分以“亲亲为大”的“仁”和以“尊贤为大”的“义”这样两个领域；[2]他为何开始且此后一直强调“人存政举，人亡政息”“为政在人”“尊贤则不惑”。[3]尽管也有不少法学人望文生义地批判孔子主张“人治”，但如果看不出其中更重要的，孔子从政治实践中剔除了西周初年强调的“亲亲”，看不出孔子实际主张的是普遍的并因此是制度化的贤能/精英政治，那岂止是不求甚解，而是不读书。

这也不是孔子的修辞、策略或姿态。他还真就这样评价当时的人和事。子贡问政，孔子回答是“足食，足兵，民信之矣”。[4]这三者都与广义的君臣（民）有关：足食、足兵、讲信用才能让民众有安全感、支持和追随，与父子全然无关。孔子一方面抨击管仲气量小、不节俭，不守政治规矩（“礼”），还很直接、

---

〔1〕杨伯峻：《论语译注·阳货》，中华书局1980年版，第185页。

〔2〕《礼记正义·中庸》，第1440页。

〔3〕《礼记正义·中庸》，第1440、1442页。

〔4〕《论语译注·颜渊》，中华书局1980年版，第126页。

犀利且激烈。[1] 另一方面,当提及管仲对中原各诸侯国民众的功德,孔子完全不吝惜赞扬,“九合诸侯,不以兵车”“相桓公,霸诸侯,一匡天下,民到于今受其赐”,认定了,这就是管仲的“仁”。[2]

细细品味孔子批评和表扬管仲的那些具体事,会发现,这与其说是表扬管仲“贤”,不如说是赞扬他“能”! 只是儒家当时的概念系统似乎还没这般精细。要等到孟子讲“尊贤使能,俊杰在位”时,[3]儒家才算名正言顺地区分了贤与能。但从孔子几乎完全依据政绩评价管仲中,我很难察觉孔子与法家的人才观除文辞之外,真有什么重大区别。但问题是,究竟是什么促使孔孟调整和修正了从周公开始的儒家以“尊尊亲亲”为核心的价值取向呢?

孔子对管仲几乎无原则甚至有点自相矛盾的赞扬曾让我困惑。之后好久,我才理解,这恰恰表明儒家清楚“举贤尚功”也不完美,也会有一堆问题。但选择制度或治国方略并非道德判断,不是寻求万全之策,全好全坏,黑白分明,取舍便利,而是利弊分析,计算成本收益。即便有“田氏代齐”,有“三家分晋”,但齐国和韩赵魏三国依然强大,仍然是战国七雄。即便商鞅最后惨死,留下的毕竟是一个强秦。

这不仅有助于理解孔子的主张为何疏离了他崇敬的周公,也有助于理解孔子之后“儒分为八”。[4] 那真不大可能只是或主要是对孔子理解不同,学生间相互较劲不服。最简单的解说会是他们在各地遇到的问题有别,众多社会条件不同,应对措施必须不同,思考、表述和强调自然也就分化了。

孟子的“亲亲则仁民”就很明显:他已不把“亲亲”视为结构国家的基本政治原则,而只是君主或政府与民众关系的伦理关注之一。“亲民”可以是政治家本人的风格或特点之一,却非必须,它不构成政治家必备的德性(virtue)。[5] 会有一大拨人反对这说法,我其实也愿意反对;但问题是,若不是这样结论,又该如何解说中国人心目中的秦皇和汉武,难道把他们开除出政治家行列?

---

〔1〕《论语译注·八佾》,中华书局 1980 年版,第 31 页。

〔2〕《论语译注·宪问》,中华书局 1980 年版,第 151 页。

〔3〕《孟子译注·公孙丑上》,第 77 页。

〔4〕“自孔子之死也,有子张之儒,有子思之儒,有颜氏之儒,有孟氏之儒,有漆雕氏之儒,有仲良氏之儒,有孙氏之儒,有乐正氏之儒。”《韩非子集解·显学》,中华书局 2013 年版,第 454 页。

〔5〕参见 Niccolo Machiavelli, *The Prince*, trans. by George Bull, Penguin Books, 1961, ch. 17。马基雅维利分析,君主都希望被人认为仁慈而非残酷,但这种追求有时可能毁灭国家。为使臣民团结一致,同心同德,他认为,君主不应介意残酷之恶名,这要比因过于仁慈而坐视混乱、凶杀、劫掠接踵而来仁慈得多;当不可兼得时,君主应选择令人畏惧,而不是被人爱戴。

“亲亲”之出局,绝不是因为它不符合人性;而是即便它符合人性,也不符合春秋战国时期诸侯国竞争的制度需求。作为制度,“亲亲”就是没法胜出“举贤尚功”。沿着这一思路,我甚至有理由认为,“民为贵,社稷次之,君为轻”,其实是孟子从春秋战国历史中概括出来的经验命题,而并非一些学人趋于认定的是孟子提出的先验道德命题!虽受教于子思,但毕竟耳闻几个世纪来多少次——还可能曾目睹了某些——臣弑君、子杀父、少凌长、庶废嫡,既然已知“君子之泽,五世而斩”,[1]孟子怎么可能在政治制度层面还迷信“亲亲”?打起“尊贤使能”的旗,他加入了春秋以来声势渐大的“尚贤”行列,进一步拉开了自己与“亲亲”的距离。

自然也就可以理解包括儒家在内的众多学派在许多问题上的勾连或“异化”。不仅西周的“礼乐征伐自天子出”的分封制可以视为郡县制的前世。在统一度量衡问题上,如果不是历史记录有错的话,则完全有理由说,孔子是商鞅的导师。[2] 作为战国末期两位法家核心人物韩非和李斯的导师,荀子的思想更是全面深刻影响甚或塑造了秦汉的法律。[3]

在人才选拔尤其是任用上,孟子对君主的建议[4]居然与管仲、商鞅、李斯相当一致:“兼听独断”“不谋于众”“独擅天下”——很有独裁的风味。经此,我们可以把管仲、商鞅和李斯的某些思想谱系追溯到“尊尊”。因为只有有了这一制度前提,贤能政治才有可能。汉初的儒家经典《礼记·礼运》描述了大同社会的种种愿景,[5]严格说来,只有“选贤与能”是唯一在后世中国国家政治制度中得以落实的汉儒理想。“亲亲”只是在“鳏寡孤独废疾者皆由所养”这

---

[1] 《孟子译注·离娄下》,第193页。

[2] “谨权量,审法度……”杨伯峻:《论语译注·尧曰》,中华书局1980年版,第208页;“鞅为大良造……平斗桶权衡丈尺。”(汉)司马迁:《史记·商君列传》,中华书局1959年版,第2232页。

[3] “李斯受荀卿之学,佐成秦治。秦之法制实儒家一派学说之所附系。中庸之‘车同轨、书同文、行同伦’……为儒家理想之制度,而于秦始皇之身,而得以实现之也。汉承秦业,其官制法律亦袭用前朝。”陈寅恪:《陈寅恪史学论文选集》,上海古籍出版社1992年版,第511页。

[4] “国君进贤……可不慎与?左右皆曰贤,未可也;诸大夫皆曰贤,未可也;国人皆曰贤,然后察之;见贤焉,然后用之”;孟子还曾特别赞扬“汤执中,立贤无方”,即无定规。《孟子译注·梁惠王下》,第41页;《孟子译注·离娄下》,第191页。

[5] “大道之行也,天下为公。选贤与能,讲信修睦。故人不独亲其亲,不独子其子,使老有所终,壮有所用,幼有所长,矜、寡、孤、独、废疾者皆有所养,男有分,女有归。货恶其弃于地也,不必藏于己;力恶其不出于身也,不必为己。是故谋闭而不兴,盗窃乱贼而不作,故外户而不闭。是谓大同。”冯友兰[《中国哲学史新编》(上),人民出版社1998年版,第146页]认为,这段话是汉儒的追加,是孔子思想在汉代的发展,却不是孔子的思想。

一愿景中留下了痕迹,在此后2000多年间,只能止步为农耕村落靠血缘和舆论维系的社群制度,未能真正进入国家基本制度。[1]

就这样,若从周公的“尊尊亲亲”起算,900多年间,儒家思想发生发展,画出了何止是一道弧线。不仅在一些方面汉儒可以对太公唱“长大后我就成了你”,而法家的一些重要观点应该致谢周公的“尊尊”。“天下同归而殊途,一致而百虑”,[2]这是个人或学派的智慧结晶吗?是人类自然趋向的目的?或许,这只是,或更多是,数百年战乱动荡交给幸存者的别无选择!

当然“选贤与能”与“举贤尚功”还是有区别的。不只是文字不同,还有精细的意义区别。第一,以“能”替代了“功”。也许就因为,不像太公代表的兵家或与兵家相关的法家,可以以计件方式来考察奖励军功耕织上的贤能,简单便利,误差也完全可以接受。但以计件方式来考察政治绩效或辨识贤能几乎不可能。凭一次面谈,或一折书简,或一时之成败,一日之短长,就定高下,这不靠谱。“试玉要烧三日满,辨材须待七年期”“立贤无方,然须贤士乃可”[3]——话是后人的,道理却是普世的。此外,有别于军功耕织,政治上的贤还不只源自知识和聪明,还与个人品性、德性有关,而中西经验都一再表明,德性与知识无关。[4] 为了更充分利用不同人才的不同优点,社会实践因此催生了相应的概念细分,贤与能,德与才;以及特别是考察方式的区分。[5] 孟子进而建议区分,并创造了“位”和“职”,主要“贤者在位,能者在职”,且“惟仁者

---

〔1〕 梁启超认为,《礼运》大同社会中只有“天下为公,选贤与能,讲信修睦”三者有关纯政治的组织即国家。(《先秦政治思想史》,东方出版社1996年版,第88页)这三者中,西周分封诸侯的“家天下”就是“天下为公”,即改变部落联盟为封建国家的核心宪制措施。正如荀子所言:“天之立君,以为民也……列地建国,非以贵诸侯而已;列官职,差爵禄,非以尊大夫而已。”(梁启雄:《荀子简释》,中华书局1983年版,第376页)到西汉,皇权是天下之公器的思想可以说已是政治精英的常识,有“所言公,公言之;所言私,王者无私!”的名言。(班固:《汉书》,中华书局1962年版,第105页)至于讲信修睦,在西汉甚至此后长期局限于读书人,最多通过他们对民众有所影响。因此,从汉初开始落实的只有选举制度,举秀才和举孝廉。

〔2〕 周振甫:《周易译注·系辞下》,中华书局1991年版,第261页。

〔3〕 《白居易集》,中华书局1979年版,第319页;(元)脱脱等:《宋史》(册二七),中华书局1977年版,第9548页。

〔4〕 中国人说的“仗义每从屠狗辈,负心多是读书人”。尼采也宣称“哲学与美德无关”。Friedrich Nietzsche, *The Will of Power*, trans. by Walter Kaufmann, Vintage Books, 1968, p.226.

〔5〕 “里语云:‘相马以舆,相士以居,弗可废矣。’以容取人,则失之子羽;以辞取人,则失之宰予。”《孔子家语疏证·子路初见》,第133页。引者加的着重号则表明,这已是当时的社会共识,因此具有了规范和制度的意义。

宜在高位”。[1] 这也方便了理解汉儒主张的“选贤与(任)能”。第二,从春秋战国直到汉初,从管仲、商鞅到卫青、霍去病等,无论“尊”“尚”还是“举”,都意味着君主垄断人才认定和拔擢。[2] 但这里的“选”字,还是投射了一个全新难题:在大汉这个空前广袤的农耕中国,如何众里寻他千百度,于灯火阑珊处,找到一个个名副其实的政治精英?

时代正期待一个全国性的精英比较、筛选、培养和任用制度。

追溯思想发生和变动的因子

在中国文化传统中,从周公到孔孟一向被视为圣人。历代学人考察他们思想时,往往集中关心他们的概念或命题,如孔子的“礼”“仁”和“忠恕”,又如孟子的“仁政”或“义利之辨”,并力求在他们的思想、理念或表达之间寻找联系、脉络和发展。近现代以来,可能受西学影响,更可能因世事变迁,在介绍或论及前人思想之际,著述者也开始关注其前人思想的时代背景和经济社会条件,试图勾连其主张和所针对的社会问题,借此展示这些思想的重要甚至伟大。但此类勾连不够,也常常很空泛,还是更多就思想或理念展开,很难看出他们究竟为什么如此主张?针对的是什么?根据为何?可否实行?就因天下无道,“礼崩乐坏”,孔子就主张“克己复礼”?就因战国政治暴虐,民不聊生,孟子就主张“仁政”?这类命题或建议确实直截了当,便于理解,似乎很能赢得民心。但我总觉得,这种只能算“对症下药”的主张,最多只是表明,这些作为改革家和行动者的伟大政治家、思想家的主张反映和表达了时人或他个人的愿望。但愿望和主张都不等同于思想。重要与伟大则更是距离巨大。一个愿望大家都觉得好,值得追求,不等于它就真是个好对策,就是个能付诸行动、能成功并最终能落实为制度的对策。“不尚贤,则使民不争”,非常有道理,但如何实施?“鳏寡孤独废疾者皆有所养”,说了几千年,却只有在工业化城市化的富裕现代化社会,才更有可能。[3] “愿天下有情人终成眷属”,至今也停留于“愿”。这好像是个问题,其实还真不是。就只能如此,甚至也应当如此,因为有不少真情实意的婚外恋,往往会伤害甚至祸害无辜的他人和自己。有些看

[1] 《孟子译注·公孙丑上》,第75页;《孟子译注·离娄上》,第162页。
[2] “用上敬下,谓之尊贤。”《孟子译注·万章下》,第237页。
[3] 参见苏力:《历史中国的分配正义》,载《学术月刊》2020年第3期,尤其是第6节。

似长期的社会残缺,其实因为这就是直到目前的最佳。

更大的问题是,这种理解前人思想的方式或许可以激发某种“情操”,却无助于理解无论是古代还是今天的问题,因此无助于具体地分析和思考可行和有效的应对。

在分析儒家思想发展演变时,还往往通行一种可谓本质主义和唯理主义的进路,即趋于假定:(1)重要思想家的思想一定是完整、自我统一且总体上应当是始终如一的,始终围绕着他的核心概念或命题,如“仁”“礼”“道”之类的;(2)由于师承或自觉认同,各学派的思想不仅有连续性,而且连续性是根本的和本质性的;(3)承认学人的个人天赋、能力和创造,因此思想表述有不同,但这大致被理解为对自在的人生真谛或普世真理的丰富或不断接近,是学人在其人生高光时刻对真谛和真理的分享,因此可以为后辈学人有效整合,可以“集大成”;(4)凡无法为后辈学人整合的那些更大的差异则很可能是旁门左道,甚至是异端。

但战国末期和汉初的这则记载,即便是事后的杜撰,也有助于我们换一个角度,换一个立场,来理解从周公到汉儒的思想演变,以及这些思想变化的社会根据或可能动因。这不是否认每位前人或学人的思想观点与其个人偏好、师从、经历、气质甚至聪愚度有关。很重要,但那既不是全部,也未必是最重要的。只要他(当时还没有“她”)入世,必须面对一些躲不过去的现实社会问题,其见证的历史以及从中汲取的无论对错的经验教训,或多或少地,就会推动他们修正自己思想轨迹。他们思考和表达的最大刺激一定是从他了解的社会现实、历史经验中提炼出来的社会难题,即便不可能完全摆脱导师或他们自我认定的政治社会思想传统的思路、概念和应对。甚至,我有理由认为,越是务实的学人,越是聪明、敏感和自觉的学人,就越不可能仅仅满足于重复师承,演绎导师的教诲。但这也绝不暗示他们更追求标新立异。不会是因为务实,他们只是更关心回应现实问题,即便一时无解。这就意味着,他们的思想、观点或主张,包括发展和修正,包括保守或迟疑,都更可能主要来自社会存在对他们的触动。他们相互间的差异,会受个人天赋影响,但更可能主要来自他们各自的时空位置。他们追求的不大可能是什么放之四海而皆准或为万世开太平的真理,而只是与时俱进,自认为更能解决他们面对的问题的制度或应对,包括某些只能如此的临时应对。

如果上述分析成立,那么,从周公主张“尊尊亲亲”到《礼运》强调“选贤与能”,这条曲线的每一次位移或可以视为900年来社会制度竞争结果对广义的儒家传统的修正或重塑。代表人物是周公、孔、孟、荀子和汉初儒生,但他们各自的观点体现了,基于对制度竞争结果的理解,对一个逐渐发生却持续流变的大国制度的理论修正。这完全可以套用霍姆斯的名言,岂止是法律,学术的生命从来也不是逻辑,而一直是经验。[1]

若严格按后世或今天的学院派学人的说法,很难理解从周公到孔孟等伟大政治家思想家。是的,孔子是说过“兴灭国,继绝世,举逸民”之类的话,但他和孟子的目的从来不是,也不可能是“为往圣继绝学”或个人的“内圣外王”。他们更关心政治社会后果,其实并不那么在意学术或永恒的真理。想想孔子为什么“述而不作”?还可以想想孟子说的“大人者,言不必信,行不必果,惟义所在”。[2] 他们有时也确实略显保守,尤其同现代学人相比,但那也不大可能因为迂腐或教条,或是后世学人喜欢强加古人的“坚守”。而主要是他们理解政治实践必须审慎,不能只想着自己的“独立之精神,自由之思想”或“继绝学”,他们深知“古之学者为己,今之学者为人”,[3]他们深知政治实践涉及的主要是他人的甚至天下百姓的身家性命,而且政治往往不容试错。[4] 他们都很务实,主要很可能不因为理想,而因为事业,愿意为事业“隐忍苟活”。[5] 由此有了“任重而道远”之弘毅,“知其不可而为之”的坚韧。[6] 这种务实,就是根据切实的经验证据,根据社会历史条件变化,做出最佳的可行应对和选择。这就是孔子从“殷因于夏礼”“周因于殷礼”中概括出来的“有所损益”。[7] 这

---

〔1〕 Oliver Wendell Holmes, *The Common Law*, The Belknap Press of Harvard University Press, 2009, p. 3.

〔2〕 《孟子译注·离娄下》,第189页。类似地,还有老子的“上德不德,是以有德”。《老子》,第93页。

〔3〕 杨伯峻:《论语译注·宪问》,中华书局1980年版,第154页。(但我不赞同杨伯峻采纳的荀子的解说。我理解,孔子在此强调的是知识的社会功用)

〔4〕 关于保守主义,参见[英]迈克尔·欧克肖特:《政治中的理性主义》,张汝伦译,上海译文出版社2003年版。

〔5〕 “所以隐忍苟活,幽于粪土之中而不辞者,恨私心有所不尽,鄙陋没世,而文采不表于后也。”(汉)司马迁:《报任安书》《古文观止》,中华书局1959年版,第225页。尼采的说法是,“知‘为何’而活,便可承受‘苟活’”, Friedrich Nietzsche, *Twilight of the Idols: or How to Philosophize with a Hammer*, trans. by Duncan Large, Oxford University Press, 1998, p. 6;“不成熟男子的标志是愿为事业牺牲,成熟男子的标志是他愿为事业苟活。”[美]J. D. 塞林格:《麦田里的守望者》,孙仲旭译,译林出版社2007年版,第189、419页。

〔6〕 杨伯峻:《论语译注·泰伯》,中华书局1980年版,第80页;《论语译注·宪问》,第157页。

〔7〕 杨伯峻:《论语译注·为政》,中华书局1980年版,第91-92页。

似乎有点机会主义,但无论是自觉或下意识,有所损益其实就是大自然赋予人类适者生存的重要的能力之一;因此,是人性。尤其是,对于孔、孟这种随时准备“如有用我者,吾其为东周乎”,自认为“如欲平治天下,当今之世,舍我其谁也”,乃至“三月无君,则皇皇如也,出疆必载质”[1]的政治家来说,不这么做,简直不可思议!

深藏冷酷的研究进路

还值得重提开头的那则轶事,其中展示的周公和太公思考问题的独特方式。不像儒墨那么集中关注伦理善恶,周公和太公似乎只是把人性特点纳入分析考量,未做评价,也没想升华或改造。看起来两人的方略差别很大,但共同点是他们都更在意制度,以及制度与人互动的长期社会后果。这当然很功利。但给我的感觉却是,他们不仅不像法家那么急功近利,急于通过一次变法就能富国强兵;更奇怪的是,他们甚至也不像孔孟,“吾其为东周乎”“舍我其谁也”之类的,有点夸大其词,急于推销自己——其实也很功利!由于更多着眼于长期制度后果,因此,尽管这两位各有偏好,但在风险利弊评判和制度取舍上,却透出了一种令今人不可思议的价值无涉或悬置,就此而言,堪比老子的“天地不仁”“圣人不仁”的冷酷。[2] 这实在太像现代社会科学的研究进路了。似乎,他俩只是以人生和历史经验为根据,提出了各自的理论假说,有关特定制度条件下人性互动可能导致的长期社会后果,然后一挥手,只能如此,把这两个可验证的假说交给了后代的历史行动者。

这其实令我更难相信历史上真有过这次交锋。只是这朵智识的奇葩一再出现于战国末期和汉初的文献中,同样的无情。这不能不令我反思,甚或只是我愿意相信,理解历史中国的政治法律制度和思想,从来都有,也应该有其他可能。

〔1〕 杨伯峻:《论语译注·阳货》,中华书局1980年版,第182页;《孟子译注·公孙丑下》,第109页;《孟子译注·滕文公下》,第143页。

〔2〕 饶尚宽:《老子》(5),中华书局2012年版,第13页。

从经验到理论的
法学研究方法

陈 瑞 华

关于作者

陈瑞华

北京大学法学院教授、博士生导师。中国政法大学法学学士（1989年）；中国政法大学诉讼法专业法学硕士（1992年）；中国政法大学诉讼法专业法学博士（1995年）；北京大学法律系博士后研究人员（1995～1997年）；美国耶鲁大学法学院高级访问学者（2002年）。曾获得中国法学会“第四届全国十大杰出青年法学家”称号，教育部“长江学者奖励计划”特聘教授资格。目前兼任北京大学法学院学术委员会主任、中国法学会常务理事、中国刑事诉讼法学研究会副会长、中国检察学研究会副会长、中国国际贸易促进会全国企业合规委员会委员。主要研究领域为刑事诉讼法、证据法、司法制度、企业合规、法律程序基础理论等。

1995年开始在北京大学法学院任教，从事诉讼法学教学近30年，主讲刑事诉讼法、证据法、刑事诉讼案例、法学方法等课程。

本文就法学研究方法谈谈自己的看法，希望大家就此能够学习到法学论文写作的一些实用方法。作为法学研究者，我们需要知道“如何选题”“如何提出问题”“如何表达观点”“如何论证自己的观点”。这些都涉及研究方法问题。

近年来，在法学研究方法上出现了两种带有竞争性的流派：一是规范法学；二是社科法学。规范法学就是把法律条文或法律文本作为研究对象的学问。我们从进入大学起就学习法律条文，参加法律职业资格考试时要分析法律条文，有的论文也主要是对法条进行解释，有的博士论文甚至以某一法律条文作为研究对象，篇幅达到十几万字。可以说在刑法、民法、行政法和诉讼法的研究中，我们受这种规范法学的影响很大。除规范法学外，还有一种方法是社科法学，也就是将法律现象作为一种社会现象，运用社会科学方法对其加以研究的学问。与规范法学注重法律文本、侧重研究“书本上的法”不同的是，社科法学则重视法律的实施和运用效果，并运用社会科学方法来进行理论分析，更重视“社会生活中的法”。对于这两种研究方法，学界存在一定的争议：有的支持规范法学，如刑法学者作了大量的法教义学研究；有的则支持社科法学，如一些从事法律理论研究的学者，就试图引入政治学、经济学、社会学的方法，对法律问题进行全新的思考。

我个人认为，规范法学与社科法学并不是两种处于竞争之中的研究方法，两者也不是非此即彼、相互排斥的关系。我们可以将二者融合起来，交叉使用，发挥各自的长处。对于研究生而言，目前并不需要关注未来哪一种研究方法可能占上风，或者“谁战胜谁”，而是要关注如何更好地运用这两种研究方法，帮助我们创作出更优秀的论文，从事高水平的学术研究。

在以下的讲授中，我将首先分析法学研究方法的这两种进路，对其利弊得失作出讨论，在此基础上，我将围绕“经验事实”、“问题”和“理论”这三个方面，简要地揭示我对法学研究方法的基本立场。这种研究立场，简要说来，就是“从经验到理论的研究方法”。这一研究方法的两端，一端是“经验事实”，另一端则通向“理论”，中间将两者连接起来的是“问题”。简言之，就是根据已经发生的经验事实，从中发现值得探讨的理论问题，提出创新性的理论，并对理论作出论证或者验证，从而作出理论上的贡献。我把这种研究方法称为“法学研究的第三条进路”。

■ 法学研究方法的主要脉络

到目前为止,我国的法学研究方法基本上可以分为两派:一是规范法学;二是社科法学。这两种研究方法在学术大舞台上各放其彩,相互竞争。支持规范法学的学者往往认为社科法学是“站在法律门外研究法律”,而从事社科法学的学者则认为规范法学“只知道法条”,是“从法条到法条的演绎推理”,无法提出具有本土特色的概念,无法作出理论上的贡献。我个人认为,对这二种研究方法的对立有夸大之嫌。我们在做研究时可以将这两种研究方法结合起来,相互补充,综合进行研究。

为了让大家对这两个研究方法有一定的感性认识,我可以刑讯逼供问题为范例,来说明这两种研究方法的差异。我们先来看规范法学如何看待刑讯逼供问题。“刑讯逼供”是刑事司法实践中常见的非法取证行为,在国际公约中又被称为“酷刑”。对于“刑讯逼供”,世界各国都会研究如何进行法律层面的治理问题。目前我国《刑事诉讼法》(以下简称刑诉法)已经规定了一系列的治理方案。比如,刑诉法确立了“非法证据排除规则”,侦查人员采用刑讯逼供手段获得的口供,一律应当排除,不得作为定案的根据。“禁止自证其罪”也被规定到我国刑诉法之中,即“不得强迫任何人证实自己有罪”。既然是禁止强迫,那就当然包括禁止刑讯逼供。除此之外,我国还确立了四种预防刑讯逼供的措施,也就是预防性的法律规范,如逮捕后 24 小时内送看守所、要在羁押场所讯问、对可能判处无期以上刑罚的要进行同步录音录像等。这些都是我国目前在治理刑讯逼供的问题上已经采取的几种方法。如果以这些治理的立法方案和措施作为研究对象,我们就会发现目前这些已经出现的治理方案存在各自的不足,如排除规则太少、禁止性规则纯属口号、预防性规则彻底失灵。针对这些不足,最后提出改革的措施,即为完善这些治理方案提出预测、构想、对策或者方案。这样的一种研究思路就是规范法学研究的具体体现。那么,到底什么是规范法学的研究方法呢?

□ 规范法学研究方法

所谓“规范法学”,又称法教义学、法解释学,是以法律条文或法律文本为对象的基础性研究方法。一般主要是运用演绎推理,实现从一般到个别的研究。其实,别的学科也大量存在演绎推理,如我们中学时代做的几何题,就是一种演绎推理,把勾股定理、圆周率作为大前提,再将题目中给出的具体条件作为小前提,一步步推导,最后完成题目所要求的对待证事实的证明。在规范法学中,演绎推理的逻辑前提是一种放之四海而皆准的普遍规律,也就是说要强调推理的大前提是普遍性的或者普适性的。这些具有普适性的大前提主要有以下几个方面的来源:第一,基本理论与基本原则、理念,如刑法中的罪刑法定原则、罪责刑相适应原则,民法中的等价有偿原则,刑诉法中的无罪推定原则等。第二,各国普遍的治理方案和经验。小前提是中国实践中存在的问题,比如,刑讯逼供时有发生,法庭上律师总是做程序性辩护,要求排除非法证据,法院谨慎排除非法证据,导致上诉率较高等。最后提出的解决方法就是跟着大前提走。

规范法学的目的是解释成文法。因为成文法中有很多抽象性的、假设性的规定。要想把成文法的规则和理念运用到具体的案件中,解决抽象的法律条文和具体案件之间的鸿沟,就必须要通过教义法学解释法律,使法律能够得到符合立法精神的适用,从而实现良法美治这一最高的目标。正是因为如此,我们会发现,在大陆法系国家,如德国、法国,法学教科书往往奠定了一个学者的学术地位,对他们来说,学术的最高境界就是教科书中的某一段话能够被法官所引用,被写入法官的判决意见中,能够影响立法和司法。

概括说来,规范法学有以下几个分支:

第一个分支是法解释学,就是通过解释法律条文来解决实践中出现的问题。法解释学坚持认为,“法律条文不是被嘲笑的对象”,也就是说一个法律条文在被制定出来后,最关键的是解释是否恰当,该法律解释是否赋予了法律条文以新的生命力。所以说,法解释学是弥补成文法不足的一种方法。我认为运用法解释学的一个基础是存在较为完备的、成体系的法律规范,如果法律条文本身就存在致命的缺陷,那么再怎么解释也是无用的。比如,我国刑诉法有些条文在立法的“根”上就存在问题,如刑诉法规定,“犯罪嫌疑人对侦查人员的提问,应当如实回答”。根据这一条文,侦查人员问话,犯罪嫌疑人必须如实回答,即承担双重义务:一是要说话,二是要说实话。犯罪嫌疑人如果不说话,或者不说实话,便会被从重量刑。有些学者从这一条中解释出,“我国已经确立了沉默权”。但这显然与我国的司法实践不相符合,法官、检察官、侦查人员更不会予以认可。其实，根据公认的观点，这一条文是否定犯罪嫌疑人拥有沉默权的。无论如何解释，研究者都无法从中得出我国刑事诉讼法确立了沉默权这一结论。

第二个分支是对策法学，所谓立法对策、建议方案，其实是规范法学的一种派生物，这是在解释法律仍然无法规避立法漏洞的情况下，通过提出立法对策改造法律，因而又称为"立法论"。当然稍后我们会发现，社科法学在最后可能也会出现立法论，但这是不同视角下提出的结论，结论的内容也是不同的。

在对策法学的视野下，无论是理论研究，还是比较法学、法律史学等方面的研究，都具有一个功利性的考虑，那就是服务于我国法律的完善、制度的改革和规则的设计。所谓的"拿来主义"、"以史为鉴"、"借鉴"与"移植"，说的都是对策法学的研究路径。迄今为止，无论是诉讼法学，还是民法学，几乎都将完善立法或起草一部统一的法典，作为该学科的首要研究课题。

规范法学除具有法解释学和法对策学这两个重要分支以外，还具有本身的理论根据，从而形成较为系统的规范法理学。这种法理学以"规范性理论"为核心，注重对法律目的、法律价值、法律原则和法律规范的解释，在相对封闭的法律规范中具有理论指引的作用。可以说，在规范法学的世界里，这些规范性理论，一方面对法律条文的解释具有指导作用，另一方面也为法律制度的创制、改革和废除提供了理论上的根据。

□ 法律的社会科学研究

法律的社会科学研究，又称"社科法学"，是法学研究方法的另一个脉络，也就是运用社会科学方法研究法律问题的范式、样式或者方法。之前我们看到有学者从规范法学的角度分析出现刑讯逼供的原因，进而提出解决这一问题的办法。当然也有学者反其道而行之，同样对于刑讯逼供问题，从经典案例、数据入手，对实务界的律师、办案人员进行访谈，通过对刑讯逼供所引发社会问题的大量观察、分析和研究，得出结论。此即社科法学的研究方法。社科法学的特点是：其一，不是以法律条文，而是以法律现象和法律在社会生活的实施状况作为研究的对象。其二，运用的是归纳方法，即从个别到一般，研究个别的、特殊的法律现象，发现问题，提出新的一般理论，对原有的理论进行挑战。这是一种反其道而行之的方法，即不以一般的原理、一般的概念作为研究的前提，而是从个别的现象出发，挑战普遍被认可的理论或者原则。比如，从经济学上成本收益原则的角度分析刑讯逼供问题,分析当前刑讯逼供治理失败的原因,提出刑讯逼供问题中的成本收益理论。

社科法学目前存在若干个分支,一般认为,最基础的社科研究是实证研究方法,又叫经验分析方法,即运用社会调查、社会统计、田野调查、个案分析等方法分析法律现象的一种方法。当然,这种实证方法主要是对经验事实的观察和总结,谈不上作出多少理论上的贡献。社科法学的较高级形式则是各种社会科学与法学的交叉研究,引入了社会学、经济学、人类学、语言学、历史学等科学的成果和方法,促成了一个又一个法律交叉学科的兴起。当然,社科法学研究方法的体系是开放的。最终,一种吸收了社会科学一般理论和研究方法的研究路径,在法学研究中逐渐兴起。一般而言,社科法学强调价值无涉、价值中立,也就是不能提前预设价值判断,而注重对现象和问题的解释。

但是,也有些从事社会科学研究的人走向了两个极端,要么坚持法律现实主义的态度,要么坚持法律批判主义的立场,其中蕴含了不少价值判断层面的观点,或是认为存在的都是合理的,或是批判现存的一些社会现象。这都是社会科学进入法学研究领域中出现的两种极端方法。

□ 两种方法的融合——从经验到理论的方法

规范法学和社科法学从各自的角度强调了法学研究的不同侧面,二者应当相互补充,相互融合。一个有创造性的理论应该把他们融合起来,取长补短。基于此,我们的法学研究方法应当建立在以下三个逻辑基础之上:

第一,既要研究法律条文,又要研究法律现象。没有法律条文,就缺少基础;没有法律现象,就可能面临闭门造车的局限性。法律实践的规律既体现在法律条文中,也存在于法律现象中,要以开放的心态展开研究。

第二,在研究方法上,应当将归纳和演绎结合起来,先归纳后演绎,即先通过归纳发现一般的规律,然后再通过演绎的方式对一般规律进行验证。

第三,在研究对象上,应当将一切发生过的经验事实作为研究对象,注重从经验事实中提出理论问题,并将那些具有规律性的命题经过概念化的努力,提炼出理论,然后运用科学的方法对理论加以验证。

■ 经验事实

中国古人有言:“格物致知。”所谓“格物”,就是研究已经客观存在的事物;

所谓“致知”，则是指形成一定的认识或者判断。一句“格物致知”，讲清楚了我们做学问的全部方法和奥秘，那就是通过研究经验事实，来提出理论和思想。换句话说，科学研究的基本内涵就在于，从经验事实的“此岸世界”，跳跃到理论的“彼岸世界”。通过运用观察、思考等基本方法，从经验事实中形成主观上的认知和理论。

在选择研究对象时，我们需要记住张五常教授的一句经典名言，那就是“一个最愚蠢的学者才去研究没有发生过的问题”。这句话告诉我们，永远不要研究没有发生过的或者不存在的问题。在这个问题上，法学作为一门社会科学，与哲学等人文学科可能存在一定的区别。比如，哲学专业的学者可能去研究一些没有发生过的问题，因为任何问题都可以去思考和探索。但是在法学这个学科中，我们虽然也有法哲学的研究方向，但主流仍是社会科学领域的研究，也就是说我们要把经验事实作为研究的对象，即那些有证据证明的、已经发生过的事实。

要研究已经发生过的经验事实，就应当把法律作为一种社会现象，即法律的起草、颁布、实施、实践以及对法律产生的讨论形成综合的、宏观的事实。也就是说，只要与法律相关联的要素都可以成为研究对象。比如，在山东于欢案涉及的正当防卫问题中，刑法学家更关注的是我国刑法条文对正当防卫构成要件的规定、存在的缺失以及如何进行解释。但还有学者认为，不能仅从法律条文层面研究，还可以立足更广阔、更深层次的社会背景，如在于欢案中明显出现了三种社会角色，警察代表官方，放高利贷是有黑社会性质的侵害方，还有于欢及其母亲属于普通的私营企业，这三种社会角色构成了案件中的三个阶层。透过这个案件，我们可以看到，当前私营企业融资难已经成为一个受关注的社会问题。私营企业融资困难，资金链中断，其被迫求助于带有黑社会组织性质的高利贷公司，后因黑社会追债发生了这样的刑事案件。当然，于欢案也是我国金融制度实践中的一个缩影。可以发现，相较于纯粹的围绕法条的研究而言，这样的研究显得更加波澜壮阔，蔚为大观。

那么，为什么要研究已经发生过的经验事实呢？这是因为，只有观察和分析已经发生过的经验事实，才能找到证据、数据、文本以证明事实的各种细节，否则研究就会成为无本之木。比如，要研究一个在中国没有发生过的现象或者不存在的制度，如果不到存在这样制度的国家中去认真考察，就很难做好真正的研究。如果在中国难以找到第一手的材料，根据二手材料所做的研究，就很有可能只是无病呻吟。我们应当记住胡适先生当年所说的话：社会科学研究的奥秘在于，“有一分证据说一分话，有九分证据不说十分话”。

在选题方面，张五常教授在他的博士论文《佃农理论》的序言中有一个很全面的交待，对我们有很大的启发性。当年他在为博士论文选题的时候，刚开始他提出的好几个问题都被他的导师和芝加哥大学的老师否定了，之后他回到中国香港继续琢磨选题。有一天他在报纸上看到我国台湾地区在 20 世纪 70 年代所开展的土地改革，就立刻去图书馆找当时土地改革的全套资料，认真研究后发现，我国台湾地区土地改革的实践与西方传统的某理论不相符合，于是他灵光一闪，形成了一个有别于西方经典理论的研究思路。之后，他根据这一思路撰写了博士论文，得到了芝加哥大学导师的肯定并顺利通过论文答辩。张五常教授所提出的这个理论就是源于我国台湾地区已经发生的土地改革经验，并通过从个别到一般的归纳，提炼出某种独特的规律，进而给传统的经济学定律带来了挑战。借助张五常教授博士论文的选题过程，我们就可以得到这样的一个体会，一定要将已经发生过的经验事实作为研究对象。除此之外，我们还可以发现，研究已经发生过的事实，所得到的结论还可以在实践中得到验证。社会科学强调可验证性，科学与谬误的最大区别就在于，后者不具有可验证性。具体说来，我们可以将以下已经发生过的事实或者经验作为研究的对象。

□ 法律条文

法律条文是国家解决社会问题的法律方案、制度安排。我们不能仅把法律条文作为抽象、静止的立法规范，它其实是民族的、社会的、历史的总结，体现了中国人在各方面长时间所形成的社会传统与价值观念，这些隐藏在法条背后的东西，都属于可以被研究的“经验事实”。比如，我国婚姻法中的条文就体现了我国传统习俗，体现了中国的政治、文化与社会背景。举例来看，理论上我们说男女享有平等的继承权，这句话在我国农村能实现吗？目前在我国一些农村地区，嫁出去的女孩回来与哥哥弟弟争继承权是不被认可的。女孩出嫁时，娘家人给的嫁妆类似于娘家给女孩的一次性“买断”，此后女孩对娘家只负有“义务”，而不享受“权利”。而家里的男孩无论怎样对父母都享有继承权。这个观念经过几千年的实践在一些农村地区已经深入骨髓，我们可以说这种观念不公平，在一定程度上歧视妇女，但其背后有着深厚的社会经济基础，与传统的“养儿防老”理念一脉相承，所以需要在制定司法解释的时候得到充分的考虑。保障已出嫁女儿的财产权利，使出嫁女与兄弟享有同等的继承权，这在立法上或许可以做到，但在实践中却存在一定障碍，我们可称其为我国的习惯法或者习俗。由此可见，立法条文不是想象来的，也不能是照抄西方的，条文本身可以成为我们研究的对象。那么，对于法律条文，我们应当关注哪些细节呢？研究法律条文的立法背景、逻辑结构，条文所体现的原则规则和制度安排，以及条文所带来的后果。

□ 案例、判例

英美法系国家存在大量的判例，判例在司法实践中发挥着重要的作用。我国没有具有约束作用的判例，但近年来出现了一些指导性案例，这些案例得到培育和发展，具有一定的指导和参考价值。指导性案例本身也是重要的法律文本，对于这些案例，我们不仅要关注案情本身、案件的裁判结果，更要关注裁判的理由。原因在于，几乎每个案例都是个性化的，不同的案例可能有不同的案情和裁判结论，相较于这些变动的、不具有确定性的因素，案例背后的裁判理由则具有稳定性以及持久的生命力，它们可以被培育成为一种法律现象，并代表法官的思维方式和价值判断，如聂树斌案再审的判决书就体现了法院在定罪的证明标准方面的最新成果。

□ 已经发生的法律事件

法律事件也可以成为我们研究的对象，如广州许霆案、山东于欢案、天津老太涉枪案，以及近年来被发现的一系列有重大影响的案件等，这些都是在社会引发广泛关注的法律事件，包含了很多值得研究的法律问题。

□ 观点的争议

法律人是一个涵盖多方主体的概念，包括法官、检察官、警察和律师等，这些主体在思维方式上都有不同的特点。举个例子来看，曾有一本名为《控辩审三人谈》的对话录，对话者有三人，当时分别是最高人民法院刑二庭庭长、最高人民检察院公诉厅厅长以及中国著名刑辩律师。在这本书中，三人关于刑讯逼供的一段对话给我留下了十分深刻的印象。其中的两位对话者作为最高人民法院、最高人民检察院的代表，一致认为刑讯逼供是一种违法犯罪行为，谁刑讯逼供、违法取证，就应当追究谁的责任。而另一名律师则提出，刑讯逼供应当分为两种：一种是程序法上的刑讯逼供，另一种是实体法上的刑讯逼供，前者是一种非法取证的行为，通过非法手段所获取的证据不具有证据能力，应当被视为非法证据予以排除，后者即实体上的刑讯逼供则构成刑讯逼供罪，应当追究刑事责任。这段对话体现了中国检察官、法官、律师在思维方式上的差别。还有在关于法官能否变更罪名的问题上，我们可以发现，法官和律师的认识也存在很大的差别。《刑事审判参考》曾刊登了一个法院变更起诉罪名的案例：一审法院把检察机关起诉的民事枉法裁判罪改为受贿罪。对此，律师界提出了异议，认为法院无权变更罪名，检察官起诉什么罪、法院就只能审理什么罪、判断该罪是否能够成立，而不能随意变更，也就是说法院审理的范围要受到约束。但是，法官认为，法院审判的对象既包括人，也包括行为，还包括罪名，根据罪刑法定原则和罪责刑相适应原则，法官当然可以改变罪名，法官还认为自己既然享有独立审判权，当然就拥有独立定罪的权力，变更起诉罪名就属于这种独立审判权的表现。透过这些有争议的问题，我们可以看到法官与律师在思维方式上存在的显著差异。当出现激烈冲突的时候，也就是我们学者可以出场、开展研究或者发表观点的时刻了。

□ 历史上的制度和域外的法律规定

法律史所关注的无非是历史上的经验事实，比较法所研究的则是外国法的经验事实。历史上曾经发生的某个事件、存在的某个制度或者理念也可以成为我们研究的对象。我曾做过一些与历史考察相关的研究，其中最为典型的就是对法律责任制度的考察。我国法官责任制源于西周，彼时法官只要办错了案件就要被追究责任，后来其盛行于秦汉，一直到隋唐时期法官责任制达到成熟的状态，并延续到明清。我国这种源于古代与结果相关的法官责任制度至今都还在影响我们的生活，法官的利益与所办案件的结果紧密地结合在一起，现在的责任倒查制和责任终身问责制都是这种思想的体现。对于历史上曾经发生的或者正在经历的变迁，我们要分析哪些发生了变化，哪些没有变化，以及制约这些变化发生的因素。域外的法律制度也可以成为我们研究的对象，因为这些在域外国家是真实发生过的或者存在过的，因此可以在域外的法律背景中进行研究。

■ 问　题

我们要将已经发生过的经验事实作为研究的对象,不要研究没有发生过的问题。但在大千世界,经验事实也犹如汪洋大海一般。单看法条的话,我国生效的《刑事诉讼法》及司法解释的条文数加在一起就有两千余条。民法、刑法等实体法的情况就更加复杂了。我们需要在大量的经验事实中找到真正值得研究的问题,将这些有学术价值的问题作为我们研究的对象,这也就是常说的要有"问题意识"。如果我们发现了实践中存在的某个问题或者疑问,在现有的理论上无法作出解释,那么这个问题就值得加以研究。

在具有"问题意识"后,我们就可以从经验事实中提炼出问题来了。当然,"问题"本身也是分层次的,有的时候我们以为自己找到了真正的问题,但其实只是发现了问题的表象。因此,我们有必要搞清楚问题的三个层面:第一层面的问题是"疑问"(question),第二层面的问题是"缺陷、不足"(problem),第三层面的问题是"理论问题"(issue)。做学术研究,我们要从第一层面的问题开始,逐步向前探索,直到找到第三层面的理论问题。如果找不到这个理论问题,仅仅只是停留在前两个层面,那写出来的论文可能就不会有较大的理论含量,或者说不太可能是一篇质量上乘的论文。比如,有的论文只找到了第二层面的问题,也就是发现了各种社会问题背后存在的制度缺陷和不足,如果论文的落脚点就是通过立法解决这些制度缺陷,那这篇文章的档次就上不去了。这是因为,你提出的立法建议有充分的正当性、可行性论证吗,能得到立法者的接受和采纳吗,即使被采纳并在法律条文中得以确立,制度变化了,社会问题就一定能够得到解决吗?由此可见,这种针对制度缺陷和不足而进行的对策法学研究是存在很大问题的。这也从反面提醒我们,只有理论问题,才真正具有长久的生命力。

以下是我列出的四个例子:证人出庭、涉案财物处置、辩护人地位、刑事和解。本文从表1这四个例子出发,解释上述三个层面的"问题"。

表1 举例说明问题的三个层面

问题层面	证人出庭	涉案财物处置	辩护人地位	刑事和解
疑问（question）	证人不出庭	涉案财物被任意扣押	辩护人与委托人经常发生观点上的冲突	被告人通过赔偿换得从轻处罚
缺陷、不足（problem）	证人不出庭没有法律后果；庭外笔录有证据能力	没有司法审查，执行权和决定权合二为一；没有统一的涉案财物管理中心	无效辩护；律协的处罚不足	刑事附带民事制度失灵；协商的幅度和范围不受限制
论题（issue）	法庭审判的功能	对人之诉与对物之诉	辩护人的双重地位	私力合作模式

□ 问题的第一个层面——疑问（question）

问题的第一个层面，可被称为“疑问”，是我们对制度和实践产生的困惑，比如，犯罪构成要件，到底是四要件好还是三阶层好，为什么要坚持主客观相统一的原则，为什么民法有公平等价有偿原则，又有情势变更原则，为什么要强调罪刑法定原则，为什么要确立无罪推定原则……这些都是疑问或者困惑，属于最表层的问题。就像医生发现了病人存在头痛、皮肤瘙痒、发热等症状一样，这些困惑或者疑问也只是问题的最浅层表现而已。

疑问具有三方面的特点。首先，疑问只是问题最表层的现象。例如，在刑事诉讼中，证人不出庭是老生常谈的问题，有的死刑案件有数十位证人，但庭审中一个证人都不出庭，全都是念证人笔录，那么证人为什么不出庭呢？又如，在一些经济犯罪案件中，在侦查阶段，公安机关就将大量涉案财物查封扣押冻结，甚至拍卖后将所得款项直接转到公安机关的账户（吴英案就是典型），为什么在开庭前侦查机关就可以随意处理涉案财物呢？再如，在刑事审判的法庭上，同为辩护方的辩护人和被告人经常发生观点上的冲突，被告人说自己无罪，辩护人说被告人有罪并认为自己是独立辩护，为什么辩护人与委托人会发生观点上的冲突呢？此外，发生命案后，被害人及其近亲属如果向法院提起刑事附带民事诉讼，由于法院只支持直接的物质损失，其精神损失根本无法得到赔偿，但是被害人如果与被告人达成和解的话，被害人则可以获得可观的经济赔偿，那么为什么命案中的被害人及近亲属通过刑事附带民事诉讼得不到赔偿,而通过刑事和解则能带来大量的赔偿呢?这些都是问题的表象,都是司法实践中存在的诸多让我们产生困惑的问题。其次,这些“疑问”有的能用现存的理论进行解释,有些则解释不了。司法实践错综复杂,初学者可能会对很多问题都产生困惑,但慢慢那些“假问题”就能得到解释了,所以,我们会发现存在很多假问题,这些假问题不是我们研究的对象。最后,第一层面的问题虽然只是表象,却是发现、挖掘真正问题的突破口。因此,我们在寻找真正问题的时候,不妨把与此相关的所有问题都罗列出来,越多越好,这样就能让我们对真正的问题有更多的感性认识。比如,在证人不出庭的问题上,与此相关联的还有,法官为什么不听证人的当庭证言,检察官为什么可以仅宣读证言笔录,法官为什么直接就采纳了证人的证言,这些疑问都是我们思考真正问题的切入点。这就好像在勘探煤炭的时候,我们需要观察地表的植被状况。一般如果地表一片森林茂盛,地下都没有煤炭。煤炭一般出现在沙漠、荒漠之下,当年地上的森林经过地壳运动被埋在地下,后经几千年复杂的生物化学作用才形成了煤炭。与此相类似,我们想要发现真正值得研究的问题,也需要从那些表层的疑问开始。

□ 问题的第二个层面——制度缺陷(problem)

问题的第二个层面,可用英文“problem”这个词来表达,主要是指缺陷、不足或者漏洞,也就是某个制度运转不灵或者实践中运行效果不好的问题。这一问题带有评价的色彩,是表层疑问下更深一步的问题。比如,我们发现了证人不出庭,在法庭上仅宣读证言笔录这一表层的疑问,再深入思考,发现原来存在制度上的缺陷,大量证人不出庭是因为在立法上证人不出庭并没有法律上的强制性后果。2012年《刑事诉讼法》修改之后,立法上作出了调整,证人不出庭的,可以适用拘传,还可以拘留,这是我国在强制措施方面作出的重大突破。立法虽作了上述调整,但是法院法警人数有限,真的能够做到在每个案件中都拘传不出庭的证人吗?这似乎是不现实的。针对证人不出庭问题,最高院还有一种声音是要推动蔑视法庭罪的确立,但确立蔑视法庭罪的可能性又有多大呢?再者,即使证人出庭,法庭上也会宣读证人的庭外证言笔录,而且庭外证言笔录还具有否定当庭证言的效力,可以直接作为定案的根据,在这种情况下,证人出庭毫无意义。所以说,要想让证人出庭成为现实,就必须禁止宣读证人的庭外证言笔录,最多将该笔录作为弹劾证据。

我们再来看,为什么涉案财物在侦查阶段就能被扣押、冻结甚至被拍卖呢?原因是我国在处理涉案财物时,法院并不介入其中,缺乏中立的司法机关进行审查。而在那些庭前存在司法审查的国家中,中立的司法机关会以听证会的形式对涉案财物的处理作出一个命令,警察要根据法院的指令对财物作出处理。如此一来,决定权和执行权实现了分离,并相互制衡。除此之外,我国目前并不存在统一的财物管理中心,例如,北京市公安局海淀分局在办案时遵循谁办案谁负责的原则,统一负责查封、扣押、拍卖等一系列措施,对此为什么不能建立一个统一中立的涉案财物管理中心呢?比如,交由北京市司法局管理,这样在涉案财物的管理和处理方面就能与公安机关形成相互制衡的力量,公安机关想要随意处理、拍卖财物就不会那么容易了。事实上,实践中已经有地方开始这么做了,有些地方的公安机关就不再对涉案财物享有管理权。

疑问背后存在的制度缺陷和不足,属于问题的第二个层面。根据这些不足,我们很容易得出结论,通过改进制度构建,解决这个缺陷不足,这就是我们常说的"提对策",这也是我们根深蒂固的思维方式,即"发现问题、分析问题、解决问题"。这种思维方式源于我国古人"学以致用"的传统,不做空洞的研究,要务实,要根据存在的问题对症下药。这样的思维方式就会导致一个后果,即所做研究的结论都是对策或者策论。换句话说,永远以解决问题作为研究的归属和目的。实践中的问题多之又多,成千上万,但无非都是制度问题或者实践中的难题,如果仅仅只停留在这个层面上,那我们的研究就会出现以下三个方面的问题:第一,必然会走向对策法学,对策法学的结论通常是"我认为的",这是主观的,退一步讲,"你认为"的对策就有用吗?即使有用,能得到实施吗?可见,对策法学不是真正的理论研究,应当从"我认为"转变为"我发现"。第二,对策法学是主观结论,无法得到验证。作为研究者,我们解决问题的能力是最为薄弱的,一个实践问题的解决一般要涉及多方面的因素。我们的使命应当是作出理论上的推进,通过理论来对实践发挥指导作用。第三,我们得出的对策通常源于西方经验或者抽象理论这一大前提,往往是武断的演绎推理,在实践中缺乏可操作性,也无法验证其运行的效果。

所以,问题的第二个层面即"缺陷、不足"也不是我们研究的真正落脚点,我们要透过这些疑问和制度上的不足,找到理论上的真正问题。

□ 问题的第三个层面——理论问题(issue)

问题的第三个层面是论题,即理论上的命题或者疑问。要想找到论题,一般要有两个前提:一是对制度缺陷和不足进行思考,找到与之相关的理论上的命题,并与现有的理论进行对话。例如,在证人出庭的问题上,有哪些因素会发挥制约作用呢,这背后体现了怎样的理论命题呢?当我们思考到这一步的时候,我们就不仅在制度层面上探讨了,而是已经深入理论层面。证人不出庭背后的理论问题是“中国法庭的功能”。在我国,法庭审判的功能是发现真相,并坚信证人庭外的证言笔录更具有真实性,因此证人是否出庭无所谓,庭外证言笔录可以在法庭上被宣读并使用。除此之外,由于中国是人情社会,法官认为证人一旦出庭,在面对被告人以及其他利害关系人时,不敢说真话,很有可能会说谎,并且证人庭外的证言笔录也更有可能得到其他案卷笔录的印证,因此法官更青睐于证人的庭外笔录。可见,我国的法庭就是发现真相的场所,在一定程度上,证人出庭作证所体现的被告人的对质权等程序正义不是我国法庭审判功能的重点。概括一下,这是发现理论问题的第一个前提,也就是要通过大量的经验事实,发现理论上解释不了的现象,提出理论上的命题并与现有理论进行对话。二是当现有的理论无法解释时,我们就可以提出新的理论命题。比如,在涉案财物的追缴和处理的问题上,就可以提出“对物之诉”这个概念。我们发现,传统的刑事诉讼是以追究人的刑事责任为核心,审判的对象也是人,而在涉案财产处理的司法化问题上,我们可以提出与传统刑事诉讼截然不同的概念,那就是“对物之诉”,以涉案财物作为审判的对象。这是一个全新的诉讼,包括全新的诉讼标的、全新的诉讼构造和全新的诉讼程序,与“对人之诉”形成了鲜明的对比,这就是一个新的理论。辩护人与委托人发生观点冲突背后存在的一个理论问题就是辩护人的诉讼地位问题,是应当更加强调辩护人的代理属性还是公益属性。如果强调代理属性,那就当然要忠诚于委托人的利益,不能与委托人的观点发生冲突;如果强调公益属性,那就当然要以事实为依据,维护司法正义,这样就可以与委托人的观点不一致。由此我们可以发现,辩护人与委托人在观点上发生冲突,其背后的制约因素是辩护人的诉讼地位问题。这也就是我们说的理论问题。

总之,要想找到“问题的第三个层面”,就要通过发现司法实践和制度表层的疑问、缺陷与不足,经过深入的分析,与现有的理论进行对话,发现那些解释不了的问题,并将这些问题转化为理论上的命题。前面所说的“法庭审判的功能”“对物之诉”“辩护人的地位”“刑事诉讼的合作模式”等,都是理论层面的问题。只有找到了这些理论问题,我们才算在做真正的研究,才能在可能的范围内推动理论的发展，形成自己的理论脉络，变成法学理论乃至思想。

■ 理论

□ 什么是理论

“理论的提炼”源于经验事实，属于根据经验事实所作的思维跳跃。研究者唯有具备基本的抽象概括能力，具有理论上的想象力，才能完成这种由经验的此岸世界向理论的彼岸世界的跳跃。作为一个法律研究者，其抽象思维能力需要经过后天的训练才能具备，这就要摆脱“形象思维”这一与生俱来的“地球引力”。我们需要将经验事实作为研究对象，经验也是形象思维的产物。经验事实是已经发生过的，且有证据证明的事实，如案例、数据、判决书、事件、公共讨论等。

举个例子来看，有同学要研究“逮捕”，一上来就作比较法研究，研究美国的“逮捕”，但是，美国的“逮捕”与中国我们所说的“逮捕”是一回事吗？美国的逮捕(arrest)要求警察抓人后最多只能关 24 小时，之后就要把人带到法官面前，由法官主持进行是否继续羁押的听证会(hearing)，在听证过后，可以作出取保或羁押的决定。实践中 2/3 的犯罪嫌疑人都被保释。所以，美国的逮捕(arrest)相当于我国的拘传，与我国作为强制措施的“逮捕”不同。嫌疑人或者被告人在我国一旦被逮捕，就至少要被羁押 2 个月，甚至可延长到 7 个月。在例外情况下，羁押期限还可以继续延长。由此可见，要研究“逮捕”，就要说清楚研究的是中国的逮捕，要研究我国当前存在的问题。

透过经验事实，我们会产生一个或若干个疑问，比如，现在强调法官责任，一是要终身问责，二是要责任倒查，但这与域外普遍的经验都是不同的。在美国，法官独立审判，即使所作的判决被上级法院推翻，法官也认为这仅是观点上的不同。我国规范性文件中的法官责任，涉及法官的三种责任：一是法官故意违法，二是过失导致严重后果，三是严重违反职业伦理。按照我们以往的逻辑，要想解决法官责任的问题，只需要修改这些制度，比如，让法官责任与其所办理的案件结果之间没有关系，法官只在违反法律或者违反纪律的时候，才承担责任。这一观点将法官责任等同于违法责任，得到当前许多人的支持。但我们要反思的是，这种方案即使能够解决问题，就一定会被最高法采纳吗？现在一些引发社会关注的案件，其本身就是政治事件。为了回应社会公众，法院往往就要对办理过案件的人进行追责,如呼格吉勒图案中就有40多人被追责。或者,即便我们提出的方案被采纳了,这个研究在理论上又有什么样的贡献呢?如果仅停留在制度层面上,在发现问题、分析问题、解决问题的思维框架内运行,而没有进入理论的世界,我们将很难在理论上作出任何的突破。所以,我们一定要在制度缺陷、不足的基础上找到理论命题。比如,在法官责任制度的问题上,我通过研究发现,法官责任制在我国有悠久的法律史,其早在西周时期就已经产生了,对法官的"出入人罪"更是中华法系的独创。这一制度设计的原因有二:一是受儒家文化的影响,中国古代法律中存在"慎刑"的思想;二是认为只有将案件结果与法官产生关联,法官才能认真办案,这体现了"体恤民情"的思想,也是原始的人道主义精神的体现。由此可见,我国法官责任中"结果责任"的背后是存在深厚理论基础的。而现代法官责任体系中仍存在结果责任,表明目前我国对法官的管理制度出现了功能上的失灵。这主要表现为:解决法官违法问题的制度功能出现了失灵,如上诉机制失灵,错案难以通过上诉程序予以纠正;国家赔偿制度失灵,要求国家赔偿一定要建立在确认为错案的基础上;程序性制裁失灵,程序内制度出现失灵,就需要引入程序外的行政责任来解决法官违法问题;除此之外,中国法院不是封闭独立的系统,当一些敏感案件的曝光引发各界关注,为了回应这些压力,也必须要追究法官的责任。

这是我们在法官责任背后发现的理论问题,那么在这个基础之上,我们应当如何形成理论呢?在发现了理论上的困惑和难题的前提下,我们可以提出一个解释性的命题,使该理论困惑得到解答,这种解释性的命题就是理论。比如,在法官责任的问题上,我们就可以提出,引入多元化的法官治理机制,克服程序内制度失灵问题;还可以提出,推动法院系统逐渐封闭,摆脱外部的过多干预。又如,在证人不出庭的问题上,我们发现其背后的理论问题是法庭审判的功能出现了异化,过于追求发现真相。那么,为了让证人出庭,就必须使法庭审判在发现真相方面比庭外调查发挥更大的作用,想办法让证人出庭说真话。再如,在刑讯逼供未彻底消除的问题上,其背后的理论问题就是证据供给不足。为了解决这个问题,就必须要扩大证据源,减少侦查人员对口供的依赖。在被告人与辩护律师的关系问题上,之前独立辩护理论盛行多年,辩护律师可以违背被告人的意志作独立辩护,有的律师甚至以此为由提出不利于被告人利益的辩护意见,后来辩护律师的忠诚义务被提出,这是对律师独立辩护的一个限制和约束。我发现,仅有忠诚义务还不够,委托人身陷囹圄,自身辩护能力不足,难以对辩护律师进行有效的监督和制约,在辩护能力方面无法匹敌辩护律师,因此有必要激活委托人的辩护能力。于是我就提出了自主性辩护这个概念。这个概念出现之后,又产生了新的问题:委托人的辩护能力得到了激活,但是假如他阅完卷、了解了案情,对辩护律师提出了苛刻的要求,怎么办?辩护律师与委托人在辩护策略上意见不一样,又怎么办?接下来我们就发现,激活委托人的辩护能力是很重要,但最重要的还是二者要沟通、协商,所以,我又提出了"协同性辩护"这个概念。协同性辩护的要点有二:一是辩护律师要说服被告人接受自己提出的辩护策略;二是还要给被告人安排辩护角色,二者要形成辩护合力,如被告人负责事实问题,辩护律师负责法律问题。辩护律师与被告人形成强大的辩护方是辩护的最高境界。当然目前协同性辩护要实现还存在很多制度性的障碍,如被告人的座位问题等。忠诚义务、自主性辩护理论、协同性辩护理论,这些都是理论,都是处理委托人与被告人关系中存在的诸多问题所提出的理论。能够对理论上的困惑、难题进行解释、判断的命题就构成了理论,如忠诚义务的核心就是辩护律师要忠诚于委托人的利益和意志,忠诚义务要高于独立辩护;自主性辩护理论的核心就是要激活被告人的辩护能力;协同性辩护理论的要点就是被告人要与辩护律师进行充分的沟通、交流,使被告人理解并接受辩护律师的辩护策略,与被告人达成辩护合力。

那么,我们为什么要研究理论呢?概括说来,理论有三个功能。第一,理论是提高交流效率、节约信息的工具。在日常的交流中,如果某一理论被大家所普遍接受,那么大家在交流时就可以直接用这个抽象的理论进行沟通,而不用再讲这个理论的具体内容,可以节约交流的成本。第二,理论可以促进思想的发展,加强思想交流。理论往前走是一种思想,大量的理论提出来后有助于人类思想的发展。比如,马克思就经济基础和上层建筑关系的理论对复杂多样的经济社会生活进行了很好的解释。第三,理论可以从深层次推动人类社会的发展,促进社会的变革。任何社会改革或者变革,都必须有深刻的理论作指引,否则,只能"头疼医头脚疼医脚",无法从根本上解决问题。

□ 解释性理论与规范性理论

法学理论可以分为两类:一是解释性理论;二是规范性理论。

所谓"解释性理论",是指对现象或者问题进行解释的理论,如某某现象为什么会发生,现在的状态如何,未来会如何演变。解释性理论,又被称为描述性理论,它可以描述现状、揭示原因、总结制度或者现象发展变迁的规律,因此属于实然性理论。我们之前谈到的,针对刑讯逼供为什么会发生所提出的“成本收益理论”,就是一种解释性理论。

“规范性理论”主要是对制度建构、规则制定乃至体制改革提供理论指引的理论。规范性理论属于应然性理论。在各个法学教科书中,“总论”部分包含大量的规范性理论,如刑法中的罪刑法定原则,刑诉中的无罪推定原则,民法中的公平、等价有偿原则等。这些原则都是应然性理论,指导着法律的制定、法律条文的适用以及司法实践的展开。

在提出“规范性理论”时,我们反对在没有任何实践指导的情况下,就提出应然性的判断。在作出应然判断之前,我们一定要论证这个理论的效果好。当然“效果好”也是一个实然判断,即实然考察是前提,应然判断是结论;没有实然判断,就不要得出应然结论,否则应然结论就无法得到验证。比如,我国刑事和解制度在产生之时并没有多少理论支撑,主要是其在实践中取得了好的效果。以前通过刑事附带民事诉讼,被害人及其家属难以得到足够的赔偿,被害方只能不断申诉,有的甚至酿成公共事件。后来实践中出现了加害方和被害方私下和解,前者足额赔偿,后者向检察院或法院表示谅解,检察院作出不起诉决定或者法院判处缓刑。刑事和解使得加害方和被害方双方获得了“双赢”,在实践中取得了很好的效果,这一制度在2012年被正式写入《刑事诉讼法》中,形成了刑事和解制度,并被规范化。后来,也是在对司法实践进行大量观察和反思的基础上,我基于刑事和解制度,提出了私力合作模式这一理论。理论一旦提出来,将会对司法实践产生更为深远的指导作用。

根据我国大量的改革实践,我们可以总结出以下的经验:第一,先有改革的探索;第二,经过探索,实践中有良好的效果,形成了经验;第三,在经验的基础上提炼出理论,形成解释性理论;第四,解释性理论一旦成立,就可以对未来的改革实践提供指引,就变成了规范性理论。比如,私力合作模式能够对未来的实践提供指引,未来就应当按照这个模式走。所以,我并不反对文章最后写“应当怎样办”,但要拿证据证明“这样做”的好处,不要主观上认为是好的就写,一定要从实践中的数据、案例和经验中寻找对应然观点的支撑,避免“空对空”,避免“纸上谈兵”。比如,有学者支持“逮捕听证会”这种改革,就不能仅结合现有的理论进行论证,仅说“听证会”符合无罪推定、满足程序正义是不够的，还要从地方改革试点的经验、有无听证会的对比中，找到更多的经验事实以证明“听证会”的效果好，这样对这一观点的论证才扎实，有说服力。

□ 解释性理论的三种模式

我们可以把解释性理论划分为三种模式，分别是“模式理论”“因果关系理论”“制度变迁理论”。当然，这只是三种常见的解释性理论模式，并不排除其他解释性理论模式的存在。

1. 模式理论

所谓“模式理论”，是把处于同一层面的两个或两个以上的制度、实践和理念进行类型化的分析。“模式研究”一般是学术研究的第一步，比较好入门。“模式研究”有三点值得注意：第一，研究的对象是同一层面上的经验事实，避免将不同层面的对象放在一个层面上，如有同学将刑事诉讼分为两个模式，正当程序模式和被告人缺席审判模式，但这两个模式是在同一个层面上吗？正当程序是价值论，被告人缺席是构造论，这两个模式显然不在一个层面上。第二，要穷尽同一层面上的所有事物，避免遗漏。目前，在刑事诉讼中最成功的就是诉讼构造的模式分析，即在诉讼构造上分为大陆法系的职权主义模式和英美法系的当事人主义模式，这种模式分析是比较成功的。第三，每一个模式要概念化，要以抽象、简练的语言概括出来。

“模式理论”也是我比较常用的研究方法，比如之前讲到的“协同性辩护理论”就是被告人与辩护律师关系模式的一种，现在已经出现了四种模式：独立辩护模式、忠诚义务模式、自主性辩护模式、协同性辩护模式。还有我在《法学研究》发表的《法官责任制度的三种模式》（2015 年第 4 期）也是一篇运用“模式理论”进行研究的论文。通过对实践的观察，我发现我国在法官责任制度上存在三种模式——结果责任模式、过程责任模式、职业伦理责任模式。我对这三种模式的内涵、表现和产生的原因进行了分析，并对其未来的走向进行了预测：结果责任模式日渐衰落，过程责任模式得到越来越多的强调，而职业伦理责任模式开始兴起。

在“模式理论”的运用上，域外学者也做过非常成功的研究。1968 年美国赫伯特·帕克（Herbert L. Packer）教授在宾夕法利亚大学法律杂志上发表了一篇论文，他根据当时美国的社会思潮，将刑事诉讼程序划分为两种模式：正当程序模式和犯罪控制模式。正当程序模式以个人权利为前提，强调要对国家权力进行严格的控制,刑事诉讼法就是国家权力的控制法。犯罪控制模式则认为刑事诉讼法是打击犯罪的法律,要给予法官、检察官和警察等高度的信任。他还把体育比赛中的概念引入对这两种模式的解释之中,他认为正当程序就是跨栏赛跑,法律给国家打击犯罪设置了一个又一个的障碍;而犯罪控制则是接力赛跑,警察、检察官、法院通力合作、前后接应,共同完成打击犯罪的目标。"跨栏赛跑""接力赛跑"这两个概念的引入非常的贴切,这也启发我们要善于将不同学科的概念引入刑事诉讼中,对于我们进行概念化有很大的帮助。帕克教授所做的正当程序模式和犯罪控制模式这两大模式的划分,在刑事诉讼法学界的影响极为深远,在很长的时间里都未有学者能对这一模式划分提出有力的挑战。直到后来,耶鲁大学法学院约翰·格里菲斯(John Griffiths)副教授提出了第三种模式——"家庭模式",其认为,正当程序模式和犯罪控制模式都是国家和个人之间的斗争,但是在未成年人案件中,国家要为未成年人提供法律援助,整个法庭都以治疗和关爱为主。未成年被告人就像生了病的学生,刑事诉讼程序主要是对他进行治疗,正当程序模式所强调的保护对治疗被告人没有用,犯罪控制模式所强调的打击也没有用,对于未成年被告人,更应该做的是矫正他的不良恶习,让他早日回归社会,这就是格里菲斯所提出的"家庭模式"。这一模式显然是对帕克教授两种模式的一个发展,具有深厚的理论含量,它的影响力也持续至今。由此我们可以发现,理论具有穿越时空的强大生命力。法条可以修改,制度可以变化,规范可以消失,但理论一旦提出,将会持续存在,在实践中被验证、被发展。

2. 因果关系理论

"因果关系理论",是指针对长期、反复存在的社会现象,揭示它存在的原因,并将其概念化的一种方法。在社会科学研究中,因果关系理论是最为关键的研究方法之一,很多基础性研究都是这一方法运用的结果,如科斯定律、费孝通提出的"差序格局"等。"因果关系"的关键在于找到"因",然后将"因"予以概括化和概念化。通常情况下,"因"与"果"存在时间顺序,先有因才有果,而不能是相反的顺序。与此同时,当某一变量与某一结果仅仅具有某种联系时,也不一定意味着两种具有因果关系。这里的关键在于作为"因"的变量一旦存在,就会导致结果的出现,前者是后者的充分条件,具有"只要 A,就有 B"的密切关系。不仅如此,我们不仅要善于发现法律领域中的因果关系,还要解释为什么某种变量一旦发生,就会导致某种结果的出现。在对因果关系及其成因作出揭示的过程中，我们可以提出一些富有新意的解释性理论。

例如，法院为什么很少作无罪判决？这是人人都看得见的社会现象，其背后可能有很多的原因。有人从法院功能定位的角度对这个问题进行解释，认为法院在我国只是一个裁判机构，并非真正意义上的司法机关。还有人从法官的角度进行解释，指出我国法官具有强大的追诉欲望和有罪预断。对于这个问题，我曾提出过一个概念——“侦查中心主义”，即在我国侦查、起诉和审判的三个阶段中，侦查处于核心的地位。这一概念有三个表现：侦查机关控制嫌疑人、被告人的人身自由，侦查机关控制并处置涉案财物，侦查机关制作随案移送的案卷笔录。正是由于这三点，侦查机关的利益与法院最后是否判无罪息息相关，导致法院难以作出无罪判决，这也是侦查中心主义的效应。

还有学者研究“逮捕”问题，发现我国逮捕在功能上出现了异化：逮捕本来是一种强制措施，但在我国变为“定罪的前奏，量刑的预演”，以至于逮捕与定罪的标准差别不大。为什么我国逮捕的条件这么高，为什么逮捕在我国出现了功能上的异化，如何对这一异化进行解释，我们可以运用社会学上的“结构—功能主义”理论对这个问题进行解释。“结构—功能主义”是结构主义和功能主义的合称，这是社会学上的经典理论。根据这一理论，我们可以透过强制措施的结构，看它的功能。我国的强制措施分为两类，羁押性的强制措施和非羁押性的强制措施，前者包括逮捕、拘留和监视居住（变相羁押），后者包括取保候审、拘传。其中，非羁押性强制措施适用的条件太窄，可选择的空间太小，换句话说，就是在完全地剥夺行为人的人身自由和完全地释放行为人之间缺乏中间状态。在域外国家，如法国、意大利等，刑事诉讼中都设置了十余种强制措施，给予法官充分的选择，如驻地逮捕、医院逮捕。我国可适用的强制措施的种类太少，尤其是非羁押性强制措施的条件过于严苛，使强制措施的功能难以得到充分的发挥，这就是结构和功能的失衡，可能导致的结果就是滥用逮捕、拘留，滥用羁押性强制措施。羁押时间一长，法院就不敢再判无罪，否则就要国家赔偿，所以一旦逮捕，就要定罪，这就是逮捕功能出现异化的根本原因。

3. 制度变迁理论

我有一篇题为《义务本位主义的刑事诉讼模式——论“坦白从宽、抗拒从严”政策的程序效应》的论文，发表在《清华法学》（2008 年第 1 期）。在这篇论文中，我对“坦白从宽、抗拒从严”政策进行了考察，发现从战争年代，到“文化大革命”，再到改革开放之后，这个刑事政策一直都在发挥着作用。在这个政策的影响下，我国嫌疑人对侦查人员的提问有如实回答的义务，如果不如实回答，就会影响量刑。由此可见，被告人虽是刑事诉讼程序中的当事人，但是其当事人的主体地位难以得到保障，辩护权形同虚设，面对侦查人员的提问，被告人不能不说话，更不能说谎。这里就存在一个理论上的悖论，被告人是否有如实辩护的义务？辩护是一项权利，而权利是可以放弃的，如实辩护则是一项义务，“如实回答”其实混淆了权利和义务的界限。而“坦白从宽、抗拒从严”政策虽一直都在发挥作用，但其功能发生了变化，从之前的“瓦解犯罪分子、打击犯罪”到现在变成了侦查的手段，这也是我国当前“口供中心主义”的侦查模式所决定的。

概括而言，运用制度变迁理论需要注意几个要素：第一，研究对象一般是在相当长的时间里存在，没有发生变化或者问题百出的某个制度或者某种现象；第二，要透过制度变迁的现象，分析其背后的制约因素；第三，要把制约因素提升到理论层面，并将其概念化。比如，我曾经用这个方法研究过“劳动教养制度”，对这个制度的发展演变做了一点研究。在 20 世纪 50 年代，劳教制度是一种人道主义措施，出发点是安置；“文化大革命”结束后，劳动教养就变成了刑事处罚和行政处罚之间的第三公法处罚之一，与此相类似的还有收容审查、收容遣送、收容教养等。它们主要是为了应对那些比行政违法更严重，但尚未构成犯罪的行为，因此说它们属于第三公法领域的处罚。

■ 论文的结构

上面讲了研究方法、如何选题、如何找到真正的理论问题，那么，确定好研究对象后，应当如何形成一篇论文呢？一篇论文至少由三部分构成：引言、论证、结语。

□ 引言

“引言”又可被称为“问题的提出”。引言是文章的第一部分，一般不宜过长，2 万字以内的文章引言最好不要超过 2000 字。引言可以有三个功能：第一，提出理论问题，比如，如果要写证人不出庭问题，在引言部分就可以首先列举证人不出庭在实践中存在的大量问题，并提出“笔者认为，其背后的根本原因就是法庭审判的功能出现问题”。第二,作出文献综述,概述国内外学者对本研究主题已有的研究,要对学者的观点进行总结,指出学界存在争议的问题。文献综述的功能是总结现有的研究,站在前人的基础上继续研究。第三,提出本文的理论命题,可以提出新的观点,赞同其中的某个观点但有不同的理由,或者论证一个已提出但还未被论证的观点。

□ 论证

论证是文章的主体部分,一般分为两种:一种是证实,另一种是证伪。证实是证明自己观点成立的活动,通常包括两种方法:一是运用“唯理论”的原理,运用逻辑、理性能力证明一个理论命题的正当性;二是从“经验论”的视角,对该项理论的实践效果作出验证,对那些“实践效果好”的理论肯定其合理性。

在从正面论证自己的观点得以成立后,研究者为慎重起见,还要再进行证伪活动。所谓“证伪”,就是证明一个观点不成立的活动。证伪是为了让文章的论证更为严谨,确保自己的观点不被推翻。证伪大体上包括两个方面:一是反驳现有的观点,即证明与自己相反的观点不能成立,对这些观点逐一加以驳斥;二是证明潜在的反对观点不能成立,将那些在逻辑上可能出现的相反观点逐一加以反驳。

运用证伪这一方法比较典型的作品,就是美国法学家罗伯特·萨默斯(Robert S. Summers)在1974年发表的题为《对法律程序的评价与改进——关于“程序价值”的陈辩》的文章。在这篇文章中,正面陈述作者自己观点的文字不到三分之一的篇幅,大部分篇幅都是在对几种典型的反对观点进行反驳。通过阅读这种证伪方面的内容,我们发现,萨默斯不仅论证了自己提出的“尊严理论”,而且对现有的挑战这一理论的观点逐一进行了反驳,从而有理有据地捍卫了这一理论的正当性,具有较强的逻辑力量。

□ 结语

结语是文章的最后一部分,是总结本文观点和论证过程的部分。我们常说论文的结构是“总—分—总”,结语就是最后的“总”。结语的功能有二:一是综合概括本文的观点,总结本文的论证过程和论证脉络,厘清各个分论点之间的关系。二是指出研究的局限性,引出其他的命题、研究线索,让学界对这个主题的研究能够延续下去。如此,薪火相传,引领后来者在这一领域中继续进行开拓,从而引出更深刻的讨论和更新的理论。

▣ 阅读指引

1. [美]黄宗智:《经验与理论:中国社会、经济与法律的实践历史研究》,中国人民大学出版社 2007 年版。

   作为一位学有所成的美籍华人学者,黄宗智先生通过对社会、经济、法律、历史的研究,提出了"从经验到理论"的研究方法,使本书对于法律研究者如何研究中国法律问题、如何提炼出概念和理论,具有极大的启发和参考价值。

2. 林毅夫:《论经济学方法》,北京大学出版社 2005 年版。

   作为具有世界声誉的华人经济学家,林毅夫教授在这本书中深入浅出地阐述了经济学的研究方法,其中所运用的从问题入手、从经验事实中提出理论的研究路径,对法律研究者具有启发意义。

3. 费孝通:《乡土中国　生育制度　乡土重建》,商务印书馆 2011 年版。

   费孝通先生的三部代表作的汇编,是从文化角度对中国社会进行研究的经典之作。通过对中国乡土社会"差序格局"的揭示,费先生从丰富的经验事实中提炼出了概念和理论,是从事社会研究的入门读物。

4. [美]虞平、郭志媛编译:《争鸣与思辨:刑事诉讼模式经典论文选译》,北京大学出版社 2013 年版。

   该书收录了 50 年间美国和欧洲刑事诉讼模式研究的经典论文,集中反映了欧美学者对刑事诉讼价值模式和制度模式的学术争论,对于法律研究者透过制度表象发现并提出制度制约因素、从理论上总结制度变迁规律,具有较大的参考价值。

5. [荷]扬·斯密茨:《法学的观念与方法》,魏磊杰、吴雅婷译,法律出版社 2017 年版。

   虽然是一部篇幅不大的小册子,但对法律的规范研究和社会研究的竞争性存在作出了独到的分析。

6. 陈瑞华:《论法学研究方法》,法律出版社 2017 年版。

   作者结合自己从事法学研究的经历,反思了既往的研究方法,提出了"从经验到理论"的研究范式,强调以经验事实为研究对象,透过制度和实践问题的表象,提出理论问题,并总结了解释性理论的三种模式,强调了证实和证伪的双重论证方法。

论裁判规则的规范性

张 骐

关于作者

张 骐

法学博士，北京大学法学院教授，北京大学法学院学术委员会委员；最高人民法院案例指导工作专家委员会委员，中国法学会法理学研究会副会长，中国法学会比较法学研究会副会长，中国法学会案例法学研究会副会长，国家社科基金重大项目“构建中国特色案例制度的综合系统研究”首席专家。自1982年1月从吉林大学法律系本科毕业后，至今一直从事法律教育和法学研究工作。1987年7月在北京大学法律系（法学院前身）研究生毕业后留校任教至今。讲授课程包括：法理学、法理学专题、比较法总论、比较法研究、西方法理学研究、马克思主义法理学、法学流派与思潮、西方法哲学研究、法学前沿、法学方法论与论文写作，Chinese Judicial System（英语授课），Comparing the Legal Systems of China and America（英语授课）。2019年2月被评为中国法学会“全国法学会系统先进个人”，2021年11月被评为中国法学会案例法学研究会“2021年年度人物”（首届）。

（说明：此文曾经以《论裁判规则的规范性》为题，发表于《比较法研究》2020年第4期。）

研究案例裁判规则有一个大的背景。最近这些年来中国司法机关对案例、对判例越来越普遍地重视和强调，最高人民法院2019年8月推动建立了参考性案例备案机制和类案及关联案件强制检索制度，开始使最高人民法院和一些省高级人民法院的案例（包括但不限于指导性案例）具有越来越重要的作用。最高人民检察院发布了关于处理行政和刑事案件的有关典型案例，没有用“指导性案例”，这个比较有意思。但我们不在名词上纠结。我认为它们都是中国案例制度或者案例指导制度的重要组成部分。我们所要思考的问题是，为什么最高司法机关、各级司法机关或者司法从业人员、法律界同仁越来越重视案例？大家重视案例肯定不会像出租车司机那样对八卦性的案例感兴趣，我们重视案例其实是重视案例中的裁判规则，这个裁判规则使案例可以对法律工作、社会生活发生不同形式的影响。或者可以说，裁判规则是案例或者判例的灵魂。顺便说一下，现在在中国这两个词是可以互用的，但我的目标是判例制度，接地气的话是案例。

那么什么是裁判规则？什么又是案例裁判规则？案例裁判规则具有什么样的特点、具有什么样的性质？案例裁判规则的规范性又是什么意思？案例裁判规则规范性来源或者它具有规范的力量，这种规范的力量又来自何处？这是接下来要讨论的主题。

■ 为什么要研究裁判规则的规范性？什么是裁判规则？

□ 为什么要研究案例裁判规则的规范性

案例裁判规则规范性的重要性，是由于下面这两个重要原因：第一，案例裁判规则是一个实际存在的司法现象；第二，裁判规则是一类独特的、宝贵的司法资源或者规范资源，那里面是一个宝藏。我不止一次地听到我国的大法官们、大检察官们讲过案例、判例其实是一个宝藏。如果它是一个宝藏的话，只有深入研究这个宝藏的灵魂，也就是裁判规则的规范性，我们才能够更好地掌握、运用案例和判例。这是我想说的为什么要研究案例裁判规则。

□ 怎样把握案例裁判规则的含义

其实大家讲到裁判规则的时候所指的意思是不一样的。我们阅读文献可以发现,不同学者在谈到案例裁判规则的时候所指的含义是不一样的,可能有不同的意思。那我们怎么样来把握案例裁判规则的含义?或者我们怎么样来确定我们研究对象的含义或者意义?我不会像以前有的前辈学者说,“我认为它是这个意思”,然后以“我认为”的意思为出发点进行研究。个别情况下可以这么去做,但在这个问题上是不可以的。那怎么做?我们要看人们怎么使用“裁判规则”这个词?看学者们在说“裁判规则”的时候是指什么?学者们是如何界定裁判规则的?他们对裁判规则的界定有什么区别?然后我们来发现最大公约数或者找到最大限度的共识。

在研究文献当中大家不仅可能会遇到“裁判规则”,还会遇到“裁判规范”,其实这两个词指的是同一个对象,不同仅在于“裁判规则”更多是在人们研究、适用案例的时候,在讲司法应用的时候会用“裁判规则”。而从学理上界定它的时候倾向于使用“裁判规范”。我的研究立足于实务界,所以我是从“裁判规则”角度出发进行研究。

回过头来讲裁判规则,学者们如何界定裁判规则?在界定裁判规则上有什么不同或者有什么侧重?通过梳理侧重点可以发现他们所指的是什么,或者他们用裁判规则强调的是哪个点。

学者们有关裁判规则界定是不一致的,分歧有以下四个方面:

第一,在裁判规则的性质上,裁判规则是具有普遍性的规则,还是仅指一种个案性规则?有的教授认为:裁判规则是一种个案规则;而另一些教授则否认裁判规则具有个案性,认为它是一种普遍化或意欲普遍化的规范,并且,这种裁判规范与个案规范不兼容。

第二,裁判规则是法律,还是仅是一种习惯、学术见解?有的教授采取综合构成的观点,认为裁判规则中既有法律,也有可以作为活法的法学理论。

第三,在裁判规则的功能、作用上,裁判规则是仅供司法人员适用于司法审判之中,还是同样指导普通人的日常行为?学者们普遍认为裁判规则只由司法人员适用于司法审判之中。

第四,在裁判规则的来源上,裁判规则是如何形成的?大部分学者认为,裁判规则来自审判过程中司法人员的审判行为;但是,如果按照有的教授的观点，它也可能来自立法机关。

笔者认为，中国大陆学者的观点或多或少受到一些我国台湾地区学者和外国学者有关裁判规范的观点的影响。不过，台湾地区有的学者所谈的裁判规则指的是制定法规范。这种制定法规范根据需要或用途，或者是裁判规范，或者是行为规范。

奥地利法学家凯尔森指出："当法院在解决双方当事人之间争端或在判处被控告人刑罚时，的确适用着制定法或习惯法的一般规范。但与此同时，法院创造了规定对一定的人执行一定制裁的个别规范。"凯尔森这里所说的"个别规范"，虽然体现为司法判决，但确实是蕴含着普遍性的裁判规则，这正是我们所讨论的裁判规则。

不过，哈特在《法律的概念》一书中所说的裁判规则（rules of adjudication），与我们这里讨论的裁判规则（裁判规范）的内涵和外延有很大不同。哈特指出，他这里所说的裁判规则，与"承认规则""变更规则"一起构成"次级规则"，用来补救初级规则的不确定。中文两个译本在其翻译上是不一样的，先前的译本（大百科全书出版社版）的译者意识到这个问题，所以用的是"审判规范"。

如果说凯尔森的观点反映了他关注法律"应然状态"的纯粹法学特点的话，奥地利法社会学家埃利希的观点，则是对裁判规则实然状态的一种描述。埃利希有一本非常有影响的法社会学著作叫《法社会学的基本原理》。比较有意思的是，他其实也是一个法律史专家和罗马法专家，他的书写得非常有趣。他认为："裁判规范像所有社会规范一样是一种行为规则，但确实只为法院适用，它确实主要不是一种为在日常生活中活动的人设定的规则，而是为对他人的行为进行裁判的人设定的规则。"在一些欧洲民法法系国家，裁判规范也表现为长年累积的裁判见解、实务或学说，如"习惯法"、"法院一贯见解"或"活法"，其规范性是得到承认的。

我们可以把学者们有关裁判规则的界定的观点，按照不同的标准进行不同的分类。

首先，按照裁判规则与制定法的关系划分，可以把对裁判规则的界定分为两类：第一类，是认为裁判规则属于法律规范。按照黄茂荣教授的观点，裁判规则就是法律，只是由于功能或用途的不同，而有不同的称谓。但根据韩世远教授对裁判规则的理解，韩教授界定裁判规则时所谓的法律是广义的法律，其中的裁判规则与制定法还是不同的。我们可以把此类观点称作一种裁判规范的一元二分论。所谓一元，即法律就是裁判规范，裁判规范也是法律；所谓二分，即法律中有行为规范与裁判规范二分对举。第二类，是认为裁判规则与法律规范并列，裁判规范不同于法律规范。我们可以称第二类观点为裁判规则与法律的二元论，即虽然裁判规则需要以制定法为依归，但裁判规则不同于制定法。

其次，按照裁判规范与行为规范的关系来划分，对裁判规则的界定也可以分为两类。有学者持裁判规范与行为规范二分论，同时认为裁判规范是只针对法官的规范。

最后，按照裁判规范中个案性与普遍性的关系，分为三类观点，第一类，裁判规范是个案规范；第二类，裁判规范是非个案规范；第三类，裁判规范可以二者得兼，如谢晖教授的观点。

我们这里所讨论的裁判规则是一种独特的司法现象，我们需要找到裁判规则的独特性，以便指导我们的司法实践。我们从学者们对于裁判规范界定的不同观点中可以发现，虽然大家在这个问题上有各自的见解，但是在某些基本点上是有共识的，即都肯定裁判规范与司法审判有关，在法官审判案件的过程中具有重要作用，对法官裁判进行规范、指引。在此，我们可以通过总结学者们使用“裁判规范”时赋予它的含义、使用它的语境及用意，对裁判规则给出一个可以获得最大共识并有助于我们进一步研究的定义：裁判规则（裁判规范）是一个法律命题，是由司法机关在司法过程中所形成、存在于案例或司法解释中的对某种争议问题的法律解决方案。

我们接下来将集中讨论存在于案例或判例中的裁判规则。

■ 裁判规则规范性的特点

裁判规则作为一种法律解决方案，具有规范性，但是裁判规则的规范性却具有不同于制定法规则的特点。我们以指导性案例 38 号“田永诉北京科技大学拒绝颁发毕业证、学位证行政诉讼案”为例，说明裁判规则规范性的特点。

该指导性案例确立的裁判规则至少有以下三个：(1) 对高等学校对受教育者因违反校规、校纪而拒绝颁发学历证书、学位证书，受教育者不服的，可以依法提起行政诉讼。(2) 对高等学校依据违背国家法律、行政法规或规章的校规、校纪,对受教育者作出退学处理等决定的,人民法院不予支持。(3)高等学校对因违反校规、校纪的受教育者作出影响其基本权利的决定时,应当允许其申辩并在决定作出后及时送达,否则视为违反法定程序。这其实就是给学生们一个法律保护的救济渠道,但什么情况下公权力、司法机关可以介入,在这个裁判规则中作了明确的界定。这是具有里程碑意义的一个案例。

在这里,判决分别针对三种情形、三个争议问题,提出了相对应的三个法律解决方案,确立了三个裁判规则。我们可以根据此案例中裁判规则的实例,并结合前面对裁判规则的界定,提炼出案例裁判规则规范性的一些特点。这些特点使裁判规则的规范性既不同于制定法规则的规范性,也有别于一般的裁判文书。我们把案例裁判规则规范性的特点概括为以下三点,即蕴含普遍性的个案性、事实性、司法性。

案例裁判规则规范性的第一个特点是,案例裁判规则是蕴含普遍性的针对个案争议问题所提出的法律解决方案,它常常以个案判决的判决摘要或判决理由的形式表现出来,包含彼此依存的两个方面,即个案性与普遍性。

有学者认为指导性的裁判规则"因不带有立法性质且包含过多的个案特性,使其对类似案件的影响力较低";还有学者反对以诉讼制度为基础通过最高法院及其巡回审判庭亲自审理案件来形成案例或指导性案例的建议,认为这些建议模糊了指导性案例与个案裁判的界限。这两位学者观点的共同点是,都把指导性案例的个案裁判特点与其指导性对立起来。

笔者认为,案例裁判规则不是立法,虽带有"创制性",但它形成于、存在于个案判决中,个案性正是其安身立命之所在。在中国,最高司机机关形成裁判规则的方式有两种:一种是通过制定系统化的司法解释形成裁判规则;另一种是在解决个案中形成裁判规则。但是,如果最高司法机关过多以条文化、高度抽象的方式形成裁判规则,就容易混淆司法机关形成规则与立法机关制定法律的区别,且无法发挥案例裁判规则的独特优势。所以,最高人民法院近十年来一直着力建设案例指导制度,以便通过个案实现对各级法院在适用法律方面的指导。当然,系统性的司法解释有其必要性和历史必然性,还会在一定的历史时期内与指导性案例同时存在。

案例裁判规则第一个特点的第二个方面,是它的普遍性,即脱胎于个案判决的裁判规则对后来的类似案件具有指导作用,可以作为审理同类案件的裁判理由或者裁判依据。

有学者不认为裁判规则具有普遍性。这位学者在讲到生效裁决的特点时认为:"尽管存在着见微知著的可能,但绝不可能通过一个具体事例抽象出普遍遵循、反复适用的法律规则,这在形式逻辑上属于不完全归纳的错误。即使能够抽象出这样一个抽象规则,这个规则也只能是指导性的,而不是规范性的。指导性就意味着开放性和可问性,也意味着法官在理性控制下的自由裁量。"这位学者的思考路径是值得商榷的。笔者的观点和理由如下:

首先,这位学者似乎是以演绎推理和自然科学的思维来讨论生效裁决的特点,认为要么抽象出一个可以作演绎推理大前提的具有"普遍性"的规则,如果做不到这样,就什么都没有。我不同意这个观点。我觉得对这个观点的分析可以厘清我们的思路,可以发展同学们的法律观和法学方法,知道错在哪儿。在法律实践中,人们常常通过类比推理得出具有普遍性的规则,指导、规范法官对同类案件的裁判。德国法学家考夫曼指出:"法律思维,本质上是类推的思维,是从'事物的本质'产生的思维,是类型的思维。"类推,就是以一个证明为正当的观点为标准,而将不同的事物相同处理。

其次,生效裁决的指导性与裁判规则的普遍性、规范性是兼容的,并不矛盾。在人文科学、社会科学以及社会实践中,人们从一个事例中发现具有普遍性、抽象性、一般性的认识,用以指导自己的实践并不断修正、不断前进,是很正常的。邓小平同志讲"摸着石头过河",这其实是很有智慧的一个办法,不光治国理政是这样的,司法裁判当中也是这样的,"摸着石头过河"不等于不会运用具有普遍性、规范性的知识。指导性侧重揭示裁判规则的作用,普遍性、规范性侧重揭示裁判规则的性质。正是由于裁判规则具有普遍性,才能具有指导性。并且,开放性与普遍性也不是水火不容的,普遍性可以有程度的不同,人们可以随着认识的不断深入而使自己认识的普遍性不断扩展。所以普遍性也可以是开放的。我们不能以非此即彼的眼光看待普遍性。

开放性与普遍性也是相融的,并非水火不容。上述那位学者认为,指导性案例意味着开放性和可论证性。其实普遍性可以有程度的不同,人们随着认识不断认识,自己认识的普遍性也不断扩展,所以普遍性也可以是开放的,不能以非此即彼的眼光看普遍性。

个案性与普遍性是案例裁判规则第一个特点的一体两面,即案例裁判规则的个案性中蕴含普遍性,是普遍性得以存在的必要条件,普遍性恰恰来自其个案性,普遍性存在于个案裁判之中。所以,个案裁判与案例裁判规则的普遍性是统一的,二者相辅相成、相得益彰。

在有些情况下裁判规则越具有一般性、抽象性程度越高,就越具有较高的涵盖能力和辐射度。这往往取决于后来裁判规则的适用者对内含于个案裁判中的裁判规则的揭示。

裁判规则规范性的第二个特点是,裁判规则存在于具体案件之中,以案件事实为基础,我们可以称为裁判规则规范性的一定程度的事实性。这个特点与第一个特点相联系,并且是案例裁判规则与一般的制定法规则相比的一个优点。在判例制度中,裁判规则形成于诉讼中、存在于判例中,它与案例事实有着内在的、必然的关联。从具体案例中形成的裁判规则来说,如果以高度抽象的方式示人,就会破坏个案判决的优点,并与法律规范相混淆。

在我国,目前许多作为案例裁判规则表现形式的案例裁判要点或"裁判要旨"片面追求像法律规则那样的简洁,因而过于抽象,呈现一种条文化的特点,完全脱离了与原案例的关联。没有了原案例的依托,失去了案例裁判规则的特点,也使得案例与广大法官相脱离。这其实也是导致我们当前虽有海量裁判要点,但法律实务界仍然感到案例不敷实用的一个重要原因。在许多案例库里都有海量的裁判要旨,可以作为"裁判规则",但很多都参考意义不大,办案人员在里面找不到一个跟自己案例相对应的裁判规则。没有案件事实作为依托,无法检索,所以没有办法发现案件的类似性,这是一个问题。只有重视案例裁判规则规范性的事实性特点,才能充分发挥案例裁判规则的作用。

我们可以以《最高人民法院公报》刊登的"建明食品公司诉泗洪县政府检疫行政命令纠纷案"为例,说明这一点。二审法院江苏省高级人民法院在判决书中指出:"行政指导行为,是指行政机关在行政管理过程中作出的具有示范、倡导、咨询、建议等性质的行为。被上诉人泗洪县政府分管副县长作出的关于'停止……检疫'电话指示,既不是行政示范和倡导,也不具有咨询、建议等作用,实质是带有强制性的行政命令。因此,泗洪县政府关于该指示属于行政机关内部行政指导行为的答辩理由,不能成立。所以,被上诉人泗洪县政府分管副县长的电话指示,属于人民法院行政诉讼受案范围。"

我们可以把从该案提取出的裁判规则表述为:"县政府负责人就特定事项、针对特定对象所作的电话指示,对内、对外均发生了效力,产生了影响相对人合法权益的实际后果,是带有强制性的行政命令,属于人民法院行政诉讼受案范围内的可诉行政行为。"

这个裁判规则包含了这个案例的案件事实，而这个案件事实，支撑着这个案例的裁判规则，成为该裁判规则指导法院审理类似案件的一个重要支点。

案例裁判规则规范性的第三个特点是司法性，即裁判规则是在司法过程中由司法机关创制、确认的。目前，裁判规则的生产机关主要是上级司法机关，特别是最高司法机关。虽然在中国目前的案例指导制度中，指导性案例的裁判规则具有很强的行政性，但是，从它脱胎于司法判决、由最高司法机关决定来讲，它还是以司法性为底色的。与裁判规则的创制、确认机关直接关联，除指导性案例裁判规则之外的多数裁判规则只具有说服力，而不是约束力。或者说，裁判规则具有理性意义上而非强制力意义上的权威性。所以，在我国，裁判规则在通常情况下不是法律。

一般来说，裁判规则与制定法规范具有一种对应的关系。不过，由于制定法规范包括制定法规则和制定法原则，所以裁判规则有时是与制定法规则对应，有时则是与制定法原则对应。有时，裁判规则是对制定法规则的解释。在有些情况下，形成和需要裁判规则的原因，恰恰是缺乏制定法条文的明确规定，在这种情况下，裁判规则是对制定法规则的延展；还有的情况是，会形成新的填补漏洞型的裁判规则。例如，上文分析的指导性案例 38 号“田永诉北京科技大学拒绝颁发毕业证、学位证行政诉讼案”，及下面分析的“刘京胜诉搜狐爱特信信息技术（北京）有限公司侵犯著作权纠纷案”“沈新南等与刘金法等监管权和处置权纠纷上诉案”，这些案例都是新型案例。它们以个案裁判的方式对法律的发展作出了贡献。

总之，案例裁判规则规范性的上述三个特点使裁判规则成为虽然与法律有密切关系，但又不同于法律的规范性力量。

■ 裁判规则的规范性及其表现

我们之所以把案例中对一定争议问题的法律解决方案称为规则，是因为，这些法律解决方案可以像规则、规范那样被不断运用于同类案件，换言之，它们具有规则、规范的性质。规范性是裁判规则的根本性质。案例裁判规则的规范性使得具有裁判规则的案例不同于一个单纯宣传性、教育性，或者反映社会热点的典型案例。后者虽然可能为公众所瞩目并具有某种社会教育意义，但不包含具有对某个争议问题的法律解决方案，不具有规范性。我们首先讨论：

□ 什么是规范性

规范性(normativity),顾名思义,即规范的性质。

什么是规范?根据《现代汉语词典》,规范是“约定俗成或明文规定的标准”。根据《简明不列颠百科全书》,规范是“一个社会群体诸成员共有的行为规则和标准”。规范既可以内化进个人意识而使人自觉遵从,也可以由于外部奖惩的作用而被遵从。

事物的性质是人们对这个事物的观念性的认识,是该事物的共相。规范性就是人们对规范的观念性的认识,是规范的一种共相。所以,规范性的意思与规范是一致的。张传有教授下面这段通俗语言,既有对规范的解说,也有对规范的分类:“所谓规范,就是一种要求,法律上的要求我们称之为法律规范,道德上的要求我们称之为道德规范,技术上的要求我们称之为技术规范,还有其他的要求,我们统称为日常规范。”我们可以把张教授的表达方式稍微转换一下,来表述规范性:规范性是一种要求,是对人们应该如何行为的要求;它既可以是以法律为根据的“应该”,也可以是以道德为根据的“应该”,或者以其他某种规范为根据的“应该”。我国台湾地区学者颜厥安教授指出:“在传统的欧陆文献中,规范性就是指存有与当为(Sein/Sollen)二元区分当中的当为(或称之为应然、应为),简略一点说,以当为表达的语句,就形成了规范,具备了规范性。”就是用“应然”的语言所表达的意思就是规范,指示应该怎么做。为人应该诚实就是一种道德规范;欠债还钱可能是一种法律规范。在知识产权中,商标注册之后就有了商标权,或者商标虽然没有注册但长时间使用就为人们所熟知和相信,因为使用而形成的商标权。当然这是特殊的情形。这些就是知识产权规范,也是法律规范,具有规范性。

我们所关心的是,规范性是怎样成为一个问题的?为什么要研究规范性。此中的一个关键原因是:“为什么应该?”

吴瑞媛教授指出:我们需要区分“规范系统内的应该和真正的应该”,而区分的标准就是“理由”。理由是“可以来支持或证成某行动的(关乎该行动之)事实”。规范系统内的应该只是蕴含某些行为准则存在,而不一定蕴含我们遵守这些准则的理由,但真正的应该则蕴含我们这么做的理由。虽然理由在“应该”中具有十分重要的作用,但是,“真正的应该”和理由仍有不同。因为“应该蕴含理由,但理由却不一定蕴含应该”。因为,理由是“可被击败的”

(defeasible)。"理由"不一定都能站得住,我们要找的是站得住的理由,这是明确某个规范性内的应该是否真的提供了行动理由。吴瑞媛教授指出:"一个具有真正规范性的系统必须是凭藉本身的特色(而不是因为其他因素)来提供行动理由。"理由"就是能够对诸种主体之意向心理状态提供支持的事实"。

法律就是这样一种事实。它以特定方式指示人们应当如何行为或者不应当如何行为。麦考密克指出:"它们并不是要陈述事实,而是要设定行为的模式,并不是要探究既定条件下的行为后果,而是要制定在给定条件下会产生何种后果的规则,并不是要制定一个本属于现实世界的模式,而是要为现实世界提供一个模式。"法律以为人们提供行为理由而具有规范性。拉兹教授指出:法律是"一套(潜在地冲突的或强化的)一起决定何为法律所要求的理由体系"。然而,拉兹教授认为,规则仅仅指出人们应当如何行为是不够的。他问:如果规则并不指出以其作为理由的好处,规则如何能够是理由?他把这个有待说明的现象称为规范的隐蔽性(the opaqueness of rules)问题。王鹏翔教授认为"规范的隐蔽性"问题是"规则规范性的困惑"。这是法学家们一直在研究的问题,法律凭什么就有了这种规范性?就有了要人遵守、执行的力量?为了解决拉兹提出的"规则规范性的困惑",王鹏翔教授改变了提出问题的方式,即不是"规则如何能够是理由",而是"规则如何能够给予理由"。王鹏翔教授指出:"按照这样的提问方式,规则的规范性应被理解为'规则是一种给予理由的事实(规则具有给予理由的力量)',而非'规则是一种理由'。"借助于王一奇教授提出的"基于差异制造的理由论",法律作为一种规则,及法律的规范性,其实是提供一个差异所制造的事实。王鹏翔教授指出:"如果规则是一种给予理由的事实,那就必定有一个由于规则的存在而成立的差异制造事实,这种差异制造事实说明了规则何以能够给予理由。"

□ 何为裁判规则的规范性

按照上述王鹏翔教授的观点,在案例裁判规则的问题上,案例中所含有的对某一争议所提供的法律解决方案的合理性,就是王鹏翔所说的"差异制造事实",就是案例裁判规则的规范性。

案例裁判规则不具有国家立法的强制性和权威性,也不具有普通法国家司法先例的强制性。案例中所含有的对某一争议所提供的法律解决方案的合理性,使得案例裁判规则具有对解决今后同类案件的规范性。这对应着王鹏翔教授所说的“差异制造事实”。对一个争议问题有两个不同的观点，这两个不同的观点可能可能会并存一段时间，但随着同类争议的再次出现，最后大家会选择带来社会效益更大、产生社会阻力或者社会负担更低，更符合人们公正判断的那种解决方案。而那样一种解决方案就是案例裁判规则的规范性，就是那种解决方案的合理性，这使那个方案具有规范性，使人们愿意再发生类似案件时按照那种方案来做。

裁判规则的规范性与法律的规范性的不同之处，是前者只建立在理性基础上、以说服力为特征。如果说法律“企图提供的理由是所谓的‘独立于内容的理由’(content - independent reasons)”的话，那么裁判规则所提供的理由，恰恰离不开内容——对争议问题的法律解决方案，就是对争议问题的法律解决方案的合理性。在法律实证主义者看来，法律的规范性是独立于理由的，不是你这样做好，法律才承认你；而是说法律就是这么规定的，你不这么做法律就会处罚你。因为好不好是一个道德问题，不是法律所关心的，法律所关心的是法律如何要求的，所以法律的要求是独立于内容的。而裁判规则不独立于内容，裁判规则恰恰与内容有紧密的关联。正如棚濑孝雄教授所说的那样：“特定法官就特定案件作出的决定，能够对此后出现的同类案件中其他法官将会作出的决定起一种基本标准的作用，即判决的先例化。”

哈特在《法律的概念》中，批驳了边沁与奥斯丁有关法律是主权者的命令的观点，提出法律是由社会压力保证的社会规范体系。美国法学家肖尔则对哈特的这个法律观进行了细致的分析和批驳，指出哈特所说的社会压力对法律义务的影响是不够的，强制力对于法律仍然是重要的。笔者认为，肖尔对哈特的批评是有道理的。但是，他对哈特的批评给我的启发，主要是我对裁判规则的分析方面。如果说社会压力对法律义务的影响是不够的话，那社会压力对裁判规则的规范性构成则是充分的。这是因为：

首先，裁判规则是一种建立在理性基础上的事实上的权威。它的内容为人们解决同类疑难案件提供了法律解决方案、为法官的裁判提供了理由。

其次，裁判规则中所含有的这种理由一般不依赖法律的强制力就可以实现，不需要立法机关来颁布，大家觉得有道理，能解决纠纷就去照着做。这是由于，这种理由对于法律人来说构成了一种理性价值。法律人对这种裁判规则的理性价值具有一种共同体的需要和共识，类似于社会压力。致使法官发现裁判规则的价值、采用裁判规则的因素，是以法官为代表的法律人作为学习、研究、使用法律的专业群体的理性认知能力，不是人们通常理解的那种法律意义的强制力。大家都进入法律共同体，有了一种建立在共同思想方法基础之上的共识、共鸣、共同语言和对某种解决方案的共同承认。这不是法律强制意义上的。

在当下中国，使得裁判规则具有规范性的时代因素有下面三点：一是法律共同体对“类似案件类似审判原则”的共识；二是法律共同体相同或相近的法律思维，它保证共同体成员对类似案件判断上的一致；三是法律共同体对法治原则的坚持，即都坚持宪法和法律的至上性。

当然，指导性案例的裁判规则与非指导性案例的裁判规则有所不同，案例的裁判规则只具有说服力，而指导性案例的裁判规则开始具有约束力，而不仅仅是说服力。指导性案例的裁判规则有一定的强制力支撑。我们在这里，是把裁判规则作为肖尔教授所说的类概念、簇概念来讨论的，即虽然不同种类案例的裁判规则的特点会有差异，但是它们存在家族相似性。在许多情况下，人们愿意参照裁判规则审理案件并不一定是出于对不参照裁判规则审判所带来的“强制力”后果感到恐惧，而是基于类似案件类似审判的公正感以及对参照裁判规则审判所带来的效率的追求等因素。

□ 关于裁判规则规范性的两个误解

第一个有关裁判规则规范性的误解，是误将裁判规则的规范性问题当作裁判规则的约束力问题。“约束力问题”是一个困扰中国案例指导制度的“幽灵”。在讨论指导性案例的适用或案例的使用时，人们常常会听到这样的问题：指导性案例或者非指导性案例是否有“约束力”？似乎有约束力就有规范性，没有约束力就没有规范性。

其实，效力、约束力并不属于规范性的问题。在法理学上，约束力与说服力都是规范的效力问题。马驰教授指出：“从语义学角度来说，效力是规范性的值(value)……”马驰教授此处谈的是法律规范，但是其中的道理可以用于研究案例裁判规则。

那种认为案例裁判规则有约束力才有规范性的观点，在逻辑上是不成立的，甚至可能是本末倒置的。因为，裁判规则有规范性，所以才有效力或者约束力，而不是相反。当然，反过来的命题就更不成立，即认为没有约束力就没有规范性。其实，案例裁判规则虽然没有约束力，但是有规范性。它没有约束力,不等于它不具有规范性。指导性案例中的裁判规则具有约束力;其他非指导性案例具有说服力,它们全都具有规范性。规范性、约束力这两者不是一回事。裁判规则有规范性但不必须具有法律那样的约束力。约束力的英文是binding,规范性的英文是normativity;和约束力相对的法律概念是说服力,其英文是persuasion。

裁判规则的效力具有争议,恰恰是裁判规则规范性区别于法律规范性的一个特点。德国社会学家卢曼指出,裁判规则效力的这种有争议的状态具有必然性,而且是持续的。卢曼认为,"正因如此,人们才会发展出受裁判先例'判决理由'拘束的制度"。虽然,这只能部分地解决困难,而且将困难转移到另一个问题上:"判决理由"是什么?也就是说,裁判规则的效力问题被转换为裁判规则的表达与适用问题,裁判规则的效力争议并不影响对裁判规则在法律系统中的合法存在及正常使用。这是关于案例裁判规则规范性的第一个误解,就是把约束力和规范性混淆了。案例裁判规则具有规范性而不一定具有约束力。

第二个误解,是误将裁判规则的规范性与其认知性对立起来。苏永钦教授认为:"大家都重视裁判,阅读裁判,到底是把它当成认知法律的材料,读了有好处,还是直接把它视为具有某种拘束力的规范,非读不可,可以说是两种不同意义的法源。"这里面他把规范性和认知性对立起来,要么具有规范性,要么具有认知性。所谓具有认知性是把裁判作为一种阅读材料,读了以后可以了解法律。如果是规范性,则裁判被认为是一种具有拘束力的规范。

笔者认为,裁判规则的规范性,是具有认知性的规范性,即它更多的具有一种认知的意义,但是,裁判规则的认知性与规范性并非相互对立、二者必居其一的。如果案例裁判规则的上位概念是法源,那么,它的认知性与规范性可能是互相冲突的,即要么是认知性,要么是规范性,二者必居其一。但是,裁判规则的上位概念是规范,不是法源。它和法律规则、道德规则、习惯、学理上的见解同位,是并列的。它具有认知性,可以作为一种认知意义上的规则,而不因此损害其规范性。

□ 裁判规则规范性的表现

裁判规则的规范性可以通过案例裁判规则解决同类案件的实效来表现。人们也主要是通过裁判规则的实效认识它的规范性。我曾经在一篇文章中比较系统地讨论指导性案例的五个作用，判例的三个功能和六个作用。我们在此从一个不同的角度，即从裁判规则对不同机构或群体的影响的角度，讨论裁判规则的效用。我们从人的角度，从受规范影响的社会主体角度来看规范，也就是裁判规则对行为主体、对司法裁判人员、对其他司法人员、对法律从业者具有什么样的影响，甚至对普通公民具有什么样的影响。正是那些生活在裁判规则所在的法律规范体系内的人才会切实感受、接受裁判规则的规范性。

第一，最高人民法院通过裁判规则进行法律解释、政策宣示，以维护全国司法裁判、法律适用的统一或者检察工作的统一。2018 年修订的《人民法院组织法》《人民检察院组织法》明确规定最高人民法院、最高人民检察院可以发布指导性案例。这是立法机关对已经行之有效的司法实践的肯定。

同时，裁判规则可以起到规范、约束法官的自由裁量权的作用。在指导性案例中表达的裁判规则，较之条文化的司法解释限制条件更多，因此可以更有效地约束、限制法官的自由裁量权。

第二，裁判规则对全国各级法院的法官审判及其他司法实践具有指导、规范或示范的作用。在审判实践中，有许多需要依照法律解决的争议问题，但法律没有规定，或法律规定模糊不清，或者有多条法律规定且这些规定相互之间不一致，人民法院基于行业习惯或者法律原则、法律精神，创造性地裁判案件，这些创造性的裁判对争议问题的法律解决方案形成了裁判规则。这些裁判规则细化了制定法，弥补了制定法的漏洞。其中指导性案例的裁判规则“不仅可以作为裁判理由，也可以作为依据”。我解释一下，我们的司法机关比较谨慎地使用指导性案例，但经常会发布典型案例或者示范性案例，其实这些都是案例，都具有指导意义，都可能具有规范性。所以大家要注意、要关注。这些都是整个案例制度体系的重要组成部分。

第三，对于普通公民、行为人来说，裁判规则要比法律规则更具有预测意义。为什么？棚濑孝雄教授提出的“判决的权威赋予作用”的观点很好地解释了其中的原因。他认为：“审判的决定由于被存在对立的社会价值中某一方主张作出了一种权威认证，能够给政治状况中力量对比的平衡带来微妙的冲击”。所以，裁判规则对于虽非该个案当事人，却因某种原因关心案件直接或间接影响的其他普通公民，具有预测意义。人们可以据此预测法院对类似案件判断的可能方向。

此外，对于法律共同体的所有成员来说，裁判规则还具有教义学等学术价值。特别是有关疑难案件的裁判规则是法学理论研究的"富矿",为法律实务界和法学理论界丰富、修正或发展有关法律概念、法律原则、法律解释和法教义学理论,提供了源源不断的营养。

第四,对立法者来说,裁判规则为立法提供素材。正是裁判规则所具有的解决各类争议的法律方案,使其积累解决诸种纠纷的规范资源,从而为立法者以立法的方式规制社会生活提供了大量有益的素材。

裁判规则的规范性来源

为什么裁判规则具有规范性?或者说,裁判规则的规范性从何而来?这就涉及裁判规则的规范性来源问题。笔者认为,裁判规则的规范性源于两个方面:其一,内容的合理性;其二,与正义的内在关联。

裁判规则的规范性源自其内容的合理性

裁判规则的规范性首先源自其内含的、建立在司法规律基础上的合理性。这里所说的司法规律,是指最高司法机关根据社会对司法的客观需要完成审判的终局性。裁判规则是由最高司法机关基于司法规律作出的,其内容具有合理性。这种内容的合理性包含两层意思:第一层意思是说裁判规则的形成是建立在司法机关依照司法规律活动的基础上;第二层意思是说裁判规则的内容体现为具有合理性、普遍性,适用于类似案件审判的理性判断。我们下面就分别从这两个层面上进行说明。

第一,裁判规则是司法机关作为社会委以专职的专业机关,以提供司法判决的方式回应社会需要的合理选择。也就是说,由司法机关作出终局决定是我们随着社会发展、演进所认识到的一个合理选择。所以我们党才在2017年用一次中央全会的方式作出关于全面依法治国建设社会主义法治国家的决定,这是史无前例的。这是因为有历史必然性。

法国社会学家布迪厄在对法律进行社会学研究时,选择了一个独特的视角,即考虑"司法工作在最具体的场所中、在形式化的活动中、在从事形式化工作的行动者在司法场域中的竞争所决定的利益当中、在司法场域与更大的权力场域的关系中所体现出来的深层的逻辑"。

从这个逻辑看,司法机关是以司法判决的方式回应社会需要,参与、分享社会需要的法律对社会生活与社会秩序的影响。布迪厄说:“遵循先例这个规则宣布以前的法律判决对任何目前的诉讼都具有权威效力。它与法律思想的关系就像涂尔干的格言所说的那样:‘用社会来说明社会’,而与社会思想的关系则是:它以另外一种方式主张法律推理和法律判决的自主性和特殊性。”

布迪厄说:“法律通过判决将不同数量的不同资本分配给社会中的不同行动者(或机构)。判决中止了或者至少限制了涉及下述情况的斗争、交流或交涉:涉及个体或群体的品质,涉及个体在群体中的成员资格,涉及名称和头衔的归属,涉及联合或分离,总之,涉及构筑社会单位的所有‘创造世界’的实践活动。”这些涉及利益分配、名头、名号、名称、名誉、名利,不能够像一锅粥似的,必须制定规则进行分配和限制。那谁来做这个事?在布迪厄看来是法院,法院怎么作判决?

裁判规则是司法机关向社会供给的司法规范。当然,“可供采用的司法规范至少在形式上看上去是普遍的,而社会需求是多种多样的,甚至是冲突矛盾的,这二者一直处于紧张之中”。正是这种紧张关系导致了裁判规则的出现,并且决定了裁判规则在形式上的统一性及内容上的丰富多样性、动态性和不断发展,即司法机关,主要是最高司法机关代表社会对纷繁复杂的社会需要所不断作出司法决定。一方面是客观需求的多样性,另一方面是法院裁判的形式性。

当然,由于国情和政治法律体制的不同,不同国家的司法机关在资源分配和司法规范供给方面所扮演的角色的具体方式和程度会有所不同,但是,在基本的职业分工方面是相似的。

第二,裁判规则的规范性来自其内容的合理性。这是我刚才提到的裁判规则规范性与法理的关系。案例裁判规则体现了包括法官和法学工作者在内的广大法律共同体成员,在冲突解决过程中以及围绕着冲突解决过程所形成的、对生活世界规范逻辑的认识。布迪厄认为,法律不断地被评述,并被置于各种评述与现实之间,正是在这个过程中,人们所说的“法理”才能被揭示。布迪厄说:“这种‘法理’是一种特殊形式的来自学者的知识,它拥有自己的规范和逻辑,它能够生产出所有的理性一致性所表现出来的外在符号,这种理性的一致性就是韦伯已经细致地区分于‘实质’理性的‘形式’理性”。请注意,此处布迪厄和韦伯所重视的是形式理性。中国人讲实用理性,对这个意义上的形式理性不重视,可能还得补课。布迪厄说:“形式化和系统化的工作在一个旨在为后来的判决树立典范的形式中,确立了一个范例性质的判决(如上诉案件的判决),那么就会使得规范摆脱了特定情形下的偶然性。这种形式同时培育了特定的司法思想和司法行动建立在其上的先例的逻辑,并使这种逻辑获得了权威性。它不断地将现在与过去联系起来。"

布迪厄此处所讲的"法理"的内涵与我们今天中国学者所讲的法理的内涵虽然不尽相同,但还是多有相通之处的。他所讲的"法理"与理性的相互关系及其产生逻辑,对我们思考裁判规则的内容合理性是非常富有启发意义的。

就判例或指导性案例能够解决现实生活中的问题,并为后来的法官所认可并仿效来说,案例裁判规则反映了埃利希所说的"社会基础",或马默所说的"社会惯习",它们就是法理或包含了法理。这种法理或对法理的包含,成为裁判规则的规范性来源。当然,就裁判规则有可能被修正甚至否定来说,它们只是对"社会基础"或"社会惯习"的片段的、动态的反映,而不必然是"社会基础"或"社会惯习"本身。因为判决对社会惯习、对社会的反映可能是正确的,也可能是有偏差的,需要不断调整,不必然地能够相等。或者,在有的情况下,裁判规则是法理的一种载体,只承载了部分法理,只构成有限的规范性来源。如果我们换一个角度看裁判规则与法理,即裁判规则内容的合理性的关系,那么,裁判规则内容的合理性能够成为案例裁判规则规范性来源的程度,取决于裁判规则对于埃利希所说的裁判规范的社会基础的正确反映程度;或者,在于裁判规则对于美国法学家马默所说的社会惯习的正确反映程度。

所以,我们不能在判例与法理之间简单地画等号。有时,案例裁判规则作为对争议问题的法律解决方案,在一定意义上可以约等于有的学者所说的判例中的法理;有时,裁判规则只是判例中的法理的载体,是通过案例阐发的法理的规则表现形式,人们需要从判例中发现法理、挖掘出法理;也有极个别情况,案例并不包含法理,它只是由于某种原因被人们作为案例。所以,判例与法理似乎至少有三种关系:等同于法理、法理的载体、与法理无关。

□ 裁判规则的规范性源自其与正义的内在关联

裁判规则的规范性还源自其对正义召唤的响应。这包括两个方面:其一,裁判规则的出现是为了实现正义;其二,裁判规则的作用机制立基于正义。我们可以在此具体说明。

1. 裁判规则的出现是为了实现正义

在法律史的早期,案例既是法律,也是正义。英国著名法律史学家梅因指出,在古代,荷马诗篇中提到的"地美士"(Themis)和"地美士第"(Themistes)是一些最早期的概念。按照它在早期人们意识中的先后意思,它曾经先后是:个别的单独判决,即审判本身,宙斯的陪审官,司法女神或正义女神。现在的人们理解它们的顺序与它们实际"出场"的意思的顺序是相反的。从法律史的研究可以看出,在人类社会的早期,案例就是法。这些案例先是成为纠纷裁决者解决同类案件的依据,后来也成为众人的行为标准,成为法律。同时,这种建立在类似案件类似审判原则基础上的行为标准,被人们认为是正义的,是符合神意的,并进而成为神的化身。正义使规范性得以存在;规范性因正义而成立。正义与法的规范性的关系是一种骨肉关系。

在现代社会,虽然有充分发达的制定法作为实现正义的规则体系,但是案例仍然具有其不可替代的作用,而裁判规则就是案例发挥实现正义作用的基础。这是因为:

第一,正义是法律规范性、有效性的一个必要支柱。法律不能不正义。德国思想家哈贝马斯指出:"一旦法律有效性失去与正义之诸方面的联系——这种联系是超越立法者决定的道德联系——法律的认同也就必然会分散瓦解。"哈贝马斯所说的法律的有效性,其实就是法律的规范性。可以说,正义是法之所以为法的一个内在条件,虽然不是全部条件,也不是唯一条件。

第二,类似案件类似处理是符合人们正义直觉的,是实现正义的重要途径。正义分为实质正义和形式正义。实质正义通常是指结果正义。在利益多元的情况下,实质正义的实现,以及对实质正义的判断常常很难。形式正义,即平等,就是相同的情况应受相同的对待,由于相对"简单",所以常常被人们作为实现正义的首要选择。假如你想让每一个人都感受到公正,很大程度上是通过形式公正来实现的。形式公正简单说就是照章办事,就是类似案件类似审判。美国哲学家罗尔斯指出:不管社会结构是否正义,它都可以在一定意义上是正义的,即制度由法官和其他官员不偏不倚地、一致地执行。类似情况得到类似处理,相关的类似性和区别根据既有规范来判定,就是正义。罗尔斯认为,可以把这种对法律和制度的不偏不倚且一致的执行,不管它们的实质原则是什么,称为"形式的正义"。不过他认为,"规则正义"是一个比形式正义更恰当的表述。他指出:"平等基本上是作为规则的正义。它意味着不偏不倚地适用，并以一致的方式解释规则（根据制定法和先例的界定）类似案件类似处理。”

第三，裁判规则提供了实现形式正义或称规则正义的“阿基米德支点”。我们要做到类似案件类似审判，如何来判断类似案件？如何来实现类似审判？这就是案例的灵魂的价值，也就是裁判规则的价值，这也就是我强调裁判规则事实性特点的原因。因为，类似案件类似审判是需要条件、需要指引的。一定的标准、准则是在审判过程与结果两方面实现类似案件类似审判的必要条件和必要指引。而裁判规则就是在审判过程与结果两方面帮助人们实现类似案件类似审判的准则和必要指引。裁判规则是类似案件类似处理原则存在和发挥作用的基础，这个基础既是程序公正的原则，又为实体公正提供了可能，所以，裁判规则是通向司法公正的桥梁。

2. 裁判规则的作用机制是以正义为基础

裁判规则的生成、表达及其作用的发挥，都是以类似案件类似审判，亦即规则正义为基础的。规则正义或形式正义，是裁判规则的生命基础和力量源泉。

基于上述两个方面，正义是裁判规则规范性的重要来源。

综上所述，这种建立在个案判决基础并蕴含一定普遍性的、对特定争议问题的法律解决方案，为人们解决类似问题提供了规范性指引，因此成为具有规范性的裁判规则。裁判规则的规范性来源，是其符合司法规律的合理性及与正义的内在关联。它们构成一种具有普遍意义和深厚潜力的、社会的纠纷解决和行为安排的独特的规范资源，值得我们重视并进行更为广泛和系统的研究。

▣ 阅读指引

1. [英]H. L. A. 哈特：《法律的概念》（第 3 版），许家馨、李冠宜译，法律出版社 2013 年版。

   此书为当代法律实证主义的里程碑式著作，学习此书可以了解、学习研究法律的实证主义方法。

2. [美]德沃金：《法律帝国》，李常青译，中国大百科全书出版社 1996 年版。

   了解、学习德沃金研究法律的整全性观点与方法。

3. [美]布赖恩·Z. 塔玛纳哈：《一般法理学》，郑海平译，中国政法大学出版社 2012 年版。

   在法律与社会的互动中，以多种视角研究法律。

4. [美]奥利弗·温德尔·霍姆斯:《法律的道路》,李俊晔译,中国法制出版社 2018 年版。

理解一种基于实用主义哲学的研究法律的经验与理论相结合的方法。

5. [德]马克斯·韦伯:《支配社会学》,康乐、简惠美译,广西师范大学出版社 2010 年版。

6. [德]马克斯·韦伯:《法律社会学:非正当性的支配》,康乐、简惠美译,广西师范大学出版社 2011 年版。

经典的社会理论方法。

7. [美]约翰·罗尔斯:《正义论》,何怀宏等译,中国大百科全书出版社 2009 年版。

研究法律与正义的经典著作。

8. [德]哈贝马斯:《在事实与规范之间》,童世骏译,生活·读书·新知三联书店 2014 年版。

学习一种研究法律的沟通理性的社会理论方法。

9. [德]卢曼:《社会的法律》,郑伊倩译,人民出版社 2009 年版。

学习一种研究法律的系统论的社会理论方法。

10. [美]哈罗德·J. 伯尔曼:《法律与革命:西方法律传统的形成》,高鸿钧等译,法律出版社 2018 年版。

学习考察、分析法律变化、演进的比较法方法。

11. [德]康德:《纯粹理性批判》,韩林合译,商务印书馆 2022 年版。

培养研究法律的批判性的哲学分析能力。

12. [德]康德:《实践理性批判》,邓晓芒译,人民出版社 2016 年版。

培养研究法律的哲学方法。

13. [德]黑格尔:《法哲学原理》,范扬、张企泰译,商务印书馆 1961 年版。

学习分析、把握法律的哲学方法。

14. 顾准:《顾准文集》,民主与建设出版社 2014 年版。

培养研究法律的反思性方法。

15. 余英时:《士与中国文化》,上海人民出版社 2013 年版。

学习从历史、文化的角度把握中国法律。

16. 吕思勉:《中国通史》,中华书局 2015 年版;吕思勉:《中国简史》,民主与建设出版社 2016 年版。

培养研究中国法律的历史素养。

17. [美]阿诺德·汤因比:《历史研究》,郭小凌、王皖强、杜庭广等译,上海世纪出版集团 2010 年版。

培养研究法律的历史眼光。

治官与养民：
传统中国法制的“宗旨”

李 启 成

李启成

北京大学法学院教授、博士生导师，北京大学近代法研究所所长。主要研究领域为中国法律思想史、中国法制史、中国近代法。南开大学历史学学士（1996年），南开大学历史学硕士（2000年），北京大学法学博士（2003年）；厦门大学法学院讲师（2003～2005年），北京大学法学院博士后研究人员（2005～2007年），台湾政治大学访问学者（2009年），台湾大学访问学者（2011年），美国哥伦比亚大学爱德华访问学者（2013年）。

2007年开始在北京大学法学院任教，主讲以下课程：（1）初阶讲授类：中国法制史、中国法律思想史；（2）高阶研讨类：法律文献学、中国法制史专题、中国法律思想史；博士研究生课程：中国经典法学著作选读。《中国法律思想史》获北京市精品教材奖、北京大学优秀教材奖，《中国法律史讲义》获北京高校“优质本科教材课件（教材类）”奖。

引 言

在法学院,一般学生对西方法传统的熟悉程度可能要远远超过其对传统中国法的理解。长期以“六法体系”为中心的法学教育,令法律学习者对于中国的固有法律制度备感陌生,对于蕴含于其后的“义理”更心存隔膜。因此,近代以来的法史研究者在缺乏中国传统学术熏陶,又未能充分把握传统法制“宗旨”的情况下,自然会产生一系列雾里看花、异化的问题与结论。其中最典型者莫过于对传统刑律中“绝对确定法定刑”的理解。帝制中国时代的《唐律疏议》《大清律例》中许多规则与现代刑法典显然存在诸多差异,前者在定罪量刑上具有浓厚的“绝对确定法定刑”色彩,亦即五刑体系配合加减罪例条,一罪一刑,结果完全确定,无论刑罚轻重,司法者均无自由裁量之余地。如《大清律例·吏律·弃毁制书印信》中规定:

> 若遗失制书圣旨印信者,杖九十、徒二年半;若官文书,杖七十;事干军机钱粮者,杖九十徒二年半。俱停俸责寻,三十日得见者免罪[限外不获,依上科罪]。

而对于此一现象之产生,近世学者往往直接思及英国学者李约瑟在《中国科技史》中所言,认为古代中国人缺少抽象性思维,未能形成完善的形式逻辑,也无法通过具体实践发现抽象的因果关系,因而只能对具体行为设定刻板且确定的处罚后果。

又如,长久以来,学者依据《唐律疏议》《大清律例》等法典中,纯粹调整民事关系的条文数量稀少且以刑罚为主等理由,认为“中国古代民法不发达”。与之相对应的是,自近代日本学者织田万出版以清代行政法为主题的《清国行政法》一书以来,学界便出现了许多依据规章众多而主张“中国古代行政法发达”。

上述两种观点,恰恰分别反映出今人对于传统中国法“未能理解”的两个不同面向。

“江畔何人初见月,江月何年初照人。”认为古人为人为道问题上的智慧远逊现代人,是一种常见的欠缺理解的例子。依据古代刑律中的“绝对确定法定刑”形式立法而认为古人未充分调用抽象思维能力，难道千年来历代立法者对此全无意识？况且，就中国思想史而言，先秦时代有名学，唐玄奘以后有法相宗，二者皆是强调逻辑思辨的流派，甚至法相宗所倡之因明学的抽象程度并不亚于后世欧陆的形式逻辑，它们之所以倏而出现，却未能昌明后世，实乃其说繁复，曲高和寡，难以在传统中国的“思想市场”中拥有竞争力。最后，就传统中国法律条文的繁琐与具体化程度而言，各个王朝均出现了初期简约而后期繁琐的规律，这种规律到清代达到了登峰造极的程度，并与古代君主专制集权日渐强化的趋势保持一致。相较于主张传统中国人的抽象思维能力在不断地（并且是周期性地）退化，将“绝对确定法定刑”的立法形式问题与君主专制相联系，显然更为合理，这点内容下文还会提及。

“年年岁岁花相似，岁岁年年人不同。”将当下生活的全部情境强加于过去，是另一种常见的欠缺理解的例子。一方面，《唐律疏议》《大清律例》等传统中国法典是综合性法典，门类包罗社会生活万象，相对而言又更偏重于刑事规范，而不能与现代法典分类完全对应。在主要是刑事规范的法典里寻找民事规范，岂非缘木求鱼？另一方面，所谓数量众多的行政法规范，其内容实际上并不仅仅与当今的行政法领域发生联系，而与民事规范完全无涉；从根本上看，“中国古代民法不发达”“中国古代行政法发达”之类问题在设问上便存在缺陷，因为古人并非按现今法学分类体系思考问题，现今法学分类体系是基于对近代以后社会生活的认知与分析而衍生的知识体系，而古人却并不会按照此一模式思考问题，更不会据此制定和适用法律。

就今日法学界现况而言，研究者对中国传统法制的理解，存在两大普遍障碍：一是古文不通，难以理解传统中国法的基本律典如《唐律疏议》《大清律例》条文的字面原意，而此点对于古代科举教育造就的官僚而言又是为官任事的必需的能力；二是不理解古代治道背后的一套道理，即义理，不能理解义理，不仅增加对律典文本的解读难度，更令研究者在零散错综的律条面前茫然无措，从而无法真正把握传统法制之“宗旨”。传统法理千端万绪，“宗旨”乃串起万千散钱的一条绳，握之则能提纲挈领，明了一门学问的真面目，诚如黄宗羲所言：“大凡学有宗旨，是其人之得力处，亦是学者之入门处。天下之义理无穷，苟非定以一二字，如何约之，使其在我。故讲学而无宗旨，即有嘉言，是无头绪之乱丝也。”因此，探究中国思想传统之宗旨，考察传统治道之义理，即体认传统中国法制的必要前提。

■ 中国思想传统中的“宗旨”

古人为学必讲求宗旨。一家之学问，所以异乎他者，端在其有“宗旨”。此种宗旨，或为思想家本人自我觉悟，或为其日常习用而被后人总结出来，予以概念化，而成为该思想家或者所属学派之学术特征。

□ “宗旨”概念之形成

中国学术思想传统素好谈“宗旨”。正如徐复观先生所言：“西方的思想家是以思辨为主，思辨的本身必形成一逻辑的结构。中国的思想家系出自内外生活的体验，因而具体性多于抽象性。但生活体验经过了反省与提炼而将其说出时，也常会澄汰其冲突矛盾的成分，而显出一种合于逻辑的结构。这也可以说是‘事实真理’与‘理论真理’的一致点、结合点。但这种结构，在中国的思想家中都是以潜伏的状态而存在。因此，把中国思想家的这种潜伏着的结构如实地显现出来，这便是今日研究思想史者的任务，也是较之研究西方思想史更为困难的任务。”

这种倾向首先源自古代知识、思想的高度统一性被打破，即“学在官府”向“有教无类”的转化。春秋战国时期，王纲解纽，王官之学散于民间，诸子争鸣，百家学说之特色日渐明显。《庄子·天下》认为百家所出皆由于“道术将为天下裂”，虽“皆有所长，时有所用”，却都只是“一曲之士”“多得一，察焉以自好”。是谓百家皆有其自见之“一”。荀子则指出先秦“十二子”虽“持之有故，言之成理，足以欺惑愚众”，但君子论学“佚而不惰，劳而不優，宗原应变，曲得其宜”，绝非散漫放逸。随着知识的扩散，诸家并起，而在古人看来，要成就一门系统性的学问，要能被称一个学派，就必须要有一套核心的知识。

司马迁承学于其父司马谈，评述汉初流行的阴阳、儒、墨、名、法、道德六家学说时，指出六家所宗既有共通之“要指”，又有各家之“要指”。其共通之“要指”，犹“天下一致而百虑，同归而殊途”，均是“务为治者也”，差别仅在手段之不同及言说之详略。至于论各家之“要指”，则多由优劣两面归纳，如以六艺为法的儒家，典籍浩繁，学者难以遍学，故其短处在“博而寡要，劳而少功，是以其事难尽从”；长处在“序君臣父子之礼，列夫妇长幼之别”，百代不易。其后有刘向别集众录，区分群籍，其子刘歆撮其“指要”，著成《七略》。班固撰汉书，首创

“艺文志”梳理诸家学术之升沉变迁，言其中可观者九家，“皆起于王道既微，诸侯力政，时君世主，好恶殊方，是以九家之说蜂出并作，各引一端，崇其所善，以此驰说，取合诸侯”，诸家皆有“要归”“虽有蔽短，合其要归，亦《六经》之支与流裔”。

由此可见，秦汉时论述春秋以来之思想源流者，多以一派思想之所以能自成一系，皆在其有“要指”、“指要”或“要归”，无之则不能别为一派而予以学术梳理。

逮及东汉佛教入华，宗派渐多，义理各歧，致有判教之说，汤用彤先生这样评论：

> 印度佛典出世先后不同，各有其立义之宗旨，学说之背景，于是陈义纷繁，而有二乘诸部，性相各宗。及经论东流，研读者多，又各抒其所见。判教之说，盖求于印度佛典之分歧，作一整理统一之区画。又欲于依判者之宗义，以平章中国流行之异说，而定于一尊。

宗派繁衍，判教既难，反令各宗竞相标揭“宗旨”，互辩高下。而佛教与中国固有儒道之间，更是辩难蜂起。梁武帝亦云“欲谈无佛应设宾主，标其宗旨，辩其短长”。由此，不惟释门各宗自有其“宗旨”，即如儒、道两家，亦因佛教之流行，而在用语上交相影响。

至唐初，高祖宣称“儒玄佛义，各有宗旨”，据载：

> 高祖尝幸国学，命徐文远讲《孝经》，僧慧乘讲《金刚经》，道士刘进嘉讲《老子》，诏刘德明与之辩论，于是诘难蜂起。三人皆屈。高祖曰：“儒玄佛义，各有宗旨。”

中宗时六祖慧能讲道岭南，创立禅宗，其弘法言教皆辑入《坛经》，而慧能对弟子信众所反复诫诲者，亦在循守《坛经》训谕，勿失“宗旨”，同时，他通过强调《坛经》所传实为达摩宗旨，并详加诠释，以揭示自身在禅宗谱系中的正当地位。针对有信众怀疑慧能所讲是否符合禅宗初祖达摩所教，《坛经》记载了下述对话：

> 韦公曰：和尚所说，可不是达摩大师宗旨乎？
>
> 师曰：是。
>
> 公曰：弟子闻达摩初化梁武帝，帝问云：“朕一生造寺度僧，布施设斋，有何功德？”达摩言：“实无功德。”弟子未达此理，愿和尚为说。

师曰:实无功德。勿疑先圣之言。武帝心邪,不知正法,造寺度僧,布施设斋,名为求福,不可将福便为功德。功德在法身中,不在修福……功德须自性内见,不是布施供养之所求也。是以福德与功德别,武帝不识真理,非我祖师有过。

就词源论,“宗”“旨”原分两义,“宗”者,祖先也,引申为根本之义,“旨”则指“意义,意思”,两字随佛教宗门辩难而逐渐连用,乃成“宗旨”一词。流而广之,“宗旨”遂以学术本原之意而为后世儒家士大夫所用。

□ “宗旨”概念之发展与流行

“宗旨”概念成型以后,又历经了几个发展阶段,其在传统学问体系中的地位不断地被巩固、提高。其中值得注意的人、事有以下几宗:

第一,慧能和尚在《坛经》中论达摩大师宗旨,高屋建瓴,深入浅出。及慧能辞世,不传袈裟而传《坛经》与其中宗旨。后慧能弟子神会,传教过程中开无遮大会,“不为功德,为天下学道者定宗旨,为天下学道者辨是非”。在反复申明宗旨的过程中,慧能和尚所创禅宗顿派,也就此立定根脚。

第二,朱子论学,屡用“宗旨”,自谓“近日相与考证古圣所传门庭,建立此个宗旨,相与守之”。欲由论定道统入手,培奠本派学术宗旨。而王阳明更频频标举“宗旨”,借以阐扬心学。他认为言语讲说皆属次要,惟学者领会其“立言宗旨”始为关键,“若不知立言宗旨,只管说一个两个,亦有甚用……”,而一以贯之的“致良知、知行合一”宗旨也成为阳明心学最为鲜明的特色。一派成功的学问,往往以宗旨反映其最高明精妙处。王门高足钱德洪亦称其师平生讲学,惟以《大学》宗旨直指人心,“盖其见道明彻之后,能不以其所悟示人,而为未悟者设法,故其高不至于凌虚,卑不至于执有,而人人善入。此师门之宗旨,所以未易与绎也”。

第三,黄宗羲将“宗旨”提升到了古代学问体系中一个前所未有的高度。首先,他认为“宗旨”是初学者的入门之处,学有所成之人的得力处,由此,将知识纳入己身、使其在我。其次,他认为“宗旨”是师者讲学的纲要,“讲学而无宗旨,即有嘉言,是无头绪之乱丝也”。再次,他认为“宗旨”是学人构建知识领域的界碑,如框住棋子的棋盘。最后,他认为对学术整体发展而言,提炼“宗旨”可以增强对自身学问的自信与确信,把握宗旨可以促进学问间有效率、有意义的交流。而没有扎实根基自然也无宗旨的研究,于内不能无愧,于外不过倚门傍户，以水济水，实不能称之为学问。

由上可见，“宗旨”一词之流行，同禅宗和心学宗师及其后学的大力提倡关系甚巨。究其何以如此强调学派所传之“宗旨”，诸因之中尤属重要者莫过于彼等皆由旧营垒中走出，在思想激烈争鸣之际身处弱势地位，惟以揭橥“宗旨”，重新诠释和改造既有经典，始能破旧立新，实现“托古改制”。他们借回溯旧典之权威，以求减缓传统成说之阻力，并暗示自身对固有理论的超越，进而获得实际的解释权，以达致集聚门众，扩大学派影响力的目的。

此一策略，在六祖弘法而言，欲为顿派、禅宗乃至佛教争得正统，惟有彰示慧能承继弘忍“东山法门”衣钵，肯认达摩心法，强调本门宗旨源出《金刚经》，“无一字一句不合经义”，终致禅宗顿教“宗旨”流行，蔚为释门大宗；而阳明创立良知之学，虽系自家万死千难中体认而来，但欲显扬知行合一之旨，却非上溯六经，以求证圣人与吾心相契者不可。然而阳明宗法古本《大学》，指明诚意为大学之要，引良知之教为成圣传信，皆不免与朱子学相抵牾，故借《朱子晚年定论》申述己说，就成为其阐发“宗旨”的必经要途；降及晚明，阳明学几经传授，浸为显学，当中空谈无实之弊亦渐暴露，以致士大夫论学多将明清易代归咎于此。但黄宗羲以为王学碍于末流意见搀和，流于空疏，须“得羲说而存之，而后知先生之无弊也”，故一力标举“宗旨”，以临天下非之而卫其所肯认之道，其意实与阳明相近。

□ 清季变法修律中的“宗旨”

清末主持变法修律的沈家本亦常谈“宗旨”。当其受任主持修律时，也正值中西法制丕变，思想争鸣之际。沈氏本精于传统律学，自与一般士大夫有别，加之庚子国变，迭遭囹圄之灾，几至不测，更使他对“法律救国”理念坚信不疑，故一受修律之命，即主张斟酌古今中西之法，明白各自因革所在，会而通之，以取西方法学之长，去传统律学之弊，再造中国司法与法律。

然而，沈氏此等主张面临来自“崇尚西法者”和“墨守先型者”的双重非难，前者趋向激进，却“拘乎其墟”，后者流于保守，又“狃于其故”，且两造互为犄角，声势庞大，俱为修律之梗阻。而介于此角逐之场的沈氏，曲高和寡，势孤力弱，腹背见责，其境遇颇与谪居龙场、中夜悟道的阳明先生相似。沈氏寻求“法律救国”，中遇阻障，势必反求诸先圣立言成教之道，思虑所及，或在鉴察往昔思想争鸣中“宗旨”之作用，乃借此概念证成其修律主张的正当性，从而为其法思想之弘布确立基石。在修律实践中，他不仅为将来施行君主立宪预立各种新法，确立其一以贯之的“宗旨”，即斟酌损益于守成、统一、更新三者之中，因时地之宜而立法。而诸般立法中又自有其相对具体的“宗旨”，甚至与之配套的举措设施亦莫不有之，盖此等具体“宗旨”实为制定新法这一较抽象宗旨的具体化，有其一贯之精神灌注其间。详言之，《法院编制法》以“循各国通行之轨途，仍不睽历世相沿之政习”为宗旨；新刑律以“模范列强”和“减轻”为宗旨；民律以“酌采各国成法而不戾乎礼教民情为宗旨”；检察官以“护庇原告权利”为宗旨；法律学堂以造就人才、足资应用为宗旨；监狱以感化人为宗旨。诸法典与相应制度之“宗旨”，虽略有偏重，但都斟酌取舍于古今中西之间，故其成效颇称显著，惟诉讼法之编辑宗旨趋于欧陆新学，乃为时论所不容而终成草案。

沈氏素怀法律救国理想，当其膺命出任修律大臣、主持晚清变法修律之时，旧法因处季世吏治废弛之余而弊端百出，绝不可因循以为治；且列强环逼，国势危殆，西法东渐，不可遏止。故其修律，必斟酌于古今中西之间，方有所成就。沈氏受传统思想之启发，认定为学必有宗旨，修律须以实在学问为据，故无学不足以堪其任，无宗旨则不可谓有学；再者沈氏身处西化、保守两派之夹击下，势单力孤，乃揭起“宗旨”以为论证修律正当性的依据。他由此对“宗旨”的运用渐趋熟稔，且能一以贯之，不仅释律例有“宗旨”，言西法有“宗旨”，修旧律有“宗旨”，立新法亦有“宗旨”。“宗旨”贯穿于晚清变法修律之全程，将沈氏所学与立法实践相勾连，会通古今中外之成说，统合良法善制之优长，为沈家本思想中“法治”体系框架的建构奠定丕基。

由沈家本修律定宗旨的事例，又引申出一门学问系统内各分部宗旨与总宗旨之间关系问题，这在很大程度上其实还是宗旨在学问内部的位置。这种宗旨的总分关系，犹如程朱学者所言，可以“一本万殊”蔽之。具言之，明人曹端作月川交辉图，“天月一轮映万川，万川各有月团圆。有时川竭为平地，依旧一轮月在天”。第一，就空间上而言，万川各有月团圆；第二，从时间上而论，依旧一轮月在天。再者，宋高僧释德洪《钦禅者乞偈》中有“一室千灯”之喻，“譬如一室千灯，其光不杂不共”，光光互遍，重重交摄，各各相融，不相妨碍。沈家本变旧律，修新法，亦秉持此道，修律总宗旨寓于诸项法律之中，各项法律宗旨在总宗旨之下又各现其异，这种“一本万殊”关系，又远非具体与抽象所能概括。

治道与治术

传统中国人对于法政问题的思考在很大程度上是直接立基于“如何治理天下国家”这一宏观层面出发的，这一思维可分为两个层面，包括根本性的道理——“治道”，以及具体的统治工具——“治术”，传统法制便属于后者。

在大体理解“治道”“治术”在古人思考问题中的位置之后，方可讨论对具体问题的把握，而它又是必然可以被把握的，因为凡是人文社科类的学问必然有共通之处。那么应该如何梳理这种共通之处？这可用乾嘉学派的“义理、考据、辞章”六字，以及基于法学的社会实践性而添加曾国藩所称的“经济（经世济民）”二字来概括。所谓“辞章”，即文字表达，它是义理和考据在作者和读者之间连接的桥梁；文字通达，是古今中外学问一致的基础性要求。所谓“考据”，即回答“是什么”的问题，它是义理的证明机制；学术考据的要求是言之有物，也就是拿出证据来，并且是拿出可信的证据来。所谓“义理”，即具体事物背后的共通道理，它回答“为什么”层次的问题，继而决定“变，不变，如何变”等问题。所谓“经济”，就是复在义理、考据、辞章的基础之上，具体实践于当世；经济尤应把握义理，否则就容易有近代章士钊所谓“党人不学”之弊，致社会变革收益反不及成本。

“义理”在学问的共通之处中，具有某种“轴心”地位，它同时也是一类学问中相对长久、稳定的部分。帝制中国古代国家治理之义理，即所谓“治道”之思想来源，主要由儒家思想和法家思想两部分构成。儒家主张教化养民，批判不教而诛、残民以逞的暴虐之政，讲求循序渐进，先言内圣，格物、致知、诚意、正心；再论外王，修身、齐家、平天下。内圣自毋庸法制，而外王则须以法制之，自修身至平天下，皆需有一套规范予以规制，家法、族规也相应生成。法家则以为儒家陈意太高，不免强人所难，亦非君主专权所需，主张明主治官不治民，利用人性趋利避害特质，以简明扼要的规则实现君主意志，因此法家专注于外，据其势、明用法、暗用术而已。君主握至尊之权高居于上，威慑群臣，执刑赏二柄，明定法以严行，暗操术以驭下，“法莫如显，而术不欲见”。

帝制中国“治道”之义理渊源于春秋战国，至秦汉而始奠其基。始皇帝并六国，废封建，设郡县，以法家学说治国，为后世帝国治理建构出稳定筋骨，即皇帝选拔贤能为官，通过官员治理百姓，此即韩非“明主治官（吏）不治民”思想在制度层面上之落实。但法家此等简单直白的主张，不啻为一种流于浅表的现实性应对措施，只能救一时之乱，为帝制中国政治架构确立大致框架，而帝国机制的长期良性运转，则仍需引入儒家以“德化”为中心的义理，为之提供正当化根据。西汉中期以后，外儒内法已成为政治架构的思想依据。韩愈将其特征归纳为：“君者，出令者也；臣者，行君之令而致之民者也；民者，出粟米麻丝，作器皿，通货财，以事其上者也。”在帝制中国，治道的原动力在君主，直接推行者是各级官吏，最后风吹草偃及于百姓，整个社会借以获得秩序，故君主和官吏的素养优劣直接决定了治道之良窳。良好治道的形成须君臣通力合作，故治道所要求于君臣的素养有诸多相通之处。同时，君主和官吏因各自位分不同，其道遂异：君有君道，臣有臣道。

在理想的治道设计中，臣乃是通过制度化的渠道由民中产生，由于官员有任期，来自民，归于民，官民之间具有较高的流动性和同质性，也因此，庶民往往将“耕读传家”作为治家格言：穷而耕读，为帝国机制运作提供基础性支撑；显则仕宦，直接参与帝国的治理。或显或穷，或进或退，循环往复。由此可见，帝制中国统治的稳定性基础在于民，帝王欲维护王朝长治久安，就需关注民众的生活和生存状况，抑制土地兼并，限制地租和高利贷，推行轻徭薄赋并尽可能保证赋役的公平负担，同时还需督促各级官吏强化对百姓的教化工作。如此，君、臣、民各尽其职，各守其分，即君遵君道，臣尽臣职，民守本分，三者相互配合，共同构成传统治道。

“治道”体系，历经秦汉以降历代君臣的精雕细琢后，能很好适应中国这个广土众民的农耕帝国。作为思想理念层面的“治道”，须通过具体且成系统的制度安排，才能将之落到实处，以引领整个社会的正常运转。这套制度安排，大体就是以“治官”为宗旨的各种“治术”。

战国晚期，统一专制大帝国的雏形已隐约可见，由诸侯国君任命的官僚在事实上已逐步取代了以往的各级贵族来临民理政，整个国家治理之良窳已很大程度上取决于各级官僚之行政。鉴于君主一人孤悬于上的现实，法家思想集大成的韩非为时君世主开出了“治官（吏）不治民”的有效举措。理由在于官的职责乃临民治民，直接治官即等于间接治民。君主独居高位、大位，势不能直接治民，只有抓重点来治官，达到纲举目张之效。韩非的“治官”说，长处在能迅速获得实效。故在随后的帝制时期，历代君主实际上多将之奉为圭臬。其短处则如前所述，法家只讲实效而流于极端功利，将民众完全视为被治理对象，属于一种物化的治道，最多只能收效于一时，绝非长治久安之策。相比之下，儒家力图唤醒周代礼制背后的鲜活精神，“纳仁入礼”从而“以礼治国”，推崇天下乃“有德者”为民之父母，拥有治理天下之权。父母对子女，自然以教养为主。当国者用之治国，固然会极大缓解政治统治之严苛，从而一定程度上确保统治的稳固性。萧公权先生对于儒、法两家治术之别作出了颇为精到的评判：“儒家贵民，法家尊君。儒家以人民为政治的本体，法家以君主为政治之本体。”

儒家和法家义理影响下的政制，则有“周制”和“秦制”之别，蒙文通先生即点出：“法家之说为空言，而秦制其行事也；孔孟之说为空言，而周制其行事也；周、秦之政殊，而儒、法之论异。”秦国在法家思想指导下迅速实现富国强兵之目的，进而一统天下，建立了秦王朝这一君主专制大帝国，但因极度严苛对待臣民而短命。继起的西汉诸帝，通过不断探索治理经验，至武帝一代，始大力尊崇儒家。此时的儒家，经由汉初诸儒的改造，已然是“与孔孟有别的新儒家，实为战国以来诸子学术发展之总结。”宣帝更明确提出“以霸王术杂之”，乃“汉家自有制度”的论断。自此以降，不论朝代兴衰，人事更替，帝制中国的政法思想意识和制度架构大致定型，随着治理经验的累积，终于确立了以外儒内法为指导思想的自成体系之“治术”。

□ 帝制中国法制的“宗旨”

传统中国法制的义理究竟应如何概括？明末清初的船山王夫之精研历代治理之利弊得失及其背后的道理，归纳出“严以治吏，宽以养民”一语，点出了历代“治术”的宗旨。在这里，吏指的是官，尤其是大官，而不是给各级官员打杂服务的小吏。所以，这宗旨实际上是“严以治官，宽以养民”。船山先生这八字精言，一方面，批驳了东汉末崔寔《政论》所提出的德教是肉、刑罚是药，“德教除残，犹以粱肉治疾”之谬误；另一方面，明确了皇帝和各级官吏要将“民”来“养”，“民”在任何时候都不是“治”的对象；而且不是一般的“养”，而是“养”之以“宽”。官是用来“治”的，不仅是一般的“治”，还要严厉、严格地来“治”。当然，这主要是一种立法时的宗旨，在实践中难免有偏差，甚至可能会出现倒置的情况。

□ 严以治官

在唐德刚先生提出的中国历史“社会转型论”中第一次大转型阶段（商鞅

至秦皇汉武之间）中，官僚统治代替血缘统治，帝制国家取代宗法封建国家。君主需要利用官员，以便充分发挥他们的管理效能，使君主从封建国君成为了专制皇帝；而帝制中国广阔的疆域，也决定了君主如不利用各级官员便不能进行有效的统治。皇帝更需要防范各级官员，尤其是高官，因为他们较之田间地头的平民百姓，能力更强且有实际权力，野心也随其官位上升而膨胀，甚而对皇权产生直接现实的威胁。一者效率，一者威胁，使得皇帝必然要治官，官不治不行。这是后来许多帝制中国法制设计的根源所在。

帝制中国的君主们，除要暗用权术防止臣下的篡弑之外，更须注重在制度层面上来解决从严治官这一首要课题。中国古代关于治官的具体规定，可谓巨细靡遗，仅在官员的回避一层，就有省籍回避、地理回避、亲属回避乃至师生回避等制度性规定。繁复的治官规则，几乎将官员束缚成柔脆可摧的“琉璃瓶”，细绎其中的良苦用心，皆耐人寻味。

第一，官员的培育。封建既废，自然产生了选贤任能任官治事的要求，其前提就是通过教育来培养潜在的官员。儒家强调社会教化，对教育极其重视，作育官员自然是其强项。《礼记·学记》云：“古之教者，家有塾，党有庠，术有序，国有学。”虽然这一描述未必确有其事，但它成了帝制中国历代朝廷推动教育的重要根据。秦代奉法家学说为治国圭臬，在官员教育上“以法为教，以吏为师”。汉初一时之间未能遽改。到汉武帝时，始采纳董仲舒建议，在中央设立太学，在郡县设立各级学校，以作育官员。此后，虽具体名目不同，但此种官学制度历代相沿直至晚清学制改革。官学为官府权力所支配和侵蚀，久而久之，弊端日渐明显，学生多纳粟入学，为科名声利而学，以致积重难返。自唐宋开始，民间出现了书院这一学者自由讲学的场所，朱子主持制定的《白鹿洞书院学规》，成为后代书院讲学的重要规矩。由于儒学讲究知行合一，故书院不仅言教以道问学，更身教以尊德性，有助于士子将来出仕后更好地临民理政。尽管到帝制中国晚期，朝廷越来越强化对书院进行全面干预和控制，但它作为一种重要的教育机构依旧发挥了重要作用。

第二，官员的选拔。官吏世袭制度（封建制）被废除之后，必须选拔贤能之人做官出仕。在广土众民的大帝国，必须将官吏选拔方式予以制度化。秦王朝以法家思想为指导，奉行“以吏为师”，此种法吏以苛刻相尚，至汉代，渐改弦更张，以经术和德行相尚，创立了察举制度，其后九品中正制和科举相继而兴。王亚南先生曾准确归纳其兴替轨迹，略云：“世卿世官之制既废，官吏的产生一定要有一些举官的方法……秦代创制伊始,对于这方面的历练自嫌不够……几经汉代君臣的揣摩与深思远虑,作为人才鉴别准绳的儒家学说被崇尚了,其后中经魏晋的九品中正制,到隋唐开其端绪的科举制,鉴别的有效方法亦被发现了。在这种创造并选用官吏方式的演变过程中,中国官僚制度才逐渐达到完密境地。"自宋以后,科举成为帝制中国晚期入仕为官之正途,自明、清相沿未改。需要指出的是,明清以降,朝廷始终以朱熹的《四书章句集注》作为命题的重要组成部分。在获取书籍极其困难的传统社会,此举有利于贫寒子弟的上进,保证社会流动性、促进社会公平。应试者掌握了作为古代传承经典精华的《四书》,也就大致理解了帝制中国"治道",具备了自我学习和完善的能力,入仕之后粗通"治术",理解律条,断案治事,自不至束手无措。

第三,官员的任职。官员通过考试等方式从吏部等主管机构获得正式资格后,即开始入仕。帝制中国有极其完密的官制设置,明清时期的刑律里有"滥设官吏"罪,明确规定"凡内外各衙门,官有额定员数",如果因人或其他原因"而多余添设者",主管官员须负责,根据其严重程度分别被处以杖刑或徒刑。对于每个官职的权责以及未能适当履行这些权责所应受的处罚都有具体的规定。到清代,经历朝斟酌损益,相关规定最为完备,卷帙浩繁的《钦定六部处分则例》为其著者。以光绪十三年重修版本为例,全书50卷,涉及公式、降罚、升选、举劾、考绩、赴任、离任、本章、印信、旷职、营私等官员任职和吏户礼兵刑工各项要政,故时人有这样的认识:"官守却有定章,功令无能稍贷,所以严文职考成者,莫如《吏部处分则例》一书。出治者不读是书,即无所遵循;佐其出治者不读是书,而无所引用。""《吏部处分则例》一书,专言文职考成,其间权衡轻重,斟酌宽严。同一事也,而有承、督之分;同一罪也,而有公、私之别。头绪虽繁,其理一贯。使非深思熟习,出而从政,以求勉于无过,难矣。出而佐治,以求钱谷兵刑,事事不离乎绳墨而无愧于心,不更难乎?"总之,帝制中国的各朝各代都力图制定详密的规则,强化对各级官员任职之管理,力图保证各级官员能按照朝廷指令忠实执法,合格牧民,最终达到稳固皇权统治之目标。

第四,对官员的监察。帝制中国自秦朝开始,即逐渐形成了较为完备的监察制度,主要有三部分:御史纠察、言官谏诤、地方监察。言官谏诤主要是根据君道向皇帝提出劝谏,御史纠察主要监察中央官员,地方监察侧重监察地方官员。综观帝制中国的监察官制度,可发现其鲜明特点:(1)与皇权专制强化相应,皇权对监察的影响越来越大,由唐代之前宰相之喉舌和天子之耳目相互维系演变成单纯的天子耳目,对天子之纠绳和谏诤作用越来越弱。(2)负责地方监察的监察官逐渐由监察官变为行政官,由京官变成地方官,中央对地方的控制越来越强,由此强化了中央集权。这些特点充分体现了皇帝运用监察制度来治官,希望达到吏治清明之目的。

综上所述,历代帝王为了有效治官,达到吏治清明之目的,在官员培养、选拔、任职和监察等方面创设成体系的制度,予以严密规范,事实上成为帝制中国自成体系的“治术”之核心内容。这整套“治术”,都以“治官”为宗旨。一些学者观察到了这一现象。如日本学者织田万,即注意到清代行政法无所不在,但他套用西方法律体系,简单将之定性为法律不分化、不发达,“在中国,则法之各部,未全分化,故行政法之意义,徒见其泛博耳。按查《大清律》及其条例,固属刑法,然亦往往登载行政法上应规定之事项。而至彼法章之分类,未分化也。故法典以外各种成文法,则亦可视以为行政法之渊源,固不俟论。”如前面所分析,这种说法实乃不解传统中国法精神的“一家之言”。

帝制中国法制在类似于今日的行政法方面的规定条文繁多,制度设计也臻于完备,其根源即在于“治官”宗旨。之所以以“治官”为宗旨,其根本理据就在皇权专制自身。历经多次改朝换代,帝制中国形成了打天下传统,正如王亚南先生所言:“到了官僚政治的封建阶段,就是对于被宣扬矫饰得神圣不可侵犯的帝王,因为他自身,或者他的乃祖乃父取得统治地位,并不是凭什么叫人一见了无异议的客观标准,于是一个极微贱的野心者,也可对他发生‘大丈夫当如是耶’‘彼可取而代之’的念头;至若他以下的公卿大夫,由宰相以至于小小吏丞,权之所在,利之所在,自然要分别成为大家营谋攘夺的目标。”皇位既然被人觊觎,君主自然要把权力集中到自己手上,但是地域辽阔、郡县众多的天下,皇帝一个人治理不过来,必须委任各级官员,挑起治民的重任,皇帝的主要任务就是治官。由于官员皆是出身于民众当中的精英,可能还是野心家,时刻在窥视皇帝的宝座,因而治官洵非易事,君主不得不不断制定规范约束各级官员。而这些规范的实施又需要人去执行,因此又要制定相应的规则去管那些治官之人,防止既有规则的漏洞。如此一来,管官治官的“行政法”当然就成为帝制中国法制的重头戏了。

□ 宽以养民

“治官”之后就是“养民”。如前所述,“养民”宗旨主要来自儒家思想的介入，其意蕴自然也主要是儒家的。

在为什么要养民的问题上，儒家的民本思想实有两端：一者为著名的"民为贵，社稷次之，君为轻"，另一者则为诛杀独夫民贼的革命理论。但后者在汉景帝时黄生、辕固生之辩后，便基本止息，至孙中山先生时方被重拾，所以帝制中国时期主要起作用的还是前者。《史记 · 儒林列传》云：

> 与黄生争论景帝前。黄生曰："汤武非受命，乃弑也。"辕固生曰："不然。夫桀纣虐乱，天下之心皆归汤武，汤武与天下之心而诛桀纣，桀纣之民不为之使而归汤武，汤武不得已而立，非受命为何？"黄生曰："冠虽敝，必加于首；履虽新，必关于足。何者？上下之分也。今桀纣虽失道，然君上也；汤武虽圣，臣下也。夫主有失行，臣下不能正言匡过以尊天子，反因过而诛之，代立践南面，非弑而何也？"辕固生曰："必若所云，是高帝代秦即天子之位，非邪？"于是景帝曰："食肉不食马肝，不为不知味；言学者无言汤武受命，不为愚。"遂罢。是后学者莫敢明受命放杀者。

到班固所撰之《汉书》，尽管抄录了《史记》中的这段记述，但却将其所引起的后果"是后学者莫敢明受命放杀者"一句删除，于此可见儒家学者在君权已固、统治思想已具的背景下主动自我约束，已不再寻求诛杀独夫民贼的革命理论，而是转向以"得君行道"的方式实现治道理想，在"养民"方面，此一特点体现得尤为突出。

在"养民"的具体内容上，儒家主要从四处入手：

第一，对帝王与储君的教育。儒家自出现之始就以教化见长，一旦隆升为国家治理最高意识形态，即追求教育的制度化。自天子以至庶人，莫不有学，乡党、州郡均设学校，而天子则须接受经筵教育。经筵讲席即由精通典籍的儒臣为君主定期讲授治道，为君主施政提供理论指引，因而伊川程颐先生认为，"天下重任，唯宰相与经筵。天下治乱系宰相，君德成就责经筵"，儒臣用先王之道和三代之治为现世的君主建构政治理想，以古圣相传的道统约束政统，强调君主应敬天法祖，以孝治天下。凡此种种，其目的不仅在于向君主灌输儒家义理，更欲通过制度化的东宫教育，塑造合乎儒家治道标准的未来君主。而儒家向来倡导的教民、养民、重民，以民为本的思想自然也通过儒臣经年累月的进讲而深刻刻入君主及其储位者的意识之中。经筵讲习亦是师臣反映民瘼，戒示君主节欲勤政的重要场所，儒臣多出于民间，熟见人民疾苦，又身具师儒尊严,自然是身居宫闱的储君习得“养民”之道的关键枢纽。

第二,加强对官员的教育。传统治道将官员视为万民表率,责之以教化百姓之任。自儒者接受训蒙教育起,入庠序,举孝廉,皆以儒家典籍为考察标准,以期作育合乎儒家理想的士人,以为未来牧民养民之材,“其秀民之能为士者,必足赖也”。即使当士人步入仕途,养民教育依旧通过官箴时时警示官吏,常怀爱民之心,勤于政事,廉洁自守,令其须臾不敢松懈,如清初廉吏张伯行作《禁止馈送檄》,内云:“一丝一粒,我之名节;一厘一毫,民之脂膏。宽一分,民受赐不止一分;取一文,我为人不值一文。谁云交际之常,廉耻实伤;倘非不义之财,此物何来!”官箴书除教诲官员们克忠尽职之外,也非常重视对具体政事的指导,如官员日常临民治事、问刑理案,是将儒家民本教育付诸实践,展现义理的绝佳途径,“民服教则讼自少,其有讼者,亦须先谕以息讼,或令乡保处和。不和则以速讯为善,勿令多牵干证。差役唤人,即令与原告同唤,不当拘索者,勿遽拘索到县。非重罪命押,不得私押”。先儒息讼、和息、宽刑狱之意,皆寓于是。

第三,“养民”思想的法制化。汉代以来,治理者一直致力于将儒家“养民”思想融入法制,其举措主要包括以下几个方面:其一,制定以均田、均赋役为主要内容的法令。传统中国以农立国,战乱不绝,民户凋敝,因而兵燹稍息即有均田之令,自北魏经北齐、北周、隋至唐,皆有授民田亩、养息邦本之举。周官有“均平”之意,唐人行两税法,明人行一条鞭法,清人摊丁入亩,无不以宽缓民力,均平税赋,抑制土地兼并为宗旨。其二,逐步废除酷刑,改变重刑倾向,倡导罪刑相适应。其最典型者莫过于唐律,立法者以“轻刑慎罪”为宗旨,删减前代重刑罪条,务使用刑持平,使庶民不至动辄得咎,得以稍免于严刑苛法。其三,儒家伦理纲常逐步引入律典,自汉代开始,统治者推行引礼入律进程,至唐代达致巅峰,包括八议、亲亲相隐、准五服以制罪等制度相继在律典中被确立,通过儒家伦理制度的法制化实现教民以礼之目的,“导之以德,齐之以礼,有耻且格”。

第四,关于治官和养民两原则之关系。治官原则是历代治道核心的内容。自汉代以来,外儒内法思想观念在治理中得到了集中体现。船山先生以为,“严以治官,宽以养民”八字只是“经”,在具体施行中还要讲“权”,拿捏好“治官”与“养民”之间的分寸,即“治官”本身不是目的,应服务于“养民”。治官以严是原则,但不能一味僵化株守,在某些特殊情况下,为了不将“官”逼得铤而走险,虐害于民,皇帝有必要在施行时暂予从宽。这样,船山先生一方面将“治官”原则上升到历代治道核心内容的高度,另一方面,将法家的“治官”说内化到儒家的“养民”说中,赋予了“治官”说崇高的目标和价值追求,二者共同服务于王朝的长治久安。帝制中国的“治术”,经长期实践运作,不断补充和完善,形成了一整套体系严密的制度,成为帝制中国政法体系运作的基本架构。

中国帝制法制的优长与缺失

据此,可见帝制法制的优长与缺失。

传统法制的优长之处包括:其一,良好治道始终强调善人与良法交相为用,所谓“徒善不足以为政,徒法不足以自行”是也。其二,善人适用良法,教化在先为主,刑法在后为从。官员于大案审断时,常持哀矜平恕之心以定分;于细故案件裁决时,重亲情乡缘人事物理以止争。其三,对官员约束严格,这也是最大的一个优点,前“吏治”部分已详,不再赘述。

而传统法制的缺失可用清代循吏陆陇其所言“例、吏、利”三字概之:其一,“例”,此处泛指国家成文法律条文。为严格限制官员自由裁量权而采取的“绝对法定确定刑+比附援引”结构,自然会令法律越定越多,日渐繁琐、望之可畏、用之可疑。其二,“吏”,正因法律条文庞杂细碎,仅通晓其义理的官员日渐不能胜任具体司法工作,导致书吏差役当权。官治天下的设想几乎异化为吏治天下。其三,“利”,书吏差役发展前途本极有限,官、吏分途后,他们的上升通道被彻底堵死后,更是如此。但他们却常常实际掌握了司法权力。利少权高,则权力寻租不可避免,经此辈上下操弄,追求利益,刑狱遂黑暗无比。

这些缺失,中央精英岂非不知?然而却也只能奉劝小民息讼、免讼而已。因为任何想当然的调整,可能都会破坏官僚统治的结构和挑战农业帝国的财政极限。说到底,还是一个得失判断的价值权衡问题。

概言之,帝制中国法制,基本契合古代农业社会治理的基本要求,中国传统高度文明即有此种法制的巨大贡献,其“养民”和“治官”宗旨及某些具体举措仍具重大价值。同时,世上无一成不变之法,无有利无害之制,这些都需要立法者权衡利弊、拿捏好分寸,此所谓“君子时而中”是也。最后,法律职业者应自内心深处意识到人心人性的微妙,社会的复杂,从业时应多谨慎悲悯,少鲁莽残酷。对法学院学生来说,就是要真学。有了真正的学问,才可能有助于家国天下之真善美。

▣ 阅读指引

◻ 典籍

1. 朱熹:《四书章句集注》,中华书局2012年版。
2. 蒋鸿礼:《商君书锥指》,中华书局1986年版。
3. 王先慎:《韩非子集解》,中华书局1998年版。
4. 王夫之:《读通鉴论》,中华书局2013年版。

这是中国古代的法理学,中国古代法制的思想依据主要就是儒、法两家,儒学经典就是《四书章句集注》,法家经典就是《商君书》《韩非子》。其中“明主治吏不治民”就是《韩非子》一书中的核心治术。在经历亡国惨痛后,作为胜朝遗民,王夫之船山先生苦心孤诣,撰写大量论著,力图阐述古圣先贤一脉相承的文化火种,以为后来复国建国之用。先生晚年,思想达于炉火纯青之境,写出了《读通鉴论》这部史学评论经典。他的史论,不单纯就史论史,更是要借史来论道、明道。在《读通鉴论》中,他概括出“严以治吏,宽以养民”一语,将帝制中国法制宗旨一语道破。

◻ 课堂主要参考书

1. 李贵连:《法治是什么——从贵族法治到民主法治》,广西师范大学出版社2013年版。

作者是我的授业师。该书从宏观上给我们归纳了中国几千年来法制演变的轨迹,提出了一些特别有意思的概念,如贵族法治、帝制法治、民主法治、儒家思想法律化等,对我们领会中国古代法制的“宗旨”很有帮助。

2. 黄源盛:《汉唐法制与儒家传统》,台北,元照出版有限公司2009年版。

古今中西的立法、执法与司法都会面临一些共同难题,中华法理则为之提供了富有中国智慧的解决方案。《汉唐法制与儒家传统》一书,在史料收集、辩证和消化的基础上,以时间、空间和事实为三维度,通过历史上的法思想、法规范及其相互关系的折射,洞察古今中外历史上危微之人性,从而揭示中华法理古今相通中的智慧,力图达到通古今之变、辨中西之异和究当今之理的法史学研究至高境界。其中,尤以“春秋决狱”部分最为精深,有助于同学们深入了解儒家思想法制化的艰难历程。

◻ 微信公众号

近代法研究

北京大学近代法研究所的官方微信号。近代法研究所成立于2002年年底,是国内最早成立的近代法研究机构，致力于关注中国近代法、外国近代法的相关问题研究，侧重关注中国法律近代化。同学们关注该公号上的内容，即可大致了解相关学术前沿成果和资讯。

普通法法官如何“造法”

李红海

关于作者

李红海

北京大学法学院教授，博士生导师。1995年在中国政法大学获法学学士学位，1998年、2001年在北京大学法学院获法学硕士和博士学位，2005～2006年度剑桥大学法律系访问学者。主要研究领域包括英国法律史、英国普通法等。主要成果包括专著《普通法的历史解读》《普通法的司法解读》《英国普通法导论》，译著《英格兰宪政史》《英国普通法的诞生》《英国律师职业的起源》和编译作品《大宪章的历史导读》等。2001年入教职以来，讲授的课程包括《外国法制史》《英国普通法概论》《法律史文献学》《英格兰宪政史》《普通法司法过程概要》等。

何为普通法以及普通法的特征

□ 何为普通法

普通法是“English law”的一部分。准确地说,“English law”是“英格兰法”的意思,但今天汉语文献中非常不精确地称为“英国法”,这是因为我们把“England”和“the UK”混为了一谈:我们所谓的“英国”实际上是“the UK”而不是“England”。“the UK”系政治概念,其指涉地理上包括不列颠岛、爱尔兰岛东北部分及大西洋中一系列较小岛屿的那个主权国家“大不列颠及北爱尔兰联合王国”。而“England”(英格兰)只是不列颠岛、从而也只是“the UK”的一部分。所以,“English law”其实也只是“the law of the UK”的一部分,但后者这种表述实际上很少用到;即使用到,它也应该包含“English law”“Scottish Law”“the law of Northern Ireland”等。“English law”的适用范围不仅包括英格兰,还覆盖威尔士;北爱尔兰的法律与“English law”类似;苏格兰则有其自身的法律体系,更接近于欧陆法而非英格兰的法律。

“English law”包含三大渊源,即普通法、衡平法和制定法。其中,制定法(statute)一般使用“act”的称谓,属于成文法,与欧陆立法的形成过程相似,但在体例、内容等方面差距较大。普通法是普通法法院的法官形成的规则,是司法的副产品,而非立法形成的法,这是它与欧陆法之间的区别之一。衡平法则是历史上衡平法院的法官形成的法,它与普通法均属于法官法(judge - made law)。自 1875 年英国司法改革后,普通法和衡平法在体制上实现了合并,此后不再像过去那样强调衡平法和普通法在体制上的对立,而一般将二者统称为普通法。但从实体规则、原则的角度而言,衡平法与普通法的差异仍然存在,只是衡平法法官与普通法法官、衡平法法院与普通法法院之间的区别已经不存在了。

□ 普通法的特点

普通法的特点有三,即法官之法、判例之法与救济之法。

1. 法官之法

普通法首先是法官之法,即法官在司法过程中形成的规则。在没有国家、政府或立法机关时,人与人之间的纠纷已然存在。日耳曼人的纠纷解决方式包括自力救济、血亲复仇等,其中的和平方式表现为由地方社区(如后来的郡和百户区)和人员(全体自由民参与)出面解决这一纠纷。因此,纠纷解决在国家或法律出现之前便已经存在。但此时由于没有制定法意义上的法律规则,纠纷解决者的目的是寻找一个"解决方案"。从古至今存在无数纠纷及相应的无数的判例,每一个判例其实就是一种解决方案。与此类似,后来的普通法一定意义上就是将这些纠纷的解决方案进行适度抽象、将其中所蕴含的智慧进行提炼而形成的。

相反,通过制定法的出台过程可以发现,制定法在很多时候源于某种"决策"或意志。以《中华人民共和国民法典》(以下简称《民法典》)立法为例,之所以会有《民法典》,是因为经过这么多年的发展,国家可以(如果不是应该的话)把先前分散的民事单行法整合起来形成一个统一的法典。有了这个想法,然后就有了制定《民法典》的决策,接下来就会交给专门的委员会(起草机构)去完成。当然,在起草过程中,委员会可能更多参考的是源自欧陆、日本等地的民事规范,而并未像清末修律及民国时期制定民法典那样对本土的习俗、规范进行调查、整理和提炼。但这是一个立法的态度、选择及方法问题,也存在成本问题和以下问题:巨大的社会变迁使像先前那样从头做起的必要性值得商榷。但无论选择了什么路径,自有相应的结果与其呼应。当《民法典(草案)》提交全国人大表决通过并经国家元首签署后,即会在相应的时间开始生效。这是很多立法出台的一般过程。

与此不同,另外一些制定法的出台是为了被动地回应社会问题。比如,社会上出现了某种问题并严重到足以引发上层的重视,就会委派相关的委员会展开调研、寻求普遍性的解决方案;在此基础上起草相应的法案,提交讨论、表决通过。

无论是哪种缘起,立法在很大程度上都体现了决策者的意志,均通过一定的程序形成制定法。此处关注的重点在于,制定法背后的权威基础是什么?即议会这样的立法机关凭什么可以制定对民众有拘束力的规则?答案应当是民主。因为立法机关是由民众选出(不论其经由直接或间接选举)的代表组成的,他们代表了民众的意志;至少在形式上,他们表达的同意就相当于民众自己的同意,因此他们通过的立法就是民众制定的法律,民众自己就应该遵守。

与之相对应,普通法背后的权威何在?英国的法官并非选举产生,而是由大法官从优秀的、有经验的出庭律师中提名，再由国王任命产生。因此，普通法法官的权威来源并非民主而是“专业”，他们对案件的公正判决使其获得了全社会的认可。所以这是一种基于专业的、实质性的权威，与立法机构形式性的权威不同。而正是出于对专业性、公正性发自内心的认可，民众才会更好地遵守由法官所形成的规则——普通法。

2. 判例之法

普通法还是判例之法。法官先前作出过的判决被称为判例（decided cases），被引用后的判例称为“先例”（precedents）。“普通法”和“判例法”这两个概念的关系在于，判例法是普通法的体现形式，就如同欧陆法的体现形式是成文法一样。但判例并非普通法唯一的体现形式。普通法还有包括经典普通法学者论著在内的其他体现形式——如2017年英国最高法院的脱欧判决就引用了韦德、布莱克斯通和戴雪等学者的论著。普通法最本质的特征在于，其规则体现于判决之中。需要注意的是，普通法训练的核心正是从判例中形成规则的能力。这不仅是促使普通法专业化的过程，更是外行人进入普通法法律共同体的前提，因为普通法虽然体现在判例中，却未必总是得到了清晰明确的表述，这就需要专业人士进行归纳和提炼。普通法法官在判案时，并不总会将适用的大前提（规范）明确地表述出来，但当它作为先例被引用时，后来的法官、律师就必须对此进行表述。但这种“发现并总结判例中规则”（所谓的“判决理由”）的能力，是需要专门训练才能习得的。边沁曾指责普通法不够清晰、只有特定人群才可以理解，主要原因即在于此。

但也正由于普通法法官可以形成规则以及其规则形成的这种独特机制，给普通法吸纳新的要素（如新案件中的独特情节、地方习惯、法学理论等）提供了可能性。普斯特玛认为，普通法法官在每次判案时都有机会对普通法规则进行重新表述。借助于该重新表述的机会，新的因素不必像立法那样需要经历漫长的程序才能变成新的规则，而是可以立刻通过判例体现出来，专业人士可以看到普通法所发生的变化——尽管外行人可能对此并无明显感觉。这也是普通法具有很强的适应性、连续性和开放性的原因所在，也是它不同于成文法的一个表现。

3. 救济之法

普通法最后还是救济之法。

与救济之法相对应的是“规范之法”，后者主要目的是为人们确立行为模式，如传统中国的“礼”。礼通过“亲亲”“尊尊”的原则，为社会中各类人确立了行为模板：父慈子孝、兄友弟恭、夫义妇从、君仁臣忠等。今天规范之法的例子也比比皆是，如物权法定、格式合同、行政法对行政机关权力的授予等。规范之法背后的治理逻辑是，若人们都按此模板行事，则社会就不会出现混乱。但现实问题是，很多人并不愿意按照该模板行事——原因之一在于人们在不同时期不同情形下有着各自不同的需求，而这些需求的合理性无法轻易辨别（不能简单视之为不合理），且规范之法所提供的这些行为模式菜单又远远不能满足人们的这些并非不合理的需求（为了满足某些并非不合理的要求可能需要以这些菜单之外的方式来行事）。如此一来，规范之法的最大问题就是容易对人们的意志和行为构成束缚，从而抑制创新、激发反抗，从而可能引发更大的社会动荡甚至是周期性的反抗行为。若以更大的强力来约束之，民众又会成为失去个性和自由意志的顺民；当然，如果因更大的强力而习惯于这些行为模式，民众又会“自我束缚”，以至于对任何不符合这些模式的行为进行自我抵制——犹如患上了斯德哥尔摩综合征一般。从心理学角度看，一方面人们因为这些规范或行为模式是外在强加而非自我内心自主甄别选择的结果，导致要让他承担后果失去了道德上的正当性（不是我决定的为什么要让我负责？）；另一方面，人们却又可能借助于这些规则推脱责任，从而成为没有担当的人，社会变成一个相互推诿的社会。当然，规范之法并非没有益处，它最大的益处就是所谓的规则更明确——但专业内人士都清楚，这种明确性和确定性只是相对的。

普通法的秉性是救济之法。它并不提供行为模式，如何行为是个人的事，个人可以选择如何行事，但其前提是不能侵害他人和社会；如果侵害到他人或公共利益，那么作为救济之法的普通法便会通过惩罚个人以完成对他人或公共利益的救济。以边沁的“狗法”理论为例，给狗立规矩并非事先告知怎么做（因为语言不通），而是在狗做错之后给予一顿痛打，它就明白了什么事不可以做——普通法治理思路与此高度相似。对一个习惯了规范之法的人来说，生活在救济之法下可能会不适应，因为如何行事需要自己判断并作出决策，需要有自由的意志和独立的判断能力，需要从失败和挫折中学习。也正因如此，普通法可能更有利于培养独立自主和负责任的公民——因为被赋予个人自由后，如何行事便取决于个人决断，自然要为自己的决定负责。所以在这一体制下，人们在行事时会更加谨慎，会思考自身行为是否会侵犯他人利益或社会公共利益,从而避免自己受到处罚。此外,救济之法还可能为创新提供更大的空间,因为它将行事的自由交给个体,而只关注损害的情况,客观上为民众的意志和行动提供了自由和空间。

当然,救济之法也并非十全十美。很显然,它的确存在不明确、预期性差的问题,但这在一定意义上可以通过诉诸常识和基础性规范(如己所不欲勿施于人)予以解释——而普通法很大程度上也是对这些基础性规范的具体展开。它可能还会放纵一些违法犯罪行为,但这也是采取这种治理思路所付出的代价。

普通法和欧陆法的本质区别

在法律渊源、法律制度、法律理念等方面,普通法和欧陆法的区别在不断缩小:两者的法律渊源既包括判例法也包括成文法,法律制度也存在相互借鉴和融通的现象(如普通法借鉴了欧陆法中的善意、不当得利制度等),此外欧陆法的理念也受到了普通法的影响……但两者的区别仍然存在,其最本质的区别在于,在司法过程中法官能否形成规则,即法官是否可以或需要为特定案件形成更具体的规则;换言之,是否可以或需要“法官造法”。

普通法法域内并不缺乏制定法。据统计,英国议会在 5 年内通过的制定法比我国全国人大及其常委会多出一倍;梅利曼也说过,加利福尼亚州一个州的制定法可能多于任何一个成文法国家的立法。并非普通法法官无须适用制定法,而是很多时候(非例行案件的情况下)他需要将制定法条文具体化(很大程度上就是所谓的法律解释),以形成更为具体的规则,并以此更具体的规则而不是原来的制定法条文作为三段论演绎推理的大前提。而欧陆法的法官虽然也需要解释制定法并涵摄案件的事实,但其最终三段论演绎推理的大前提却仍是制定法本身,法官不能形成更具体的规则并以之为三段论的大前提作出判决。因此,从本质上看,这二者的区别还是一个可否形成法官法的问题。

在普通法的情形下,法官通过对制定法和案件事实的解释及结合,可以(甚至是必须)归纳出一项规则,并以之作为判决的依据;而判断其判决公正与否的关键,主要在于其形成或依据的该项规则,即判决理由。判例法中的“判决理由”并非判决书说理,而是指判决书说理的成果,即法官对自己的说理进行归纳、总结和提炼,最终形成一个类似于我国最高人民法院司法解释及指导性案例中裁判要点的成果——这才是“判决理由”，才是普通法规则，才是普通法。而很显然，成文法体系下，法官当然需要说理（任何地方、任何时代的法官判案都需要或应该说理），但他可以将自己的说理总结、提炼为规则吗？这种规则未来可以被直接引用作为判案依据吗？如果他这样做了，他就是在制定法律，而这应该是为体制所不允许的。所以，法官是否可以或需要为手头的案件形成更具体且可适用于未来的规则，是普通法和欧陆法的最本质的区别。当然，欧陆的法官也会形成很多有价值的司法智慧，这些司法智慧可能事后也会通过立法变为面向未来适用的规则，但这是另外一回事了。

司法过程中法官的思维模式

要了解普通法法官如何“造法”，最好先了解法官在判案和写判决书时的不同进路和思维。

首先，无论是欧陆还是英美，抑或其他任何法律体系、法律传统，法官判案时的思维模式和进路都大同小异，其差别可能远没有我们想象得那么大。

其次，法官的司法过程大致可以分为写判决书之前和写判决书这两个阶段，而这两个阶段的思路和逻辑是不一样的。在写判决书之前（阶段一），法官的思维进路如图 1 所示：

图 1　判决书制作前法官思维进路

而写判决书时（阶段二）的思路如图 2 所示：

图 2　判决书制作时法官思维进路

但写判决书前的过程，除法官自己了解外，其他局外人很难或者根本无法感知，而只能根据自己的经验来判断法官判案时基本是这样一个心理过程，却无法证实——波斯纳对此过程也有类似的看法。也正因如此，一般人只能通过判决书来了解法官判案的情况。而如图 2 所示，写判决书时是已经有了结论,判决书的写作无非是证明这个结论,是一种论证的逻辑;而写判决书之前则是不知道结论的,因此需要了解案情、产生预判、验证和试错,直至形成内心确信,这是一个探索结论的过程,是一种发现的逻辑。有人说后者是前者的倒推,这话有一定的道理,但不准确。因为在前者探索结论的过程中是需要反复试错的,可能会有多次流产的选择和可能性,但判决书所体现的只是最后形成确信的那种选择。当然,律师也可能提出其他选择(案件的解决方案或对法律适用的意见),这在第一阶段也会成为法官试错和验证的对象;而法官在写判决书时也应该对律师的法律意见予以回应,但很显然,判决书一定会抛弃法官自己先前那些流产了的选择。所以不能简单地说后者是前者的直接回溯。

这两个阶段的重点都是将相关规则适用于案件事实,即所谓的涵摄过程,但在讨论这个过程之前,需要解决一个基本问题:法官一开始为什么会选择甲规则而没有选择乙规则?他如此选择的依据是什么?对规则的选择一定是以案件事实为基础的;之所以选择甲规则,这是由法官对案件事实的了解所决定的。法官在大致了解案情后,就会凭借自己的经验、学识、本能、直觉产生一个预判(备受教义学批判的所谓的“法感”),这个预判包括:他总体上认为谁是谁非,这是一个什么问题(所谓的定性问题),涉及什么法律关系,大致应该适用哪条规则……当然这个预判不一定靠谱,所以才需要接下来的试错和验证,需要随着证据的不断披露使案件事实及其形成的“故事”逐渐定型,它应该适用的规则可能也需要随之作出调整。

也正因如此,至少在第一阶段,可能很难说有什么预先就确定好了的规则放在那里等法官去拿来适用(除非是例行案件),而是需要在案件事实和法律规范之间来回穿梭,需要不断地对规范(包括规则本身以及其所含术语的内涵外延)和事实(可能会导致对事实的剪辑)作出调整,这就是所谓的法律解释或用法律涵摄案件事实过程。其实,不仅包括对法律的解释,也包括对事实的解释(或加工、剪辑),这应该是一个双向解释以建立事实和规范间关联的过程。

普通法与欧陆法的区别:量体裁衣 v. 选购成衣

到此为止,上述分析模型大概能适用于任何传统下的司法过程,即普通法和欧陆法之间在这些问题上并不存在实质性的差别——这应该是由司法自身的共性决定的。但也就是在这个过程中,真正的区别开始出现了:究竟是把已经发生的案件当作一个独特的对象来看待，并利用各种规范资源为它量身打造一个适合于它的规则（可称为"量体裁衣、私人订制"）；还是认为业已存在的规则已经是包打天下，可以普遍适用，面对特殊的案件仅需修修补补（通过扩大或限缩等方式进行法律解释）就足以应对？前者是普通法的思维方式，将需要解决的纠纷看作一个需要衣服的客户，法官不是拿一件已经做好的、现成的衣服给他，而是要为他量身打造，利用手头的规范资源（如制定法、判例、学说、习惯等）为他专门订制一套衣服，而这套衣服对未来类似的人员也有示范效应，同时也会成为未来制衣的材料。所以，在普通法法官那里，制定法、判例这些规范资源并不是"成衣"，而是做"成衣"的布料，判决理由才是成衣。

而在欧陆法那里，则是以规范为本位的，无论案件如何千差万别（当然是细微的差别），不至于把财产纠纷定性为刑事纠纷，规范涵摄一切，制定法规范这件"衣服"任何人都可以穿，最多只需要修修边、缀扣子——这就是法律解释的工作。所以，在欧陆法中，制定法规则本身已经是成衣了，法官做的工作就是把摆在货架上的成衣挑出来，然后修修边、缀个扣子就可以了——尽管有时这种修边缀扣子的工作并不容易。

当然，这并不是说普通法的这种方式就一定比欧陆法的思路好，更不是说前者比后者更有效，我只是说，这是两种非常不同的解决问题的思路或进路，而这种解决问题在思维方法上的区别是各自特定的历史发展造成的，只有习惯与否的问题，可能并无优劣之分。但如果不理解这一点，就很难理解普通法法官如何造法的问题。

为了更好地说明这个问题，需要进一步阐释欧陆法裁判案件的特点。高尚教授在《德国判例使用方法研究》中介绍了德国的请求权基础分析法，其步骤包括：(1)判断请求权的性质，并提出一个假设性的大前提；(2)对该请求权的构成要件进行定义或界定；(3)对案件事实进行总结，并与请求权基础进行分析比对，也即推理或涵摄的过程；(4)得出结论。

书中他以看球停车不支付停车费一案为例，认为应适用无名合同。但问题是，为什么他会选择《德国民法典》中的这一规范，而批判对其他相关规则的选择呢？这个问题为多数研究者所忽略，好像是一个不需要讨论的问题，但其实不容忽视。如前所述，无论是法官的积极选择（认为应该适用甲规则），还是消极选择（认为律师对乙规则的选择是错误的并加以批判和排除），只要是最初的选择，基本上都是法官根据自己的经验、学识、直觉和本能作出的（就好比你看到孩子打喷嚏咳嗽就感觉孩子可能是感冒了一样)，是其“法感”运作的结果，只是忽略了这一阶段而已。后面的过程(或者说请求权分析法本身)无非是通过反复地试错来验证这些不同的选择或“法感”，抛弃认为不合适的选择，保留他认为最合适的，最终形成内心确信而已。

对于欧陆法，法官作出判决的进路可以概括为“规范为本、事实次之”，但以规范而非事实为中心作出判决的过程，会面临实际案件并不按照规范预订的模式发生(不是例行案件)的问题。如苏力教授在《送法下乡》中提及的耕牛案就是如此：初审法官认定为“合伙”的法律关系，重审时则认定为“共同共有”的法律关系。初审法官在面对当事人“搭伙”(当事人对案件事实的总结和描述)的说法时，依凭直觉(抑或经验、学识等)想到的是《民法通则》中的“合伙”这个法律关系。但随后他在使用“合伙”这个法律概念来涵摄本案的事实时，发现了诸多问题：比如，合伙要求共同出资、共同经营、共担风险、共享收益；但在本案中，共同出资的合意是不存在的，因为甲购买耕牛时是向乙借款300元，从法律形式主义的角度看，这是乙对甲享有的一个债权，而非对耕牛事业的出资。且乙后来一直未对耕牛“事业”进行新的投入，也从未介入过对耕牛的喂养和养护，在过去9年甲三次倒换耕牛的过程中也从未提出过任何异议。换言之，如果将耕牛的购买、喂养和养护、倒换、使用、繁衍和增值等作为一项事业的话，除开起初借给甲付出300元(当然此项债务未得履行，但乙也没有主张债权)和定期不定期地使用耕牛外，乙再没有进行过任何的参与，谈不上共同“经营”，他也从未主动或被动表明自己愿意承担与耕牛事业相关的责任；相反，他只是在看到甲经过几次倒换耕牛并精心喂养生下了小牛、产生了更大的收益后，才出来主张自己对此收益也应享有权利。这表明本案事实(搭伙)和既有的规范(包括合伙和共同共有的法律关系)在很多方面并不匹配。在这种情况下，法官由于找不到特别合适的规范，就只能削足适履、剪裁案件事实，以使之适应“合伙”这个法律关系。结果就是，是生活现实被迫迁就了规范，而不是规范服务于生活现实！

而如果按照普通法的思路来处理这个案件，则法官很可能会按照双方在耕牛事业中的付出和所得进行权衡。考虑到甲在这些事业中几乎付出了所有的努力，而乙只是付出了起初的300元(何种性质、如何定性并不重要)，且在过去的9年中多次使用了耕牛，他的付出已为对牛的多次使用所折抵，因此不应该再参与小牛收益的分配。这就是一个判决的结果，一个解决方案，至于是合伙还是共同共有，抑或"搭伙"（当值法官可以创设或后来的法官律师可以总结提炼这样的概念），都不重要，甚至没有必要考虑这些概念。在普通法的判决书中当然会用到这些概念，但也仅仅是为了表述的方便，而绝不是要让它成为约束案件事实本身的教条。概念、规范在这里是为了体现生活现实，而不是"规训"生活。

耕牛案非常典型地体现了这样的道理：生活不大可能完全（甚至基本上不是）按照在先的规范而发生，而是按照当事人个体的独特需求和当时的具体生活情势发生的。因此，是规则应该来匹配生活，而不是让生活去匹配规则；规则在解决纠纷时可以拿来作为参考或参照，但未必一定应作为准绳。

普通法法官"造"的什么法

要理解普通法法官如何造法，首先需要明晰，普通法法官造出来的究竟是何种法？如前文所述，普通法法官会将较为抽象的规范（如制定法条文）和案件事实相结合，形成更为具体也更适合于手头案件的规则，也就是为客户做一件更为贴身的衣服。这个说法仍过于抽象，以下将举例说明何为更具体的规则。

事实上，普通法法官创造的更具体的规则，类似于我国的司法解释以及指导性案例中的裁判要点，因此，如果见过最高人民法院的司法解释及其指导性案例中的裁判要点，那大概就知道普通法规则是什么样子了。

我国《刑法》第 382 条规定："国家工作人员利用职务上的便利，侵吞、窃取、骗取或者以其他手段非法占有公共财物的，是贪污罪。"

相应的关于"国家工作人员"有 1 条司法解释：《最高人民法院关于印发全国法院审理经济犯罪案件工作座谈会纪要》的通知（法发〔2003〕167 号）。其中规定"刑法中所称的国家机关工作人员，是指在国家机关中从事公务的人员，包括在各级国家权力机关、行政机关、司法机关和军事机关中从事公务的人员"。表面上看这条司法解释并不像一个规则，因为一般而言，规则的基本构成是"行为模式"+"法律后果"，而这里好像看不到法律后果。但如果把这个司法解释的内容代回到原来的刑法条文中，就会得到下面的表述："在国家机关中从事公务的人员，包括在各级国家权力机关、行政机关、司法机关和军事机关中从事公务的人员，利用职务上的便利，侵吞、窃取、骗取或者以其他手段非法占有公共财物的，是贪污罪。”这不就是规则了吗？

在指导性案例11号杨延虎等贪污案的判决中，有两个裁判要点：一是将贪污罪中的“利用职务上的便利”解释为利用职务上主管、管理、经手公共财物的权力及方便条件，既包括利用本人职务上主管、管理公共财物的职务便利，也包括利用职务上有隶属关系的其他国家工作人员的职务便利。二是将土地使用权解释为具有财产性利益、属于刑法第382条第1款规定中的“公共财物”。那么这两个裁判要点是不是规则呢？表面上看上去不像，但代回到原来的刑法条文就像了：

> “国家工作人员利用本人职务上主管、管理公共财物的职务便利，或者利用职务上有隶属关系的其他国家工作人员的职务便利，侵吞、窃取、骗取或者以其他手段非法占有具有财产权益性质之标的的，构成贪污罪。”

而如果把前面的司法解释和后面两个裁判要点都代回到贪污罪的条款中，则会得到一个更为具体的规则：

> “在各级国家权力机关、行政机关、司法机关和军事机关中从事公务的人员【国家工作人员】，利用本人职务上主管、管理公共财物的职务便利，或者利用职务上有隶属关系的其他国家工作人员的职务便利【利用职务之便】，侵吞、窃取、骗取或者以其他手段非法占有具有财产权益性质之标的【公共财物】的，构成贪污罪。”

这个规则是否更具体，是否比《刑法》中关于贪污罪的条文更适合于杨延虎的案件呢？很显然是的，但它又是源于刑法条文的，是刑法条文和杨延虎案件的特殊性相结合形成的。这里刑法条文本身并非不重要，相反很重要，因为它是形成更具体规则的来源和基础，没有它可能就无从形成更具体的规则；但仅有或仅停留于刑法条文又是不够的，必须和杨延虎案件的特殊情结相结合，形成更具体的规则，这样才更有说服力。有人会质疑“这不就是法律解释吗，这没有什么特别的地方啊”！是的，法官可以解释法条不容否认，解释法律是法官应尽的职责和基本权力；但很显然，并非每个法官对法律的每一次解释都变成了司法解释或裁判要点，这需要特定的“准立法”程序才能实现——而这一切在普通法中则是水到渠成，这就是区别。

所以，补充一点，要理解普通法法官如何造法，就必须理解下面的观念：制定法条文并不总能构成判案的"直接依据",而更多的只是一种判案的"指引";而类似于司法解释或裁判要点那样的更具体的规则,才是判案的"直接依据"。

普通法法官如何"造法"

那么,普通法法官是如何找到更具体的规则,或如何为案件形成更具体的规则呢?事实上,至少有两种情况值得分析:一种是存在相关制定法条款的情况,另一种是缺乏相应的制定法条款的情况。先来看第一种。

1. 有制定法规定的情况

一般而言,在有制定法规定的情况下,普通法法官解决问题的进路为:(1)根据案件内在的是非曲直形成基本立场——谁是谁非;(2)找到相关制定法条文,并依照立法者原意、常理、政策、法理进行解释;(3)在法条和案件事实之间提取公因式;(4)对此公因式进行技术性表达;(5)形成规则。

以吉本斯诉奥格登案(Gibbons v. Ogden,1824)中的州际贸易问题为例。首先,当时美国联邦最高法院的立场是加强联邦权力——这相当于一开始就对本案确定了判案的方向。在此立场下,裁判的重要任务是对相关宪法规范中的关键术语进行界定:"州际"一词不仅指涉各州边缘地带,也深入到各州内部,包括从一州内部开始扩及或延伸至其他州内部;"贸易"一词也不仅包括物与物的交换,而且包括人和物的流通过程。据此立场和方法,法院就将宽泛的美国联邦宪法条文解释成具体的规则:"美国联邦宪法第一条第八款所谓的州际贸易,包括始于一州内部并跨越该州且旨在实现人员和货物流通的内河航运业务。"基于此大前提,法院自然得出州际内河航运应当由联邦国会而不是州管辖的结论。

再如杨延虎贪污案,如果按照普通法的思路,大致可以这样展开。法官先在基本案情基础上确定自己的立场:杨延虎作为国家工作人员利用自己的职务之便为自己牟取不正当利益的行为是不正当的,因而必须受到惩罚。然后基于这样的立场,再从技术上通过解释法条中的关键术语,来证明其行为构成贪污罪。而解释的结果则恰好形成了两个裁判要点——正是在这个意义上,我们说普通法其实是司法过程的副产品。

由此看来,好像判决前的基本立场非常重要,这和普通人平时听到的要保持价值中立、价值无涉的谆谆教导似乎完全相反。的确如此!可能有点夸张地说，这是因为价值中立的观念很大程度上只是个虚幻的泡影，任何人在了解了案情后都会就当事双方的是非曲直有一个基本的判断（所谓的“法感”），这很自然，完全不必避之如猛虎。真正可怕的不是有立场、有“法感”，而是有立场却不论证或不进行有效论证，或者排斥、无视甚至打击压制别人对自己这种不论证的质疑。司法审判其实就是各种不同立场、主张依照一定程序性规则在某个公开、民主的平台上的博弈，不是说不应该有立场或先见，而是说任何立场和先见都必须经过论证、辩驳的检验。

2. 没有相关制定法的情况

在没有相关制定法的情况下，法院首先需要分析事实，诉诸基础性原理、基本规则；在此基础上就案件事实形成，提取相关要素或限定条件，进行抽象化表述，并对参考的基础性原理进行限定，进而形成规则。

以多诺霍诉斯蒂文森案（Donoghue v. Stevenson，1932）为例。原告多诺霍的朋友请她喝啤酒，她那只木头罐的啤酒杯在倒出最后一杯时出现了一只死蜗牛，原告当场呕吐。根据当时的普通法规则，她和零售商之间没有合同，因此无法依据合同的事由起诉；她的朋友虽有合同，但没有受到损害。这意味着依据当时的法律，原告多诺霍是无法得到救济的；在此情况下，她起诉了啤酒的生产商。该案最终上诉至上议院，通过了解案件事实，阿特金勋爵发现应当为多诺霍提供救济，因为她自身并无过错却无端受损，自然应得到救济。但现有的制定法和普通法无法给她提供救济，不得已，他选择了这样的路径：

第一步是诉诸宗教训诫，并将其位阶不断降低。他首先诉诸了圣经中的“邻人原则”：“你应该热爱你的邻人”；然后由此推导并形成相应的法律原则：你至少不应损害你的邻人；接下来他又对此法律原则进行有针对性的具体化，即对生产商的邻人进行了限定，认为对于生产商而言，其“邻人”不只是通常意义上的邻居，而应该扩展至所有可能被其行为或产品影响的人——尽管到此为止，所形成的仍然只是法律原则：生产商不应因其产品或服务而伤害所有可能被其产品或行为影响的人。

第二步是对案件事实进行抽象，以一般性规范和案件的是非曲直为指引，将案件的关键情节进行适度抽象，抬升其位阶，将之作为归责的条件予以技术性表达，并和前述位阶已降下来的法律性规范相结合。比如，他对本案中木头啤酒罐导致原告在喝完之前不可能看到里边有死蜗牛这一情节进行了提炼和抽象，并表述为“商品的包装使得消费者在最终消费完之前无合理可能对该商品进行中途检视”。此外,他又总结了另外两个条件。

如此一降一升,双向推进,将抽象的原则(宗教训诫)具体化一些,将具体的事实抽象化一些,直至二者结合并形成了下述适合于本案的规则:

> “意在使其商品到达最终消费者的生产商【条件一,包装方式排除了作为零售商的小酒馆进行中途干预的可能】,如果其商品的包装使得消费者在最终消费完前无合理之可能对该商品进行中途检视【条件二,木头杯子使得消费者在消费完之前不可能看到里面啤酒的状况】,且该生产商知晓,如果在准备或包装商品时不尽合理注意就会给最终消费者的人身或财产造成损害【条件三】,那么它就应对此负合理注意之义务。”

从上述案例可见,法官采用的方法是,把基础性规范(因为缺乏制定法条文,所以才诉诸了更为抽象的规范)有针对性地(根据依据案件是非曲直所形成的立场)具体化,降低位阶;然后有针对性地(根据个案的特殊情形,基于前述立场)把案件事实进行适度地抽象,提升其位阶;使二者相结合,以形成更为具体的规则。

上述两种形成普通法规则的方法在本质上是相同的,只是因为客观上存在或不存在制定法条文而产生了些许差别:有,则解释之;没有,则必须诉诸其他更抽象的规范——就如同我们司法中所说的有规则适用规则、无规则适用原则一样。但要点都是,需要有方向和立场,需要有技术,二者缺一不可。因此,可能解释法律并不难,难的是如何将解释的内容归纳总结出来。上面只是通过两个例子进行说明,看普通法法官如何形成规则;实际上,普通法法官形成规则的方法可能还很多,这里只是管中窥豹,希望能对大家有所启发。

▣ 阅读指引

1.[英]P. S. 阿蒂亚、[美]R. S. 萨默斯:《英美法中的形式与实质:法律推理、法律理论和法律制度的比较研究》,金敏、陈林林、王笑红译,中国政法大学出版社2005年版。

通过比较的方法对英、美两国的法律推理、法律理论和法律制度进行了分析。并深入两国的历史传统、政治文化及民众心理的层面,从中追寻两国在法律推理、法律理论和法律制度方面的差异的深刻根源。作者将两国的主要差异概括为:英国法的形式性与美国法的实质性。

2.[美]G. 波斯特玛:《边沁与普通法传统》,徐同远译,法律出版社2014年版。

对边沁和经典普通法理论间历史论争的哲学解读，该论争对法学思想是极其重要的，它塑造了关于法和裁判的性质、任务和限制的当代观念。

3. M. Zander, *The Law – Making Process*, 6th edition, Cambridge University Press, 2004.

对英国法各种规范（主要是制定法和普通法）的产生及运行有较为详细的介绍和分析。

4. R. Cross & J. W. Harris, *Precedent in English Law*, 4th edn., Oxford University Press, 1991.

对英国法中的先例进行了系统性论述，尤其是遵循先例的问题。

5. 英国最高法院官网，https://www.supremecourt.uk/。

其中包括相关的程序，以及作出的判决（包括完整版和摘要版）。

6. 英国判例报告网，https://www.bailii.org/。

可检索英联邦多国判例和立法。

7. 英国司法网，https://www.judiciary.uk/。

各个法院和仲裁机构的信息。

8. 英国制定法官网，https://www.legislation.gov.uk/。

可以查询相关的制定法。

9. Heinonline 数据库（北京大学图书馆电子数据库）。

其中可检索英国历史上的判例和制定法。

10. “普通法之路”微信公众号。

发布各种跟普通法研究相关的信息和文章。

朝向政治过程的规范研究

章永乐

关于作者

章永乐

北京大学法学院长聘副教授，博士生导师。北京大学法学学士（2002年）、美国加州大学洛杉矶分校（UCLA）政治学博士。曾任德国柏林高等研究院客座研究员（2014—2015学年）、法国南特高等研究院客座研究员及南特大学客座教授（2020年）。

主要研究领域：西方法律史、比较宪法、西方政治思想史、中国近代宪法史/思想史、国际法史、古希腊罗马历史编纂学。目前主持本科生课程“西方法律思想史”以及全校本科通识教育核心课程“公法与思想史”。

问题意识与方法论

“朝向政治过程”是个新的表述，预设了之前存在其他的“朝向”。从国内晚近40年的法学研究中，我们可以看到几种不同的“朝向”：

第一是面向“制宪权主体”的研究。在“短二十世纪”之中，“国体”问题获得了非常重要的地位。“国体”被界定为各阶级在国家当中所处的地位，“政体”则是政府的组织方式。法学恢复重建初期的国家与法的理论，首要关注“国体”，其次才关注“政体”，界定哪个阶级掌握政权，比政权的具体组织方式，更为重要。这其实是关注“制宪权主体”，而非关注具体的“宪定权”。

第二是面向立法的研究。改革开放以来，中国出现了非常庞大的立法需求，尤其是为了加入世界贸易组织（WTO），“加班加点”制定了很多法律、法规和规章，由此带来“面向立法的研究”的繁荣发展。我是在20世纪90年代晚期才开始读的大学，那时候的法学论文经常是这样一个套路：中国缺乏什么法律，然后我们再来看一下若干“法治先进国家”是怎么立的法，对比一下，结论是中国应该选择这个模式或者那个模式的立法。对法律文本的介绍和比较占据了比较突出的位置。而更深入一些的研究是探讨这些法律文本背后的政治、经济和伦理原因。

第三是面向司法过程的研究。到今天，随着整个法律体系的初步建成，大部分法学研究事实上都以朝向司法为主，探讨司法制度的演化以及法律规范在审判中的适用。法教义学因而成为主流的研究范式。面向立法的研究经常会讨论一条法律规则究竟规定得合理不合理，引入的往往是政治、经济和伦理的理由。而面向司法的研究则比较重视法秩序的稳定性，一条法律规则如何在适用中出现了一些明显不合理的结果，首先考虑的是尝试不同的解释，而非一开始就质疑立法的合理性。政治、经济和伦理的理由并非截然无关，而是以一种更为微妙的方式被引入讨论。

法律史的研究也经历了这一变化：一度特别重视立法文本的比较，讨论哪种立法模式更好。后来也越来越走向朝向司法过程的法律史，研究历史上的司法体制以及立法在个案中的具体适用。

但我过去十多年的研究，差不多都聚焦于两种“司法性”比较低的法律：宪法和国际法。我国现在有了全国人大常委会的合宪性审查机制,但在此之前,自从近代有成文宪法一百多年以来,中国一直都没有合宪性审查机制。学者经常自己进行“虚拟”的合宪性审查——将自己“拟制”为进行司法审查的法官,然后再判断某个具体的法律法规是否合宪。不过,这种虚拟的审查本质上是学理讨论,很少和宪法实施的实践发生互动。而在中华民国时期,经常发生的情况是政治精英引用宪法文本支持自己的政治行动,指责对立派别违宪,但最后也没有中立的权威机构来判断到底哪一方违宪。

与国内法相比,国际法在实施方面存在更多薄弱点。很多国际法争议发生之后,争议两造各说各话,未必找得到权威机构来裁决;即便有权威机构拥有管辖权,也未必能够真正管辖,比如,设在荷兰海牙的国际刑事法院(ICC)试图调查美军在阿富汗犯下的战争罪行,结果是 2020 年 9 月,美国政府宣布对国际刑事法院两名高级官员实施制裁。最后,即便有权威机构真正对国际纠纷作出了裁决,也往往很难强制执行。1986 年,属于联合国系统的海牙国际法庭(ICJ)就美国干涉尼加拉瓜内政作出判决,但在前一年,美国因为该案已宣布退出海牙国际法庭。后来尼加拉瓜在联合国大会上发起要求美国遵守 ICJ 裁决的投票,以绝对多数通过,但是美国照样不理睬。

那么,这样一些“司法性”比较低的法律,可以怎么去研究呢?我试图作一些新的探索。我把自己的进路概括为“朝向政治过程的规范研究”。朝向政治过程,就是在我们之前说的朝向制宪权主体、朝向立法过程、朝向司法过程这三者的基础上,进一步拓展法学研究的边界。

那么,什么叫作“政治过程”呢?首先就需要界定什么是“政治”。“政治”可以被宽泛地界定为:在具有差异性的不同主体之间或之上建立和行使统治和领导之权力的活动。由于统治和领导的权力是稀缺的,这一权力的主张者不能不努力证明自己掌握这一权力的正当性,并与潜在的或现实的挑战者展开竞争。政治过程既有硬实力的要素,也有规范的要素。硬实力要素,如要有财政、军队、警察等,是实施强制所必需。竞逐或掌握稀缺的权力,本身会产生正当化的需求。孔子说过“必也正名乎”“名不正,则言不顺;言不顺,则事不成”,也就是你做一件事,需要有正确的名分,要“师出有名”。如果在正当性层面没有足够的理由,如何凝聚内部的人心、如何争取盟友和群众,都会成为问题。

在政治过程中,法律规则、法律原则很多时候会被当作一种正当化资源而被使用,法律未必会决定整个政治过程的走向,但是会在政治互动中作为正当化资源之一而获得引用。在历史上,在政治过程中起到正当化作用的资源具有很多类型。政治共同体的法律规则和原则是其中一种类型,宗教的教义也是一种类型,比如,天主教的教义在中世纪和近代早期的欧洲政治中具有很大的作用,即便在今天,在许多天主教传统的国家,其仍然对于政治有深刻影响。在当代中国,有一个非常重要的正当化资源,就是党规,它和国家法的关系究竟应该如何界定,现在有很多讨论。但在中国社会的现实运作当中,我们能够深刻地感受到,党规在现实中具有很大的实效(efficacy)。党规的研究原来在法学的研究议程之外,但近年来,这方面的研究已经变得越来越重要。

我们应该如何面对正当化资源的多样性呢?以前有一个理论叫作"法律多元主义"(legal pluralism)理论,它试图超越单一的国家法视角,去探寻在现实当中发挥约束功能的社会规范,对"法律"的界定超出一般国家法的范围。晚近,"法律多元主义"的讨论进一步发展到了"复规范性"(multi-normativity)的讨论。德国马克斯·普朗克欧洲法律史学研究所所长托马斯·杜斐在《中外法学》上发表过一篇文章,他认为"法律"这个概念往往带有"欧洲中心主义"的偏见,因此他宁可用更具包容性的"规范"而非"法律"。[1]

怎么理解杜斐说的这个观点呢?我们举个例子,在以中国为中心的朝贡体制中,中国与周边的政权打交道,是有一套源远流长的礼制的,但是19世纪的西方主流觉得中国及其周边藩属不属于基督教文明,它们相互之间的交往规则不属于国际法。19世纪日本学习了欧洲国际法,在破坏朝贡体系方面,其最为积极。所以如果按照当时"欧洲中心主义"的法律观,朝贡体系的规则就无法当作"法律"来研究。杜斐主张把"法律多元"的概念发展为"复规范性"(multi-normativity)的概念,它的核心是规范(norm),规范不一定是国家权威机关制定的法,它也可以是宗教法规或其他具有约束力的社会规范。"复规范性"的概念预设了社会中存在多种多样的规范性要素的交织、互动乃至冲突,法律只是其中的一种规范性或正当化资源。

我赞同这样的研究主张,并进一步主张,"朝向政治过程的规范研究",就要去比较和研究政治行动者对规范性要素的运用,尤其是要研究多重规范在

---

[1] [德]托马斯·杜斐:《"复规范性"从何谈起 法律全球化的知识挑战》,载《中外法学》2019年第1期。

政治过程中的交织、互动乃至对抗,然后要探讨规范性要素和实力要素之间的关系。在司法过程之中,我们一般预设执行判决所需的强制性要素(警察、监狱、军队)是稳定存在的,从而不再专门去探讨这一要素。但在不同的政治场景下,强制性要素的强弱程度往往存在很大的差别,有道理的不一定有实力,有实力的不一定有道理,如此,道理之间的斗争,究竟何者胜出,也就有了很多不同的可能性。

这样的研究是要给什么样的人提供经验和教训?我想,它最后是要为政治行动者(其中也包括了立法者与司法者)提供某种实践的先例和历史的镜像。无论是立法者还是司法者,很多时候都镶嵌在一个政治过程当中,立法有立法时机的权衡,司法有司法政策的考虑,经常与政治有极大的关系。这时候"朝向政治过程的规范研究"其实可以帮助他们了解,在历史上别人面对同样的情况会用什么样的策略来组合他们所能够运用的规范性要求,尤其是做一些法律的论证,最后能够取得他们所需要的效果。所以这种研究可以和一些策略性的、战略性的思考结合起来。

从学科的角度来讲,"朝向政治过程的规范研究"必然要求一种跨学科的研究进路。比如,宪法史研究会涉及宪法学、政治理论、比较政治学和历史社会学的交叉,国际法史研究会涉及国际法和国际政治、外交史、区域与国别研究的交叉。没有多个学科的知识的结合,我们会很难理解规范资源究竟是如何在政治过程中得到运用的。即便我们探讨的是比较传统的立法和司法,从"政治过程"的视角来看,重点也在于具体的规范适用与政治领导权/统治权之间的关系,与传统的研究相比,已经发生了视角上的转换。

■ "大妥协"及其破裂

首先与大家分享一下我对辛亥革命中的"大妥协"的研究,它涉及一个重大政治事件中密集的规范斗争。

以 2011 年辛亥革命百年纪念为起点,国内学界出现了一场深入而持久的跨学科学术讨论,其特点在于将关注点从革命带来的政体变革,转向领土、族群和国家主权的连续性的创制。在这场讨论中,有若干法学背景的学者以《清帝退位诏书》[1]为中心展开法理阐释,这是以往辛亥革命研究中从未发生过的现象,因而引发了广泛关注。[2] 当年亦有历史学人探讨梁济、庄士敦、冯国璋、赵尔巽等人从"禅让"角度对于清民鼎革的认识。[3] 作为讨论的参与者之一,我在2011年出版专著《旧邦新造:1911—1917》参与这一讨论,也引发了一些后续评论。[4]汪晖教授为我的《旧邦新造:1911—1917》撰写序言《革命、妥协与连续性的创制》,而杨天宏教授也在《近代史研究》上两度撰文,讨论《清帝退位诏书》和《优待条件》,对法学学者的论述作出回应。[5] 大部分参与讨论的学者基本肯定,清廷与南京临时政府均接受"五族共和"观念,中国迅速完成

---

[1] 对诏书的称呼本身就存在差异,革命派阵营一般称"退位诏书",而清廷一般称"逊位诏书",较为接近清廷的人士也往往采用"逊位诏书"的说法,当时也存在一些混用的现象。经历20世纪这一"革命世纪",今日对诏书一般称"退位诏书",本文遵循这一使用惯例。

[2] 这一系列作品包括:杨昂:《清帝〈逊位诏书〉在中华民族统一上的法律意义》,载《环球法律评论》2011年第5期;章永乐:《大妥协:清王朝与中华民国的主权连续性》,载《环球法律评论》2011年第5期;章永乐:《多民族国家传统的接续与共和宪政的困境》,载《清史研究》2012年第2期;郭绍敏:《大变局:帝制、共和与近代中国国家转型》,载《中外法学》2011年第5期;高全喜:《政治宪法学视野中的清帝〈逊位诏书〉》,载《环球法律评论》2011年第5期;高全喜:《立宪时刻:论清帝逊位诏书》,广西师范大学出版社2011年版;凌斌:《政治私约主义的正当性困境:政治宪法学批判——以〈清帝逊位诏书〉的法学解读为中心》,载《清华法学》2012年第6期;凌斌:《从〈清帝逊位诏书〉解读看国家建立的规范基础》,载《法学家》2013年第4期;等等。重视《清帝逊位诏书》的意识最初来自杨昂的提议,常安在《"五族共和"宪政实践新论》中有所阐发,笔者与郭绍敏同时跟进,作为最初提议者的杨昂最晚成文,但对历史情境的还原也最为详尽。对以上著述的共识与分歧的分析,可参见海裔:《辛亥革命中的国家主权同一性问题》,载《经略》(第1辑),法律出版社2014年版,第182页。

[3] 孙明:《由禅让而共和——梁济与民初政治思想史一页》,载《史林》2011年第2期。

[4] 高波:《建国之为问题》,载《法律书评》2015年第11辑;张泰苏:《"建国"的法律与历史阐释》,载《法律书评》2015年第11辑;史志强:《宪政建设与国家整合》,载《法律书评》2015年第11辑;魏磊杰:《走向共和的历史之维与结构之限制》,载《法律书评》2015年第11辑;郭绍敏:《旧邦新造:民初的宪政运动与国家构建——读章永乐〈旧邦新造:1911—1917〉》,载《社会科学论坛》2013年第1期;田力:《"变法"与"整合"——读〈中国香港:政治与文化的视野〉与〈旧邦新造:1911~1917〉》,载《政治与法律评论》第4辑,北京大学出版社2014年版;沈洁:《〈旧邦新造:1911—1917〉:江山大好,任付伊谁?》,载《东方早报·上海书评》,2012年10月29日;常安:《大变局时代的宪政变迁与国家建构:评章永乐新著〈旧邦新造:1911—1917〉》,载《政治与法律评论》2013年第3辑;杨博文:《法统观对立与民初"大决裂":以语境分析为进路》,载《地方立法研究》2022年第4期;Uradyn E. Bulag, *Independence as Restoration: Chinese and Mongolian Declarations of Independence and the* 1911 *Revolutions*, The Asia - Pacific Journal, Vol. 10, No. 52, 2012;Zhiqiang SHI, *The Remaking of an Old Country*, 1911 - 1917, *by* Zhang Yongle, Journal of Modern Chinese History, Vol. 6, 2012。

[5] 杨天宏:《清帝逊位与"五族共和"——关于中华民国主权承续的"合法性"问题》,载《近代史研究》2014年第2期;杨天宏:《"清室优待条件"的法律性质与违约责任——基于北京政变后摄政内阁逼宫改约的分析》,载《近代史研究》2015年第1期。

从君主制向共和制的过渡,对于中华民族的团结和中国领土的完整,不乏积极意义。与此同时,围绕着政权鼎革的具体方式及其政治整合意义,讨论中出现了不少分歧。

这场讨论涉及的问题很多。但其中一个有意思的问题,就是中华民国究竟是从什么时候开始的。辛亥革命跟中国古代常见的改朝换代不太一样,并不是一派在武力上彻底打败另一派而取得政权,而是南北双方进行了和谈,达成了一系列共识,1912 年 2 月 12 日清帝发布《退位诏书》。这就造成了一个非常大的问题:中华民国的开端到底应该从南京临时政府建立开始,还是应该从清帝退位开始?当然,1916 年袁世凯称帝失败,南京临时参议院于 1912 年制定的《临时约法》得到了恢复,所以中华民国始于从南京临时政府之建立的叙事,就成了主导叙事。但是从辛亥革命与中华民国初年的政治过程来看,各派对正统有不同的认识,斗争非常激烈。

上述作品回应的一个重要的学术靶子,实际上是美国的“新清史”学派。“新清史”学派用一种欧洲式的复合君主制的眼光来看清朝,认为清朝是一个“帝国”(empire)而非“国家”(state),统治着相互之间缺乏横向联系的族群,清帝国的统一性只体现在君主身上。2011 年 10 月,“新清史”的代表人物柯娇燕就发表了一篇文章,认为“中国是清帝国的一部分,由外来的侵略者满人统治”。[1] 从这样一个前提,很容易推出这样的结论:辛亥革命意味着清帝国的解体,各个族群都取得了独立建国的权利。

那么,怎么对这样的论述进行回应?首先我们来看一下什么叫复合君主制(composite monarchy)。欧洲的复合君主制源于欧洲的封建制度,复合君主不是一个单一的、普遍的身份,他在不同的领地用的是不同的身份,但这些领地并不属于同一个国家。比如,神圣罗马帝国皇帝查理五世,他在西班牙就称西班牙国王,在奥地利称奥地利大公,这些不同的领地合起来叫作哈布斯堡帝国,但它不是一个单一国家。17 世纪英格兰斯图亚特王朝的詹姆士一世是英格兰国王兼苏格兰国王,但苏格兰与英格兰并不属于同一个国家。用这样的模式来理解中国,就会把清朝皇帝理解为一系列兼职的总和:他是满人的族长,在称帝之前是后金的可汗;他是蒙古人的可汗,并且清朝皇室长期与蒙古人通婚;在蒙、藏共同信奉的藏传佛教中,皇帝还具有特殊的宗教地位,被视为

---

〔1〕 Pamela Crossley, *China's Century—Long Identity Crisis*, October 9, 2011.

文殊菩萨的化身。[1] 而如果认定这几种身份之间是平等的，将辛亥革命理解为各族群脱离清帝国的运动，这个结论就呼之欲出了。

那么，怎么理解清朝皇帝的身份呢？首先，从规范层面来说，清朝皇帝的皇帝身份是对所有人都有效的，而非仅仅针对特定族群。作为一种统治策略，清代皇帝确实面对不同族群强调自己不同的身份，但在以中原王朝为核心的朝贡体系中，"皇帝"绝非专属于汉人的权威，而是自视为"天下共主"。凡欲入主中原的族群势力，均需经过一套从历史上流传下来的登基建极的礼仪而获得"天下共主"地位。就存在一个普遍适用的法律身份而言，清朝皇帝完全不同于在特定领地中只能适用特定身份的"复合君主"。[2] 清朝皇帝将自己纳入中原王朝的谱系之中，所确立的是一种面向各个族群的"大一统"皇权[3]，而非只针对各个族群的特殊统治身份（如满人族长、蒙古可汗、转轮王）的简单加总。皇帝制度也不仅仅是一种具有普遍性的身份，它更是中原王朝一系列制度的顶点。中原王朝在其统治的中心地带很早就实现"废封建，置郡县"，但在周边地区保留具有"封建"色彩的间接统治，强调"因俗而治"，根据亲疏远近实行不同的治理方式，而且经常会根据时势的变化对治理方式进行调整。比如，在清朝，早在西方列强入侵之前，主要实行于外藩蒙古地区的蒙古律就已经在向以《大清律例》为代表的一般法律体系靠拢，这就可以反映出外藩蒙古与清廷关系的某种变化，体现出清廷治理方式的灵活性和弹性。[4] 而"二元"乃至"多元"论述，不仅很容易导向"去中心化"的理解，而且通过将具体的治理方式命名为"元"，将其实体化和凝固化，从而妨碍我们准确把握中国古代王朝边疆治理方式在法理上的弹性。

---

[1] See Rawski, Evelyn Sakakida, *The Last Emperors: A Social History of Qing Imperial Institutions*, University of California Press, 1998. p.7 – 8. James L. Hevia, *Cherishing Men from Afar: Qing Guest Ritual and the Macartney Embassy of* 1793, Durham, Duke University Press, 1995. p.31 – 56. Perter C. Perdue, *China Marches West: The Qing Conquest of Central Eurasia*, Cambridge, Harvard University Press, 2005, p.1 – 4, p.335 – 336, p.523. Laura Hostetler, *Qing Colonial Enterprise: Ethnography and Cartography in Early Modern China*, University of Chicago Press, 2001. Mark C. Elliott, *The Manchu Way: The Eight Banners and Ethnic Identity in Late Imperial China*, Standford University Press, 2001.

[2] 章永乐：《旧邦新造：1911—1917》，北京大学出版社 2016 年版，第 46 – 47 页。

[3] 对于这一点的强调，黄兴涛 2011 年发表的《清代满人的"中国认同"》中就已显明。黄兴涛：《清代满人的"中国认同"》，载《清史研究》2011 年第 1 期。

[4] 包思勤、苏钦：《清朝蒙古律"存留养亲"制度形成试探》，载《民族研究》2021 年第 1 期。

其次,自辛亥革命以来,对于中国的“同一性”的探讨,其规范尺度已经从历史上的“正统”的承续规范(如“得天命”的证明和在“夷夏之辨”中属于“华夏”的证明)转化为近代的国际法,因而思考清代中国与国际法的关系就更为重要。康乾时期奠定了延续至今的中国内部民族构成的基本格局,同时,清王朝已经与若干欧洲列强发生重要的互动,乃至于与俄国通过《尼布楚条约》确定两国数千里边界线。[1] 康熙、雍正、乾隆已经将他们所统治的庞大国土称为“中国”,他们在与西方国家打交道以及与朝鲜划界的时候,都经常以“中国”自居。1840 年以来,清政府在与列强签订的一系列条约的汉文本中自称“中国”或“中华”,即便是在屈辱的《马关条约》中,也是“大清帝国”与“中国”混用。

最后,虽然清王朝对边疆的治理方式非常复杂多样,但随着时势的转变,治理方式也在不断地向加强内部整合的方向调整。新疆的阿古柏叛乱引发了左宗棠平叛,以及 1884 年的新疆建省;而日俄势力在中国东北的渗入,引发了 1907 年东三省的建立。1906 年,清廷改理藩院为理藩部。经历行省化改造后,新疆和东北在辛亥革命中就没有爆发大的分离主义事件。不过,清廷在外蒙和西藏还来不及推行“行省化”的改造,在刚启动制度调整的时候,清朝自己崩溃了。但是边疆政策的上述调整,是皇帝有权做的事情,并不会像在复合君主制下那样,会引发宪制的根本变革。

还可以分析的是,晚清“预备立宪”时期,一些满人官员和留日旗人也力倡破除满汉畛域,倡导“五族大同”,并产生了一定的政治影响力。[2] 在 20 世纪初,尽管“中华民族”这一符号尚未普及,但是中国已有的族群关系和政治结构已具备相当的向心力。基于这些历史条件,晚清虽然出现了以“驱除鞑虏”为口号的汉民族主义运动,但并没有真正走向单一民族独立建国的道路。在辛亥革命前夜,革命阵营内部就在修正自己的民族论述,尤其是刘揆一等人提出了“五族共和”的思想,这就为辛亥革命爆发之后革命派的全面转向提供了条件。[3]

辛亥革命从武昌起义开始,十多个省份宣布“独立”,然后组建了南京临时

---

〔1〕 曾涛:《近代中国与国际法的遭逢》,载《中国政法大学学报》2008 年第 5 期。

〔2〕 黄兴涛的《重塑中华》在结语中批评清末儒家的“天下”观念与大同主义并非与民族主义观念处于对立状态,其重要证据即在清末满人的“五族大同”观念。黄兴涛:《重塑中华》,北京师范大学出版社 2017 年版,第 380 - 381 页。

〔3〕 黄兴涛:《重塑中华》,北京师范大学出版社 2017 年版,第 93 - 95 页。

政府。之后南北进行和谈,最后达成了清帝退位的“大妥协”。到了 1912 年 2 月 15 日,袁世凯被选为临时政府的大总统,南北两个政府的统一从法律上最终完成。但是统一的共和政府到底怎么来的?中华民国到底从什么时候算起?到底怎么来的?共和到底怎么来?对这些问题实际上存在不同的认识,形成两种建国叙事,我们可以分别称之为“新创论”与“因循论”。

新创论的代表之一是戴季陶,戴季陶作于 1913 年的《民国政治论》借助卢梭政治理论,对革命建国进行了系统的理论阐述。在戴季陶看来,革命军起兵反清,乃至南京临时政府的成立,都代表了人民的“公意”。[1] 戴季陶与卢梭一样,都认为人民主权是唯一正当的主权形式。人民不可能从君主这个政治主体那里得到主权,而是自始即应当拥有主权。孙中山在《临时大总统宣言书》中讲道:“武汉首义,十数行省先后独立,所谓独立,对于清廷为脱离,对于各省为联合,蒙古、西藏意亦同此,行动既一,决无歧趋,枢机成于中央,斯经纬周于四至,是曰领土之统一。”[2] 孙中山将民国的建立描绘为各省及边疆地区先脱离清廷,又重新联合成为一个整体的过程。这种说法无疑将人民革命视为民国政权的唯一来源。

在前几年的讨论过程中,有一些人可能会说,当时南京政府建立的时候,其实只有 17 个省的代表,其中只有 14 个省独立成功,他们开了一个大会就建立了一个中央政府,代表性是否存在问题?因为并不是所有的省(在制宪会议中)都有代表。这里就涉及一个核心问题:人民制宪权到底怎么行使?假如说我们认为有人民主权的话,在政权鼎革过程中,人民主权是必须直接出场,推翻旧政府、建立新政府吗?有一种论述认为一定要有程序上的完整性,一定要各个省的代表都到了,才是一个正当的建国过程。但实际上历史上的每次革命好像都做不到这一点,每次都是有一部分人先把新的政权建起来,然后宣称新的政权代表人民,所以实际上人民制宪权的行使本身是不会受到既有程序的约束的。从理论设计上来讲,一定要承认人民主权的行使本身是不需要在程序上和平时的整个政治过程一样,它本身并不需要受那么多的束缚。

因循论则植根于 1912 年发布的《退位诏书》。诏书有不同的名字,革命派

---

[1] 戴季陶:《民国政治论》,载桑兵、唐文权编:《戴季陶集》,华中师范大学出版社 1990 年版,第 604-635 页

[2] 中国社会科学院近代史研究所中华民国史研究室等编:《孙中山全集(第 2 卷)》,中华书局 1982 年版,第 2 页。

把它称为“退位诏书”，清廷把它称为“逊位诏书”。“逊位”和“退位”，对清廷来讲“逊位”好听一点。“逊位”是什么意思呢？按照隆裕太后的理解：我们暂时把这个事交给袁世凯办，办不好我们就把它收回来。最后发现把权力交给袁世凯之后，就收不回来了。袁世凯也是这么论述的，也是强调他的权力来自清廷。诏书是以皇帝的口吻拟就的，但是皇帝称其是奉隆裕太后的懿旨，所以是以隆裕太后和皇帝的名义共同发布的；诏书先讲形势——“民军起事，各省相应，九夏沸腾，生灵涂炭”；然后让袁世凯与民军代表进行讨论——“特命袁世凯遣员与民军代表讨论大局，议开国会，公决政体”。这里的关键是，诏书并没有给当时已经成立的南京临时政府一个法律地位，其中没有提到派袁世凯跟南京临时政府谈判。为什么不给它一个地位？因为如果给了南京临时政府地位，北京的政府就没有地位了，所以只能把它命名为民军，而不承认它是合法政府。后谈到“两月以来，尚无确当办法，南北暌隔，彼此相持，商辍於途，士露于野，徒以国体一日不决，故民生一日不安”。接着讲“全国人民心理，多倾向共和，南中各省既倡议於前，北方各将亦主张於后，人心所向，天命可知”。这句话从南北方民众的反应推断天命的转移，进而开启了进一步对于政权转移的讨论。在“大妥协”达成之后，北方包括北洋集团和清廷都称为“禅让”；南方坚决反对，认为共和政府的成立是革命的成果。

怎么去理解这一争议？四川大学历史系杨天宏教授在《近代史研究》上发表论文提出了他的看法。袁世凯通过逼宫迫使隆裕太后发布了诏书，把权力交出来，这明明是威胁使用暴力，“禅让说”无从成立。〔1〕而这里就树立了一个完全自愿的、没有暴力和胁迫的“禅让”标准，凡是不符合这个标准的都是不纯洁的，都称不上“禅让”。但是，我们更需要知道“禅让”这套话语在中国历史上是怎么被使用的。在尧、舜、禹之后，“禅让”在绝大多数情况下以暴力胁迫作为背景，然后举行一系列礼仪，退位的君主做出主动禅位的姿态，而夺权的君主也装出勉为其难接受大位的姿态。〔2〕曹魏代汉，西晋代曹魏，隋代北周，唐代隋，北宋代后周，都是在胁迫之下举行了“禅让”仪式。权力斗争的胜利者

---

〔1〕杨天宏：《清帝逊位与“五族共和”——关于中华民国主权承续的“合法性”问题》，载《近代史研究》2014年第2期。

〔2〕古本《竹书纪年》甚至直接冲击三代禅让之主流叙事，提出舜是通过暴力逼迫尧，才获得帝位的（“舜囚尧于平阳，取之帝位”）。方诗铭、王修龄：《古本竹书纪年辑证》，上海古籍出版社2005年版，第66－67页。

通过“禅让”的话语和礼仪包装，把暴力隐藏了起来，这是历史的常态，如果用一个纯而又纯的规范标准来评价，认为有暴力胁迫则无“禅让”，那么不仅 1912 年没有“禅让”，中国古代绝大多数的禅让也称不上是“禅让”。

但如果采取这样一个决绝的态度，历史学者可能就会错过对于历史行动者的精神世界与话语世界的理解：即便公开承认存在暴力胁迫的因素，“禅让”话语在具体历史实践中是否必然无法自圆其说？比如，1912 年 1 月 26 日段祺瑞联合四十多位北洋将领致电清廷，要求更改国体，2 月 5 日又联合王占元、何丰林等八名将领发布通电，要求清廷变更国体，否则就要带全军将士入京，与王公剖陈利害，这个“逼宫”的架势，是否在“禅让”话语里就无法解释了呢？在此，我们恰恰可以回到《退位诏书》的表述：“今全国人民心理，多倾向共和，南中各省既倡议於前，北方各将亦主张於后，人心所向，天命可知”，这就从事实陈述上升到规范论证了。段祺瑞领衔的通电胁迫，被论述为“北方各将亦主张於后”，被视为民意的表达，最终证明“天命”的转移。这是一个自圆其说的话语结构。而且事实上，在中国古代，胁迫的因素通常也是被作为“民意”的表达，从而进入“禅让”的规范观念结构，与“天命转移”发生关联。

孙明考察了梁济、冯国璋、张勋、庄士敦、曹廷杰、赵尔巽等人的论述，指出当时“禅让说”及其背后的观念体系得到了许多人的赞成，[1]例如，梁济明确宣称“中华改为民主共和，系由清廷禅授而来，此寰球各国所共闻，千百年历史上不能磨灭也”。[2] 当然，我们可以看到时人当中也有持比较“纯洁”的“禅让”观念，对诏书里的“内部视角”不以为然。比如，在晚清担任过新疆布政使的王树枏就认为，袁世凯“以重金贿买王公大臣及宦寺左右，朝夕恫吓太后，讽之退位，建立民主共和政体”。[3] 既然存在不同规范观念的冲突，我们就有必要将它作为值得研究的多元规范现象，一并呈现出来。

另外，还需要注意 1912 年革命派领袖对于“禅让”话语的态度。孙中山在 2 月 12 日《退位诏书》颁布后，曾致电袁世凯，对诏书中关于清帝授权袁世凯“全权组织临时政府”的表述表示反对。[4] 但在 1912 年，孙中山、黄兴等人对

---

〔1〕 孙明：《由禅让而共和——梁济与民初政治思想史一页》，载《史林》2011 年第 2 期。

〔2〕 梁济：《敬告世人书》，载梁焕鼐、梁焕鼎编：《桂林梁先生遗书》，台北，华文书局 1969 年版，第 87 页。

〔3〕 王树枏：《陶庐老人随年录》，载章伯锋、顾亚编：《近代稗海》第 12 辑，四川人民出版社 1988 年版，第 401 页。

〔4〕 中国社会科学院近代史研究所中华民国史组编：《中华民国资料丛稿·大事记》（第 1 辑），中华书局 1973 年版，第 53 页。

于清廷交出政权却不乏溢美之词。1912年9月11日，前清皇族在那桐宅中为孙中山与黄兴举办欢迎会，黄兴在答词中盛赞“隆裕皇太后、皇帝及诸亲贵以国家为前提，不以皇位为私产，远追尧舜揖让之盛心，遂使全国早日统一，以与法、美共和相比并”。[1] 孙中山则称隆裕太后让出政权，以免生民糜烂，“实为女中尧舜”，民国将始终予以优待。[2] 这些表态当然有应付场面的因素，在经历中华民国初年的曲折，找到新的政治整合方案之后，孙中山不仅对这些表态进行了否定，甚至连“五族共和”的提法也一并否定，以“国族”论述替代“五族共和”论述。[3] 历史叙事的反复重构，本身就是政治变革时代的常态。但毋庸讳言，在清帝退位后的一段时间里，革命派领袖并没有刻意避免“尧舜禅让”的话语。

关于“禅让”的这一讨论，在方法上究竟有何意涵呢？这一讨论涉及研究者应该如何处理历史行动者为自己的政治行动所提供的规范论证。政治行动者要为自己的行动“正名”，就必须诉诸某些规范话语，但他们对规范话语的运用往往是高度语境化乃至工具化的。想要找到完全符合“纯洁”的规范话语的政治行动，往往会劳而无功。对于政治行动者来说，把政治行动和规范话语放在一起，做到“师出有名”，往往就“够用”了。想要完全用规范话语来“解释”政治行动，真正适用的场景往往并不多。面对政治行动者所提出的那些不够“纯粹”的规范论证，研究者或许不必急于从自己所持有的某种“纯粹”的规范观念出发加以批判，而是要认识到“不纯粹”本来就是历史的常态，从而以更大的耐心，去描述话语与行动之间的历史性关联。

我们继续分析诏书。《退位诏书》讲“外观大势，内审舆情，特率皇帝，将统治权归诸全国，定为共和立宪国体”，更早的版本写的不是“共和立宪”，而是“民主立宪”，后来袁世凯把它改成“共和立宪”，因为“共和”比“民主”的弹性更大，对袁世凯更有利。《退位诏书》接着说“袁世凯前经资政院选举为总理大臣，当兹新旧代谢之际，宜有南北统一之方，即由袁世凯以全权组织临时共和政府，与民军协商统一办法”，这里的关键是对袁世凯的授权。诏书颁布后，

---

〔1〕 黄兴：《在前清皇族欢迎会上的演讲》，载湖南省社会科学院编：《黄兴集》，中华书局1981年版，第256页。

〔2〕 参见宁波市鄞州区政协文史资料委员会编：《杨霁园诗文集》，宁波出版社2010年版，第743页。

〔3〕 孙中山：《在中国国民党本部特设驻粤办事处的演说》，载《孙中山全集（第5卷）》，中华书局1986年版，第473页。

袁世凯马上宣布他是“临时共和政府”的首脑。所以2月12日至15日，中国有两个自称为中央政府的共和政权。其中袁世凯政权认为自己的权力来自诏书的授权。诏书最后论及五族合为一大中华民国，皇帝得以退处宽闲，指向的是诏书的附件《优待条件》。《优待条件》给了清廷非常好的待遇，溥仪可以继续住在紫禁城里，民国政府每年拨给小朝廷400万大洋的费用。

从袁世凯的视角来看，《退位诏书》包含了一个什么样的规范结构呢？顶上有“天命”，“天命”的转移带动“统治权”的转移。皇帝将“统治权”转给另一个主体。这个主体是谁？诏书没有说“人民”，只是用了模糊的“全国”。那么到底谁代表“全国”呢？南京临时政府宣布自己是人民主权的代表，而诏书实际上是将袁世凯设定为“临时共和政府”的组织者。袁世凯是清廷的内阁总理大臣，诏书最后也由他副署，但他又被委任为“临时共和政府”的组织者，所以我们可以发现，这里的“统治权”转移的安排，袁世凯才是关键，他一边代表皇帝，一边代表“全国”。那么统治权交换的条件是什么？就是《优待条件》。《优待条件》其实有两个版本，《退位诏书》发布的时候有一个版本，然后南京参议院通过了一个版本，两个版本内容基本一致。

《退位诏书》颁布之后，第二天孙中山马上就致电袁世凯认为“共和政府，不能由清帝委任组织，若果行之，恐生莫大枝节”。他到临时参议院辞职之时，说“清帝逊位诏书中以全权组织临时共和政府”一语“众不乐闻”。[1] 2月15日，袁世凯致电孙中山：“现在北方各省军队暨全蒙代表，皆以函电推举为临时大总统。清帝委任，无足再论。”[2]这些电文具有什么规范意义呢？孙中山提出来说，共和政府由清廷委任组织这个事我们大家都不愿意听，但是他没有分析法理，这反映出当时革命派的理论准备不太足，道理讲得不细。当然袁世凯也没有辩论，而是引入了新的理由：临时大总统的正当性基础来自北方各省军队和全蒙代表的推举，这是一个“自下而上”的逻辑，实际上不同于“自上而下”的“授权”的逻辑。接下来，2月15日袁世凯“借壳上市”，被南京临时参议院选举为临时大总统。2月16日，南京临时参议院通过《中华民国接受北方各省统治权办法》，其中规定“北方各省统治权势必由中华民国迅即设法接收，以谋

---

〔1〕 中国科学院近代史研究所中华民国史组编：《中华民国资料丛稿·大事记》(第1辑)，中华书局1973年版，第53页。

〔2〕 白焦：《袁世凯与中华民国》，中华书局2007年版，第23-24页。

统一”。[1] 我们如果把两个视角贯彻到底的话,袁世凯的当选意味着什么呢?从南京临时政府的角度来看,袁世凯被选举为临时政府大总统,并不是南方交出了什么,而是南方接收了北方的统治权(在这里统治权是具体的统治权力,低于主权),南方一直认为自己才是人民主权的代表,而人民主权是固有的,并非来自皇帝的让与。但从北方来看的话可能就不一样,袁世凯如果把自己的立场贯彻到底,会认为自己被选举为临时大总统,恰恰是组织南北统一的“临时共和政府”的一个步骤;1912 年 2 月 12 日至 15 日,都是袁世凯组织统一的“临时共和政府”的过程。

这两个视角的分歧,产生了两个不同的建国叙事。一个叙事是,中华民国从南京临时政府的建立开始;另一个叙事就是,中华民国从清帝退位开始。到了 1913 年,国民党成了国会第一大党,想把 1912 年《临时约法》设定的政体变成更为纯粹的议会制,但袁世凯强力反击,先后解散了国民党和国会;1914 年,袁世凯自己炮制了一部《中华民国约法》,其基本理论就是论证自己的共和法统是从天命转移和清帝逊位来的,彻底否定了革命派的叙事。1915 年袁世凯称帝,炮制了一个“国体投票”,按照袁世凯自己的理论,那就是通过人民的“推戴”,原来源自清帝的“统治权”现在转移到了袁世凯身上。

但是,袁世凯称帝引起了广泛的反对,甚至北洋集团内部都因之而分裂。1916 年,袁世凯自己放弃了称帝,重新自称大总统。但放弃帝制之后恢复的是哪个宪法,袁世凯没有说清楚,直接导致袁世凯死后出现激烈争论。因为支持《临时约法》的政治力量比较强,《临时约法》得到了恢复,而又进一步导致与《临时约法》相关的革命派叙事成为标准叙事,袁世凯所主张的天命转移和清帝逊位的叙事基本上就淡出历史舞台了。但是我们要知道,从 1912 年至 1916 年,存在另外一套不同的叙事。这两套历史叙事之间的冲突和斗争,才能够让我们对中国共和初创时的艰难有深入体会。

这两种叙事为什么不能兼容?在 2011 年的讨论中,有这样一个观点,中华民国的建立同时依赖两个文件:一个是《临时约法》,另一个是《退位诏书》。但是说这两个都很重要,会面临一个问题:这两个文件包含的法理是相互冲突的,不能简单“叠加”。《临时约法》秉持的是卢梭式的主权观,根据卢梭的论证,主权自始就属于人民,主权的核心是人民的集体意志,而意志是不能转移

---

[1] 张国福选编:《参议院议事录、参议院决案汇编》,北京大学出版社 1989 年版,第 1 页。

的。在卢梭看来,君主主权和贵族主权都是不正当的。而北洋方面要论证主权是可以转让的,就必须将主权界定为一束具体的权力,这些权力可以从一个政府转到另一个政府。这是谁的主权观念呢?与卢梭不同,博丹并不从“意志”角度来界定主权,而将主权视为一束具体的权力,其核心是立法权。对博丹而言,主权的让渡并非完全不可想象。博丹在论述主权的绝对性的时候,曾提到古罗马《学说汇纂》Ⅰ.4 中对罗马皇帝权力来源的解释:Ei ei in eum omnem potestatem contulit(人民已经将全部的权力让渡给了皇帝)。根据博丹的解释,这种让渡使得皇帝获得纯粹、单一的权力,从人民主权下的官员转变成为主权者。博丹还将让渡主权与让渡财产相类比。[1] 从形式上说,除世袭之外,有其他四种形式可以产生合法的新的主权者:选举、抽签、正义战争、上帝的特别召唤。[2] 除正义战争之外的三种方式均可能是主权从一个主体和平地转移到另一个主体。相比之下,《退位诏书》中所用的“天命转移”带动“统治权转移”理论与博丹的“上帝的特别召唤”不乏相似之处。“天命”或“上帝”的介入,使得统治权的转移得到一个更高的第三方权威的担保。

当然,这一观念赖以成立的前提是,其支持者必须首先相信“天”或“上帝”的最高政治权威,没有这个第三方权威作为基础,权力的转移就会变成公权力缺乏正当性的“私相授受”。而对于只接受“人民主权”,不承认“天命”和“君主主权”的人士来说,这一学说不过是一套无意义的诳语而已。这两种规范观念对立的结果是,虽然“大妥协”产生了两种不同的建国叙事,两种叙事是不可以机械叠加的。在实力政治的层面,我们应当承认,南北双方都参与了从君主制向共和制的过渡。但在规范层面,如果模糊地说中华民国同时建立在《临时约法》和《退位诏书》基础之上,必将面临两个文件背后不同的规范观念的激烈冲突。而要在这两种规范观念之上寻找一种更高的统摄的观念,在逻辑上或许不无可能性,但当时的历史行动者并没有尝试这种可能性。

接下来我再讲讲《优待条件》的问题。《优待条件》给出了很慷慨的条件,后来民国政府缺钱,于是就出现了拖欠。1924 年冯玉祥发动“北京政变”,将溥仪赶出紫禁城,并且授意摄政内阁修改了《优待条件》。这在当时引发了非常大的争论,胡适、康有为等社会名流都认为民国政府“违约”了。康有为甚至认

---

〔1〕[法]博丹:《论主权》,中国政法大学出版社 2003 年影印版,第 7 页。

〔2〕[法]博丹:《论主权》,中国政法大学出版社 2003 年影印版,第 110 页。

为《优待条件》类似于国际条约，这个看法当然是不对的，因为这不是两个国家之间的关系，它是一个现在的政府和之前的政府的约定，这在历史当中缺乏先例。这个问题前些年在历史学界也引起了争论。但我发现绝大部分学者其实没有注意到《优待条件》有两个版本：一个版本是《退位诏书》的附件，另一个版本是在南京临时参议院通过的。如果南京临时参议院通过的决议相当于立法，那它的法律效力比《临时约法》低，民国政府就拥有根据《临时约法》规定的程序修改《优待条件》的权力。从民国政府的角度来看，如果承认《优待条件》的法律效力源于《退位诏书》，就等于说民国政府不是正统的，那么《优待条件》的效力基础只能是民国政府自己的立法。这么看来，1924 年民国政府修改《优待条件》，关键之处不在于是不是“违约”，而在于民国政府有没有根据自己的宪法程序修改《优待条件》。

这里的所有争论都跟法院好像没有任何关系，但是它涉及一个国家的根本大法。一个国家的宪法，首先要有一个最基本的历史叙事，说明它自身是怎么来的。这个叙事处理的是宪法本身的正当性的问题。我的研究处理了关于宪法来源的历史叙事与宪法之间的关系问题。在中华民国初年，不同的政治势力运用不同的正当性资源进行对决，他们对主权的理解存在很大差异，他们主张的法理无法简单叠加。但是他们在中国应当保持为统一的多民族国家这个问题上达成一致意见，这就为中国留下了一个持久的遗产。

接下来还有一个问题，在前几年的讨论中，有学者认为历史上的改朝换代往往会尸横遍野、血流成河，但辛亥革命通过谈判实现和平过渡。但是这种叙事的问题在什么地方呢？它人为地切割了时间。1911 年至 1912 年是没有死多少人，但为什么到了 1913 年，两派就兵戎相见、血流成河了，后面也一直难以稳定下来？所以这里的关键不在于过渡本身有多和平，而在于各派是否达成了广泛和坚实的政治共识，实现了政治整合。否则，暂时的和平之后，仍然会爆发冲突和战争。

怎么去理解这个问题？2018 年，我在《学术月刊》上发表了一篇文章，专门探讨如何解释“大妥协”的脆弱性。[1] 我的基本看法是，在辛亥革命达成妥协的过程中，帝国主义列强发挥了非常重要的作用，他们对袁世凯的支持在很大

---

〔1〕 章永乐：《“大国协调”与“大妥协”：条约网络、银行团与辛亥革命的路径》，载《学术月刊》2018 年第 10 期。

程度上加速了过渡进程，但他们对袁世凯的继续支持，使两派之间的力量对比进一步失衡。孙中山表面上和列强关系比较和谐，列强为什么支持袁世凯呢？晚清中国已经沦为列强的半殖民地，但除日俄有瓜分中国的动机外，英、法、德、美四国其实都觉得利用清政府来维持秩序，然后从中国赚钱是很不错的做法。孙中山要推翻清政府，客观上是要打破这个局面。更不用说，孙中山还有1899年支持菲律宾抗美以及在海外发动华侨反对美国的“排华法案”乃至倡导“抵制美货”的记录。而袁世凯在义和团运动和“抵制美货”中都很注意保护列强利益。1911年武昌起义爆发之后，列强马上开会协调政策，最后达成了一个方案：各国保持中立，既不给清政府借钱，也不给南方革命派借钱，而是促成双方谈判形成一个统一政府。列强暗中支持袁世凯做这个统一政府的首脑。

为什么列强能够达成这样的协调呢？背后的机制是条约网络和银行团机制。20世纪初列强之间建立了一系列的条约，英、法、俄三国结成协约国，英国与日本是同盟关系，这四个国家比较容易协调；德国被协约国排斥，美国也不在协约国里，但是美国、德国加入了四国银行团，和英、法一起向中国放贷。如果通过条约网络解决不了问题，列强就在银行团里解决。后来，日、俄两国也加入了银行团。有了这双重机制，协调就比较容易了。辛亥革命爆发之后，德国与日本都想借钱给清政府，但是列强的“大国协调”抑制了他们，德国当时在欧洲与协约国对立严重，不想在中国节外生枝，而日本则被其盟国英国“摁住”。孙中山回国之前，曾向美、英、法三国借钱，但三国一毛不拔。到1912年年初，日本发现清政府摇摇欲坠，所以赶紧把“赌注”下在南京这边，英国又出手“摁住”了日本。

列强对南北双方都实行了“饥饿战略”，让他们借不到钱，到了1912年年初，南北双方政府都濒临破产。2月15日袁世凯被选为大总统之后，四国银行团马上放款给袁世凯，袁世凯拨了一部分给南京解决燃眉之急。后来，在袁世凯究竟应该在北京还是南京宣誓就职的问题上，列强也出手帮助了袁世凯。所以为什么辛亥革命的成果会落到袁世凯手里呢？很重要的原因是，只有袁世凯才能够从列强那里获得财政资源。据此我认为，这场革命非常集中地反映了当时中国的半殖民地性质。

那么为什么到了1913年，“大妥协”变成了“大决裂”呢？首先还是因为列强支持袁世凯。1913年袁世凯拿到了列强的“善后大借款”，可以用来扩大自己的军队,他手中的资源和南方的革命派拉开了距离。很多人认为宋教仁被刺是民国的关键历史转折点,但我认为不是,有没有宋教仁被刺事件,差别不会太大。根本原因是袁世凯与革命派手中的资源总量已经拉开距离,这大大增强了袁世凯单独掌权的信心。有很多人在反思,为什么当时中国很难产生真正的立宪政府呢?我认为,在半殖民地的结构下,列强只是想扶植一个能看住"盘子"的人,然后从中国搜刮更多的钱,这种扶持本身就造成了权力的失衡。

这是我讲的第一个研究,关于辛亥革命中的"大妥协"的研究,这里有实力的要素,同时也有规范要素。规范要素的斗争非常密集,但是斗争的结果,并不是说理能够单独决定的;而实力的要素,尤其是列强对于袁世凯的支持,发挥了非常关键的作用。

■ "门罗主义"、国际秩序与国际法

接下来,我来讲第二个案例,对"门罗主义"全球传播的研究,核心是我2021年出版的《此疆尔界:"门罗主义"与近代空间政治》。[1]

这本书是对"门罗主义"话语的全球传播与解释史的跨学科研究。在法律方面,第一,涉及国际法,主要是涉及"区域国际法"。19世纪,美国和一系列拉丁美洲国家曾经提出和论证,国际法里有一个"美洲国际法","美洲国际法"和"欧洲国际法"相比,更强调两个要点:一是"不干涉"原则;二是运用国际仲裁解决国家之间的争端。欧洲比较擅长通过打仗来解决国际争端,当时的战争法不禁止发动战争,战争法主要规制战争过程,比如,应当宣战,战争过程中应当区分战斗人员和平民,打完之后如何签订条约,等等。但在19世纪的美洲,已经开始限制战争的尝试,美国主张发生国际争端之后诉诸仲裁,它自己是美洲实力最强的国家,如果仲裁的话,它就是一言九鼎的仲裁者。在"一战"之后,美国把它在美洲的很多实践经验推广到全球,换言之,美洲是美国提出全球秩序的一个"根据地",后来的国际联盟乃至联合国其实背后都是有美国在美洲的实践经验作为基础。

第二,涉及宪法。"门罗主义"核心的口号就是"美洲是美洲人的美洲",它

---

〔1〕 章永乐:《此疆尔界:"门罗主义"与近代空间政治》,生活·读书·新知三联书店2021年版。

把人群与空间关联在一起,探索空间的边界与人群的边界的问题。这个口号本来的意思是"美国是美国人的美国"。1850 年左右,美国国内的新教徒们掀起一场反对天主教移民的运动,认为天主教移民不能成为美国人。但这个国内政治的口号,后来就变成了"门罗主义"的口号,被理解为"美洲是美洲人的美洲"。这个口号具有很强的传播力。很快就有国家开始学。日本人讲"亚洲是亚洲人的亚洲",后来开始讲"大东亚国际法"。中国这边就开始讲"中国是中国人的中国",这个口号一开始是个"排满"的口号;后来马上衍化出"广东是广东人的广东""湖南是湖南人的湖南""云南是云南人的云南";这种"省域门罗主义"在中华民国"联省自治"运动中达到高峰,"联省自治"运动当然是改造中国宪法的一个非常重要的运动,主张各省先制定自己宪法,然后再寻求全国的统一,最后制定一个全国的宪法。所以"门罗主义"的传播史,同时涉及宪法和国际法两个层面。

"门罗主义"的解释和传播,涉及政治过程中的规范问题。对于"门罗主义"究竟是不是国际法原则的问题,美国政府的立场是有反复的。1895 年委内瑞拉危机的时候,美国政府的立场是,"门罗主义"是国际法原则。但等到美国巩固西半球霸权之后,它又倾向于论证"门罗主义"是美国的外交政策,其解释权完全归于美国。但与此同时,美国又将"门罗主义"写入了一系列国际条约之中。所以这就带来了一个非常暧昧的想象:"门罗主义"存在于一系列国际条约的文本里,但美国政府试图垄断对它的解释权。为什么美国政府这么摇摆?其中的一个原因是,"门罗主义"究竟包含了什么样的规范,1823 年的门罗总统国情咨文原初的表述的确具有模糊性。我们大致可以这么来类比,门罗总统给出了处理国际时势的一个先例,至于其中包含的规范具体内容是什么,存在一定的模糊空间,往往就需要行动者自己去重新提炼。而后面的行动者在"遵循先例"的同时也在不断地解释"先例"中所包含的规范。

先看"门罗主义"在美国经历的演变:"门罗主义"从 1823 年诞生,到"西进运动"帮助美国实现领土扩张,再接下来帮助美国建构美洲区域霸权,它的口号"美洲是美洲人的美洲"的实质含义悄然变成"美洲是美国人的美洲";最后进入全球霸权的建构阶段,实质含义变成"世界是美国人的世界"。

19 世纪 20 年代,拉丁美洲爆发了脱离西班牙的一系列共和革命,欧洲的"神圣同盟"试图干涉革命,但同属君主国的英国不同意,就与美国沟通,希望一起发布一个反对"神圣同盟"干涉行动的联合声明。当时沙皇俄国占有阿拉斯加,也在试图将领海线南移,引起了美国执政精英对于自身安全地位的担忧。英国提议和美国发表联合声明,所以美国有两个选项:一是跟英国发表联合声明,二是单独发表声明。但美国选择了单独行动。为什么不跟英国发表联合声明呢?因为在美国执政精英眼里,君主立宪国英国和欧洲君主专制国家一样危险,甚至更危险。这里有两个因素,史蒂芬·钱伯斯(Stephen Chambers)在《唯利是图》(*No God But Gain*)一书中提到了第一个因素:美国在1807年表面上立法禁止了奴隶贸易,但实际上美国利用古巴作为一个中转基地继续进行奴隶贸易,而英国当时反对奴隶贸易,皇家海军在大西洋巡航,到处抓贩奴船。这对美国大量精英做的生意来说,是一个很大的威胁。[1] 第二个因素是,当时美国执政精英已经在考虑美国未来的领土扩张,如果和英国一起发表声明的话,他们担心英国以后就会干预美国的领土问题。

英国人特别擅长用国际条约和联合声明来牵制别国。举两个例子,第一个例子是在1814年至1815年维也纳会议上,列强决定建立一个波兰王国,俄国沙皇兼任波兰国王。沙皇为波兰制定的宪法,就有很强的自由主义色彩,后来沙皇觉得束缚了自己手脚,试图去修改,于是英国人表示强烈反对,认为波兰宪法不能任意修改,它的基本原则是维也纳会议定的,所以也必须跟英国等国家协商才能修改。第二个例子更为耳熟能详,在中国香港特别行政区的问题上,英国经常拿《中英联合声明》说事,认为香港特别行政区"一国两制"怎么调整,它也有发言权,但我方的立场是,《中英联合声明》已经是一个历史文件,没有赋予英国持久的权力。总之,在1823年,当时美国的国务卿约翰·昆西·亚当斯非常清楚英国人的惯常做法,所以他主张美国单独发表自己的声明,门罗总统采纳了他的主张。

门罗总统在1823年的国情咨文中提出三个原则:第一,反对欧洲列强在美洲建立新的殖民地;第二,反对欧洲对已经独立的美洲国家进行干涉,尤其是改变它们的政治制度,即共和制;第三,美国也不干涉欧洲事务。这几个原则实际上很难说是对欧洲的"战略恐吓",因为美国那时的力量非常弱,它也并不是真的为了所谓的美洲兄弟们打抱不平。它会选择性地运用"门罗主义"来推进自己的国家利益。比如,声明发表之后的第二年(1824年),哥伦比亚共和国

---

[1] Stephen Chambers, *No God But Gain: The Untold Story of Cuban Slavery, the Monroe Doctrine, and the Making of the United States*, Verso, 2015.

向美国求助,美国就无所作为。在20世纪80年代英国和阿根廷围绕马岛发生的冲突中,美国甚至站在英国一边。

那么美国怎么用“门罗主义”的呢?19世纪中期,美国在“西进运动”中不断开疆辟土,就曾经运用“门罗主义”来保护得克萨斯地区的“独立”。19世纪30年代,墨西哥废除奴隶制,但得克萨斯地区的白人奴隶主们不愿意废除奴隶制,再加上他们多数人信仰的新教与墨西哥的国教天主教有冲突,矛盾就不断激化。而美国这边也在觊觎这片领土,于是大量的美国白人移民到了得克萨斯地区,之后就通过所谓公投宣布得克萨斯地区独立,到1845年的时候加入美国。1845年,美国总统詹姆斯·波尔克宣布,“本大陆的人民单独有权决定他们自己的命运。如果他们中的某一部分组成一个独立国家而建议要和我们的联邦合并时,这将是由他们和我们来决定而毋庸任何外国插手的一个问题。我们决不能同意欧洲列强因为这种合并会破坏他们也许想在本大陆维持的‘势力均衡’而进行干涉以阻挠这种合并”。[1] 而这其实意味着美国可以随意在美洲大陆扩张,欧洲列强不能进行反制。在接下来的美墨战争中,墨西哥的尤卡坦半岛也独立出来成立尤卡坦共和国,当时波尔克也一度想把它吞并,他认为这个地方不能单独维持自己的独立,落到欧洲列强的手里,就可能会在上面建立君主专制政体,所以还不如美国把它“吞”了。这也是对“门罗主义”的运用。

1870年,加勒比海上的多米尼加国陷入债务危机,它的统治精英想把国家卖给美国。当时美国总统格兰特就发表一个声明:“从此以后,这片大陆上的任何领土都不能被转让给欧洲国家。”[2] 这是“门罗主义”的“格兰特推论”。在当时的语境中,这句话意味着:哪怕多米尼加人自愿地把国家卖给欧洲,欧洲国家也没有权力接受。但这笔交易为什么没成呢?当时美国内部的种族主义特别强势,许多国会议员嫌弃多米尼加人血统不纯正,加入美国会冲淡白人血统,所以绝对不允许它平等地加入美国。

在19世纪的最后十年,美国建构西半球霸权的步伐加速。1890年,美国召集了第一届泛美会议,成立了美洲共和国国际联盟,其常设机构为美洲共和国商务局。这是美国在巴黎和会上提议成立国际联盟的实践基础。到了1895年,美国介入英属圭亚那和委内瑞拉的边界纠纷,美国国务卿奥尔尼就向英国

---

[1] 王绳祖主编:《国际关系史资料选编》(上,第一分册),武汉大学出版社1983年版,第68-69页。

[2] Dexter Perkins, *A History of the Monroe Doctrine*, Little, Brown and Co., 1955, p. 158-159.

发出照会，直接宣称美洲各国与美国“地理相近”，具有“自然的同情心”和“同类性质的政府”，因而结成联盟，根据“门罗主义”原则对所有西半球国家提供保护。奥尔尼甚至赤裸裸地声明：“如今，美国实际上已经统治着这块大陆，它的命令对于它所管辖范围之内的大陆臣民来说就是法律。”[1]英国当时跟德国进行竞争，无力分心，最后还是承认了美国的诉求，把争议提交国际仲裁。而这相当于承认了美国在美洲的霸权。

接下来，美国的势力很快越出西半球。在1898年美西战争中，美国占领了波多黎各、关岛、菲律宾，在亚洲有了落脚点。在1899年至1900年，美国两次发出“门户开放”照会，反对欧洲列强瓜分中国，主张保持中国的领土完整和行政的完整性，倡导“门户开放、利益均沾”，但实际的用意是为美国的资本和商品进入中国创造一个良好的环境。这就带来一个问题：原本局限于美洲的“门罗主义”是否可以适用于美洲之外？

占领菲律宾在美国国内引发了很大的争论，国会中有人主张，门罗总统提出“门罗主义”是为了防止欧洲殖民美洲，但现在要殖民亚洲了，美国怎么向其他西方国家“主张”自己有一以贯之的原则呢？有人主张让菲律宾独立。但是有人认为辛辛苦苦打下来的地盘，不能白白放弃，能不能找到一个美国既能得到好处又不违反“门罗主义”的办法？一种方法是把菲律宾卖给其他列强，换一笔钱；另一种方法是用菲律宾跟其他列强交换殖民地，比如，用菲律宾跟英国交换加勒比海上的一块殖民地，离美国也近。最后，国会投票虽然通过了吞并菲律宾，但是国会里的反对声音仍然不容小觑。[2]

1900年2月，中国驻美公使伍廷芳在美国宾夕法尼亚大学发表演讲，认为美国可以把“门罗主义”适用到菲律宾：因为菲律宾与亚洲大陆特别近，所以美国也应该把“门罗主义”运用到亚洲。他发表这样一个演讲到底想的是什么呢？我研究了他的演讲，伍廷芳把“门罗主义”理解为一个非常仁慈的原则，是为了保护美洲国家免受欧洲国家吞并。所以他认为美国应该把“门罗主义”用在亚洲，实际意思是，美国要在亚洲承担起保护中国的责任。但我认为他这完全是一厢情愿，伍廷芳虽然是驻美公使，但并不完全了解“门罗主义”在美国历

---

[1] United States Department of State, *Foreign Relations of United States*, Government Printing Office, 1895, p. 558.

[2] Lillie Cornelia Porterfield, *Congress and the Monroe Doctrine*: 1895 – 1905, Ph. D. Dissertation, The University of Chicago, 1942.

史上对推进美国狭隘的国家利益的作用。美国排斥欧洲列强,但它从来不公开声明美国不能干涉美洲,总是给自己留出干涉与支配的空间。所以伍廷芳想单方面地让美国人作茧自缚,这不太可能。不过,他的演讲在美国引起了很大反响,许多主流媒体都作了报道。[1]

接下来,美国精英为"门罗主义"适用到菲律宾做了一系列论证。比如,耶鲁大学教授爱德华·伯恩(Edward Gaylord Bourne)在1907年出版的《菲律宾群岛的发现、征服和早期历史》(*The Discovery, Conquest, and Early Histories of the Philippine Islands*)中提出了一个论证:虽然菲律宾群岛就地理和居民而言属于亚洲世界,但是在有史可稽的前3个世纪,它们在某种意义上是美洲的附属。作为新西班牙的附属,它们是西班牙领地最西的边缘。[2] 伯恩的这本著作并没有据此公开得出"门罗主义"可以适用于菲律宾群岛的结论,但已经提供了足够多的暗示。美国历史学家阿尔伯特·哈特在发表于1915年《美国国际法杂志》上的《与"门罗主义"相近的太平洋与亚洲原则》一文开头就提到,伯恩的这个理论必然导致"门罗主义"可以适用于菲律宾群岛的结论。[3]

美国在1899年与1900年提出的"门户开放"政策跟"门罗主义"到底有什么关系呢?西奥多·罗斯福总统在1901年10月11日致德国外交官赫尔曼·斯佩克·冯·斯特恩堡(Hermann Speck von Sternberg)的一封书信中指出,"门罗主义"与"门户开放"是高度相似的,甚至可以说"门罗主义"就是南美洲的"门户开放"。罗斯福在信中希望中国也实行和南美各国类似的政策:不做恶劣的事情,商埠对于所有人开放,废除各种烦人的贸易限制政策。当然,中国也会因此像南美各国一样,保持自己的领土完整。[4]而阿尔伯特·哈特认为,美国对中国的兴趣主要是宗教和商业上的,它通过"门户开放",在中国拒斥欧洲列强的商业垄断政策,因此"门户开放"可以被称为"商业门罗主义"。[5]

---

[1] 章永乐:《移樽施教:伍廷芳与20世纪初美国"门罗主义"的再定位》,载《探索与争鸣》2022年第1期。

[2] Edward Gaylord Bourne, *The Discovery, Conquest, and Early Histories of the Philippine Islands*, The Authur H. Clark Company, 1907, p. 21 – 22.

[3] Albert Bushnell Hart, *Pacific and Asiatic Doctrines Akin to the Monroe Doctrine*, The American Journal of International Law, Vol. 9, No. 4, Oct., 1915, p. 803 – 806.

[4] Donald J. Davidson edi, *The Wisdom of Theodore Roosevelt*, Citadel Press, 2003, p. 50 – 51.

[5] Albert Bushnell Hart, *Pacific and Asiatic Doctrines Akin to the Monroe Doctrine*, The American Journal of International Law, Vol. 9, No. 4, Oct., 1915, p. 812.

总之,“门罗主义”的所有扩展都是通过与传统的对话来不断展开的。在这过程中美国用了类似于“遵循先例”的方法。我们很难把“门罗主义”理解为一个立法,但是它可以被理解为一串“判例”,后来的行动者参照先例,重新解释先例中所包含的规范含义。

1904 年,罗斯福提出“罗斯福推论”,将“门罗主义”推向新的阶段:“导致文明社会纽带全面松弛的长期为非作歹或懦弱无能,在美洲,如同其他地方一样,会最终需要某一文明国家(civilized nation)进行干涉,而美国在西半球遇到这种为非作歹或懦弱无能的罪恶昭彰的事情,为了恪守‘门罗主义’,也不得不勉强施行国际警察力量。”[1]在当时的具体语境中,罗斯福的意思是,拉美国家做得很糟糕,欠了欧洲很多钱,欧洲列强动不动就把它们的军舰开过来,这时候美国就要担负起监护的责任。具体怎么操作?拉美国家欠欧洲列强的债到期了,美国帮他们还债,这样就避免了欧洲列强上门讨债。但是,一旦美国成为新的债主,就要对欠债的拉美国家有所控制,比如,派人管理它们的海关,向财政部派顾问、向军队派教官,等等。这种做法叫“金元外交”(dollar diplomacy)。

在 19 世纪末、20 世纪初,美国巩固了西半球霸权,并开始在全球传播自身的影响力。在国际法层面,美国在美洲建构了泛美联盟,召开了泛美会议,在泛美会议上推行美国主张的一套国际法原则,其中包括不干涉、仲裁等。泛美联盟也建立了一个常设机构美洲商务局,就设立在华盛顿。这可以说是美国在西半球统治的“实验田”。但当时美国面临着一个问题,拉丁美洲很多国家也想解释“门罗主义”,从中解释出一整套的不干涉原则,而且比美国主张的不干涉原则更加严格。比如,当时拉丁美洲有两个法学家,一个是卡罗·卡尔沃,另一个叫德拉戈。1868 年卡尔沃在其著作《欧洲与美洲的国际法理论与实践》(*Derecho internacional teórico y práctico de Europa y América*)中提出,外国人进入一国主权管辖范围之内,不应要求比该国国民更大的保护,如遭受损失,应依靠当地国内法的救济,不应由该外国人的本国政府出面要求任何金钱补偿。卡尔沃不仅否定外国政府为本国国民出面武力催债,甚至否认从私人

[1] 王绳祖、何春超、吴世民编选:《国际关系史资料选编:17 世纪中叶—1945》,法律出版社 1988 年版,第 316 页。

性质的金钱补偿问题产生任何外交保护权的正当性。[1] 德拉戈的主张则更为温和一些,认为在美洲的范围之内,国家债务不能成为武装干涉的理由。这两个阿根廷人的主张并没有得到美国的接纳,但在第三届泛美会议和第二届海牙国际和平会议上引起过一定的讨论。

对于美国来说,如果把"不干涉"作为一项国际法原则,就意味着别国可以和美国分享这个解释权,国际法院会不断对"门罗主义"进行解释,美国就无法保证这种解释对于美国的利益总是有利的。1903 年和 1923 年,美国执政精英宣布"门罗主义"的本质是一个美国自己的外交政策,"外交政策"这个定性的核心就是美国自己能够把握解释权。

威尔逊总统构成"门罗主义"适用范围从西半球扩展到全球的最重要环节。他在 1916 年发表演讲,重新解释了华盛顿的告别演说。威尔逊对华盛顿的告别演说进行一个限缩解释:华盛顿的意思是,我们不能卷入欧洲列强充满野心和民族主义的目标,但除此之外的事务我们是可以卷入的。[2] 这就是通过解释"祖宗遗训",为当下的外交政策创新提供空间。接下来威尔逊在 1917 年发表了加入"一战"的动员演讲《没有胜利的和平》(*Peace without Victory*),全面重新解释"门罗主义",核心是把"门罗主义"解释为这样一种原则:"任何国家都不应将其政治体制扩展到其他国家或民族,而且每一民族都有自由决定自己的政治体制,有不受阻碍、不受威胁、不必恐惧地决定自己的发展道路的自由,无论是小国还是大国和强国。"[3] 但美国对于一个国家具有自由选择空间后的选择是有预设的,它认为任意一个国家一旦有真正的自由,肯定会选择美国所主张的道路。而如果某国的选择不一样,那很有可能是因为它受到了其他列强的干涉,那么美国就可以出手,帮该国消除障碍,帮该国恢复自主。

因此,威尔逊论证的关键,并不是每个国家和民族的自主,而是美国有权代言其他国家和民族的自主性。这样美国就打开了通过代言他人的自主性而实行干涉的通道。威尔逊自己就是一个特别喜欢干涉他国的总统,他在任内

---

〔1〕 Amos S. Hershey, *The Calvo and Drago Doctrines* (1907), Articles by Maurer Faculty. Paper 1961, URL: http://www.repository.law.indiana.edu/facpub/1961.

〔2〕 Woodrow Wilson, *War and Peace: Presidential Messages, Addresses, and Public Papers* (1917–1924), Vol. 2, University Press of the Pacific, 2002, p. 346–347.

〔3〕 President Woodrow Wilson, *Peace without Victory Speech*, January 22, 1917. 64th Cong., 23 Sess., Senate Document No. 685: "A League for Peace."

发动了对墨西哥、海地、多米尼加的军事干预。

“一战”之后，威尔逊参加1919年的巴黎和会，在《国际联盟盟约》中“塞”入第21条：“国际协议如仲裁条约或区域协商类似门罗主义者，皆属维持和平，不得视为与本盟约内任何规定有所抵触。”[1]国际联盟在原理上应该管辖全部缔约国的事务，但是美国开了一个口子，认为美洲的事属于“门罗主义”范围之内，国际联盟不能插手。威尔逊开这个口子，目的是让《国际联盟盟约》能够在参议院的共和党人那里获得通过，当时大部分共和党政治精英认为威尔逊把手伸得太长了，如此深地卷入欧洲事务，导致的结果不是美国控制欧洲，而是欧洲可以凭借国际联盟来控制美国。为了适应这样的“孤立主义”情绪，威尔逊设了这样一个条款。

不过，《国际联盟盟约》在美国国会最终仍然未获得通过，美国作为国际联盟的倡始国，却未能成为国际联盟成员国。但是《国际联盟盟约》第21条给了其他国家无穷的想象：我们在本区域内是否也可以制定类似“门罗主义”的方案，从而脱离国际联盟的管辖？日本很早的时候就讲“亚洲门罗主义”，强调“亚洲是亚洲人的亚洲”，日本应当作为亚洲盟主，领导亚洲国家将西方殖民者赶出亚洲。在日俄战争后，美国一度支持日本的“亚洲门罗主义”，以利用日本对抗俄国。但在1931年“九一八事变”之后，日本利用《国际联盟盟约》第21条，论证日本在中国东北的军事侵略属于东亚内部事务，未得美国与国际联盟认可，国联李顿调查团报告宣布日本系侵略中国东北，并宣布伪满洲国为非法。日本宣布退出国际联盟，此后，其“亚洲门罗主义”不断升级，最后发展成为“大东亚共荣圈”理论。日本的国际法学家论证，“共荣圈”内国家地位不适用平等原则，日本是“共荣圈”内的“主导国”，可以“指导”其他国家的外交。这套理论被称为“广域国际法”，它的理论来源其实是德国公法学家卡尔·施米特（Carl Schmitt）。

施米特以美国在美洲的区域霸权实践，发明了一套“大空间理论”，认为美国是美洲的“主导国”（Reich），美洲是美国的“大空间”（Großraum），美国将自身民族的原则辐射到整个“大空间”，排斥域外列强的干预。施米特认为，以民族国家为基础的普遍主义国际法已经过时，未来的国际法将以“大空间”为核心展开。施米特设想了美国主导的美洲大空间、日本主导的亚洲大空间，以及

〔1〕　王铁崖、田如萱编：《国际法资料选编》，法律出版社1982年版，第814页。

德国主导的欧洲大空间。施米特将1938年德国与苏联瓜分波兰的《苏德边界和友好条约》视为两个“大空间”互相尊重、互不干涉的典范。不过,不久希特勒发动“巴巴罗萨行动”,入侵苏联,对施米特的理论构成重要打击。而希特勒自己也曾在1939年4月诉诸“门罗主义”,批评美国开列禁止侵略的中欧国家名单,认为德国在中欧做的事情和美国在南美做的事情一样,美国不应横加干预。随着德日在“二战”中战败,德式“门罗主义”和日式“门罗主义”也“折戟沉沙”。

在宪法层面,“门罗主义”的传播,涉及中国在辛亥革命后的“联省自治”。在清朝崩溃之后,中国的中央政权长期处于孱弱状态,经常出现地方实力派与中央政权的对抗。“门罗主义”给地方实力派提供了一种话语,让他们以“自治”“民主”的名义来对抗中央政府。在20世纪20年代初,全国至少出现13种“省域门罗主义”,至少有6个省份出现类似“×人治×”的表述。多个省份制定了“省宪”。然而,到1923年左右国共合作后,国共两党达成共识:“联省自治”并不能带来真正的统一,它本质是军阀和士绅们利用“自治”的名义来加固他们对本省的控制。国共两党的主张,就是发动国民革命,自下而上地改造中国社会。从那以后,“门罗主义”逐渐变成了一个负面词汇。

我讨论的“门罗主义”的“全球旅行”,先从美国开始,再到日本、德国,最后到中国,可以把这个研究理解为一系列案例分析。门罗总统的国情咨文中所阐述的“门罗主义”,其实也可以理解为一个案例,它究竟包含了什么样的规范,其实存在再解释的空间。后来的实践者不断地与最初的这个“先例”对话,生成新的案例,“接龙”越接越长,当然“楼”也越来越歪。但是,在每一个案例中,行动者都从自己的政治处境出发,最大限度地运用“先例”的权威,来证成某些主张。这就是政治过程中的规范运用。

总　结

在这两个研究中,我们可以看到,法律文本、法律规则和法律原则并不仅仅是在立法和司法的场景中被运用,它更是经常和其他正当性资源一起,出现在政治冲突的场景之中。在对稀缺的统治权和领导权的争夺过程之中,行动者除要有足够的“硬实力”之外,还经常面临“正名”的压力,“名不正则言不顺,言不顺则事不成”。调动各种现成在手的正当性资源,解决当下的挑战,是行动者非常自然的选择。但是,与我们熟悉的立法或司法过程相比,政治过程中对于各种规范的引用,往往缺乏先在的程序约束,最后哪种规范胜出,往往也不取决于说理的力度。

这可能给人一种感觉,法律文本、法律规则和法律原则往往并没有发挥多少作用。但从以往的历史经验来看,它们往往可以发挥三个方面的功能:

第一个功能是限定讨论的议程。即便是一部没有得到认真实施的宪法,也有可能在政治过程中起到限定讨论议程的作用。以中华民国为例,在1925年段祺瑞废除法统之前,其实中华民国初年的政治在很大程度上是围绕宪法的起草和解释展开的。在段祺瑞1925年废除法统之后,南北双方都进入了没有宪法的阶段,于是政治议程的内容就变得更加复杂。

第二个功能是提供规范性诉求的具体依据。在政治行动者发生争执的时候,他们就会诉诸于法律文本中的具体规则或者一般的法律原则,有时候还会诉诸于先例,通过比较先例与当下的情势,来论证具体的规则是否适用,如何适用。如前所述,“门罗主义”经常被以“先例”的形式来引用,而对于“先例”中究竟包含了什么具体的规则,行动者也不断做出新的界定。

第三个功能是作为正当性的象征符号。历史上的行动者可能不引用法律的任何条款,但是将法律本身作为一个正当性符号来运用。比如在1917年,段祺瑞在“张勋复辟”后拒绝恢复《临时约法》,于是孙中山南下发动“护法运动”。但孙中山在南方建立的政府,其实并不是按照他所要捍卫的《临时约法》的规定而组织的。这时候他说“护法”到底是什么意思?不是马上实施《临时约法》,而是创制一个过渡形态,在未来的某个时候再完全实施《临时约法》。孙中山非常清楚,“法统”的关键是立法机关——国会,所以他就在广州召集了黎元洪在“张勋复辟”之前解散的国会。后来北方怎么对付的呢?1922年直系军阀宣布“法统重光”,恢复《临时约法》,目的是从南方手中夺走“法统”的旗帜。这个斗争无关乎任何具体的法条,而只是将法律本身作为符号来运用。

法律文本、法律规则和法律原则在证成正当性的过程中可以发挥一系列功能。在政治过程中,发生争执的时候,可能没有权威机构裁断,最后也没有力量来保证强制执行。但是在这个过程中,同一个规则或原则可能会呈现不同的解释方向,而它们被运用的时机,以及所搭配的其他正当性资源,也都可以丰富我们对于政治实践的理解,从而通过积累一系列案例,为未来的政治行动者提供借鉴。

上面的研究还提出了一个关于"内外关系"的问题,就是国内宪制和国际秩序之间的关系。更具体地说,如何在"万国竞争"的国际秩序背景下,思考特定历史时期的中国的"旧邦新造"? 而我的主张是,我们要研究列强对广大殖民地半殖民地的支配体系,要考察列强之间的外交关系。在力量的层面,需要考察军事、地缘政治、财政等方面。财政体系非常重要。在辛亥革命中,列强就是利用金融借款干预中国,在很大程度上塑造了中华民国初年的国内宪制。此外,在19世纪国际体系中有大国协调,列强之间经常开会,协调一致。列强共同维护着一种"文明等级制",中国被列为"半文明"国家,列强以中国法律不够"文明"为由,在华设立领事裁判权。列强要求中国按照"文明"的标准好好学习,自我改造,允诺通过列强的"答辩"后,也有机会成为列强。但实际上列强不可能允许"答辩"成功,除非他们迫切地有求于该国。比如,近代日本晋升为列强,很重要的原因是英美要利用日本来牵制俄国。列强在某一些阶段曾有求于中国,如"一战"爆发之后,英国一开始处于弱势,所以它就希望中国能帮一把。袁世凯政府提出中国加入协约国,参与"一战",就是想抓住这个机会实现与列强的平等,但是日本强烈反对。中国想向日本学习明治维新的经验,但日本恰恰是不愿意中国走它的道路,因为不允许东亚出现另一个与其实力相当的强国。

中国后来怎么走出一条独立自主的道路呢? "一战"之后,列强之间的"大国协调"破裂,列强建构了凡尔赛—华盛顿体系。1920年成立的国际联盟一开始排斥苏联,美国自己也没有加入;到20世纪30年代,列强之间的矛盾不断激化,"大国协调"已经不存在了。而就秩序的模式来说,国际上既有英国的模式、法国的模式、美国的模式,也有苏联的模式。在这一前提下,中国通过深入的革命塑造了国内秩序,也深度参与了"二战"后的国际秩序的重构。在这个过程中,中国打造出非常强有力的主权。这为今天中国走独立自主的复兴道路打下了坚实的基础。

在今天"百年未有之大变局"下,如何阐发"中国道路",法学学者应当有所作为。而要复盘过去近两个世纪中国的"旧邦新造",我相信上述"朝向政治过程的规范研究"的进路和方法,可以在其中发挥某些作用。当然,抽象地去谈进路和方法,没有太大意义,一切终究要通过具体的研究来体现。

▣ 阅读指引

1. Gunnar Folke Schuppert, *A Global History of Ideas in the Language of Law*, Max Planck Institute for Legal History and Legal Theory, 2021.

体现德国马克斯·普朗克欧洲法律史研究所的"复规范性"理论主张的重要法学理论作品。

2. 章永乐:《旧邦新造:1911—1917》,北京大学出版社 2016 年版。

包含文中第一个实例的著作。

3. 章永乐:《此疆尔界:"门罗主义"与近代空间政治》,生活·读书·新知三联书店 2021 年版。

包含文中第二个实例的著作。

罪刑法定：价值内容和司法适用

陈 兴 良

陈兴良

汉族，1957年3月21日出生，浙江义乌人。1977年12月考上北京大学法律系，1981年12月本科毕业，获法学学士学位；同年考入中国人民大学法律系攻读刑法专业硕士研究生，1984年12月毕业，获法学硕士学位；同年考取中国人民大学法律系刑法专业博士研究生，1988年5月获法学博士学位。1984年至1997年在中国人民大学法学院任教，先后任助教（1985年）、讲师（1987年）、副教授（1989年）、教授（1993年）、博士生导师（1994年）。现任北京大学法学院教授，博士生导师，北京大学博雅讲席教授。

(说明:本文以《罪刑法定的价值内容和司法适用》为题,曾发表于《人民检察》2018 年第 21 期,收入本书时作了个别文字修改。)

罪刑法定,也称为罪刑法定原则或者罪刑法定主义,其基本含义是指“法无明文规定不为罪,法无明文规定不处罚。”各国刑法关于罪刑法定主义一般都按照这一内容表述的,只是文字上略有不同而已。从语言上来说,这是一种双重否定的表述方法:它强调对于那些法律没有明文规定的行为不得入罪、不得处罚。由此可见,这个意义上的罪刑法定原则对于司法权具有限制机能。罪刑法定原则是现代法治社会刑法的内在精神,对于刑法适用具有重要指导意义。

罪刑法定的文本解读

罪刑法定主义的基本含义是“法无明文规定不为罪,法无明文规定不处罚”。我们往往把这一含义中的前半句称为犯罪的法定性,后半句则称为刑罚的法定性。因此,罪刑法定主义是指犯罪的法定性与刑罚的法定性之统一。“法无明文规定不为罪”是罪刑法定主义的基本含义。在狭义上,罪刑法定主义都是指“法无明文规定不为罪”。但“法无明文规定不处罚”是对于“法无明文规定不为罪”的必要补充。因为在某些情况下,即使刑法明文将某一行为规定为犯罪,但这一规定是在行为发生以后,对此,同样不能对该行为加以处罚。不仅如此,而且在法律加重既有犯罪的法定刑的情况下,只有根据“法无明文规定不处罚”的原则,才能禁止加重的刑法溯及既往。对于以上两者之间的关系,德国学者罗克辛曾经指出:“没有法律就没有犯罪”这个原理通过“没有法律就没有刑罚”(法无明文规定不处罚)这个公式得到补充。不仅一种确定的举动行为是否应受刑事惩罚的情形,必须在这个行为实施前在法律中加以规定,而且刑罚的种类和其可能的严厉程度,也必须在行为实施前在法律中加以规定。因此,只有结合以上两个方面,才能完整地理解罪刑法定主义。

从世界各国刑法关于罪刑法定原则的立法规定来看,尽管具体表述有所不同,但基本上都是采用“法无明文规定不为罪”这样一种反向的句式来规定罪刑法定原则。然而,我国刑法对罪刑法定原则的规定则采取了一种极为特殊的表达句式。我国《刑法》第 3 条规定:“法律明文规定为犯罪行为的,依照法律定罪处刑;法律没有明文规定为犯罪行为的,不得定罪处刑。”我国学者正是根据这一规定,得出了罪刑法定原则可以分为消极的罪刑法定与积极的罪刑法定的命题。

我国刑法关于罪刑法定原则的规定可以明显地分为前后两段,我国学者将前段称为积极的罪刑法定原则,将后段称为消极的罪刑法定原则。应该说,积极规定与消极规定这一概括是恰当的,但对于所谓积极的罪刑法定原则如何理解则是值得商榷的。那么,什么是积极的罪刑法定原则呢?我国学者认为,积极的罪刑法定原则是从扩张刑罚权的方面,积极地运用刑罚,惩罚犯罪,保护社会。因此,积极的罪刑法定原则是倾向于扩张刑罚权的,它与倾向于限制刑罚权的消极的罪刑法定原则是对应的。对于积极的罪刑法定原则与消极的罪刑法定原则这样一种说法,在我国刑法学界受到一些学者的肯定,认为这是从《刑法》第3条的文字表述中引申出来的结论。

如果按照积极的罪刑法定原则的理解,它是要为司法机关扩张刑罚权提供法律根据,只要刑法规定为犯罪的,就应当追究,定罪处刑,即所谓有罪必罚。那么,如今的刑事和解,难道不正是在一定条件下的有罪不罚吗?刑事和解与罪刑法定原则的关系如何界定呢?积极的罪刑法定原则的解读是否正确呢?我认为,这些问题是值得思考的。

关键问题在于,积极的罪刑法定是否符合法律文本的含义。我们先来看一下立法机关对《刑法》第3条的解释:“本条规定的罪刑法定的内容有两个方面:一方面是只有法律将某一种行为明文规定为犯罪的,才能对这种行为定罪处刑,而且必须依照法律规定定罪处刑。另一方面,凡是法律对某一种行为没有规定为犯罪的,对这种行为就不能定罪判刑。这是一个问题的两个方面。”按照这一解读,我国《刑法》第3条前半段“法律明文规定为犯罪的,依照法律定罪处刑”的含义是指:只有法律明文规定为犯罪行为的,才能依法定罪处刑。这一含义与后半段相比,是完全相同的,都是为了限制国家的刑罚权。当然,这一条文的表述如果作以下调整,也许更为明确:“法律没有规定为犯罪行为的,不得定罪处罚;法律明文规定为犯罪行为的,依照法律定罪处刑。”

我国《刑法》关于罪刑法定原则的表述虽然不同于其他国家,但其基本精神是完全一致的,即通过限制国家刑罚权,尤其是司法机关的定罪量刑权,从而保障公民个人的权利与自由。

所谓积极的罪刑法定之所以不能认同,我认为其最大的问题是会对罪刑法定原则产生误读。这种误读在我国司法实践中本来就已经存在,这就是“出罪需要法律规定”。罪刑法定原则的“法无明文规定不为罪”也可以解读为“入罪需要法律规定”。这也是所谓消极的罪刑法定的应有之义。那么,能否将与之相对应的“入罪需要法律规定”也视为是罪刑法定原则的内容呢?我的回答是否认的。概言之,出罪根本不须法律根据。正如我国学者指出:入罪以法,出罪以理。入罪必须法定,出罪无须法定。这是世界各国刑法实践所一致赞同的。例如,超法规的违法阻却事由,既是没有法律规定却能出罪的范例。而作为罪刑法定的派生原则的禁止类推,也只是禁止不利于被告人的类推(入罪类推),而允许有利于被告人的类推(出罪类推)。因此,法定原则,亦即只有法有明文规定才可作出有效裁判的原则,只是限制入罪判断的原则,而不是限制出罪判断的原则。在此,涉及出罪事由的法定性与非法定性。例如,所谓超法规的正当化事由就是一种非法定性的出罪事由。我国《刑法》规定的是法定的出罪事由,包括正当防卫、紧急避险等违法阻却事由,是有法律明文规定的。但除法定的出罪事由以外,还存在非法定的出罪事由,可以说,出罪事由是一个开放性的体系。

罪刑法定的价值内容

罪刑法定是建立在形式理性基础之上的,而形式理性是现代法治的逻辑基础。形式理性是与实质理性相对应的一对范畴。在某种意义上可以说,形式理性与实质理性这对范畴也可以表述为形式合理性与实质合理性。

在形式合理性和实质合理性这一对范畴中,关键词是合理性。应该说,任何一个社会制度、任何一个法律制度,都要追求某种合理性,这是毫无疑问的,合法性也必须建立在合理性的基础之上。在此,涉及合理性与合法性之间的关系,这是一个极为复杂的理论问题。事实上,合法不等于合理;反之,合理也不等于合法。正因为合法不等于合理,因此存在所谓良性违法,甚至良性违宪,良性违法就是合理但却违法的现象。在合法与合理不能统一的情况下,就会产生法与理之间的矛盾:服从于法还是服从于理?由此进一步引申出法理学中的恶法亦法与恶法非法的争议。这里的恶法就是不合乎理之法,不合乎法的法到底是法还不是法?这个问题的背后蕴含是:对于不合乎理的法是服从还是抵制?

当然,从理想的法治状态来说,都是要追求合理性与合法性的统一。从这个意义上来说,合理性是合法性的前提和基础,也就是说合法性离不开合理性。合理性又可以区分为形式合理性和实质合理性。所谓的形式合理性,指的是手段的合理性;它是一种客观的合理性;而实质合理性指的是一种结果的合理性、目的的合理性。形式合理性和实质合理性这两者是有所不同的。在一般情况下,我们当然同时想要得到形式合理性和实质合理性,但实际上在很多情况下,形式合理性和实质合理性两者之间存在一种紧张的对立关系。在法律领域,同样存在形式合理性和实质合理性之间的矛盾和冲突:法律的形式合理性是指法律规范自身符合逻辑,具有法律规范的内在一致性;法律的实质合理性是指通过法所要满足的实质价值要求。因为法律只是一种手段,通过法律这种手段所要追求的是某种社会的实质价值;这种社会的实质价值是随着社会生活发展而不断变化、不断发展的,但是法律本身却是相对稳定的,因此两者之间必然会出现某种矛盾和冲突。这种矛盾和冲突,中国古人曾经有过一个非常形象的描述:“法有限,情无穷。”这里的“法有限”是指法律规定有限,也就是法律条文有限。在刑法中,刑法典所规定的罪名是有限的。另一方面是“情无穷”,所谓“情无穷”是通过法律所要追求的实质的价值内容是无穷的,而且是随着社会生活发展层出不穷的。因此,难以用有限的法来规范无穷的情。在这种情况下就出现了是追求形式合理性还是追求实质合理性的两难选择:如果我们选择形式合理性就必须要坚守法律规定,在刑法中就要严格按照法律规定认定犯罪和处罚犯罪。如果这样的话,由于犯罪这种现象是无穷无尽的,而且会随着社会生活的发展而不断变化。因此,司法机关就难以对那些刑法所没有规定但具有严重社会危害性的行为加以处罚。从这个意义上来说可能就会获得某种形式合理性,但丧失某种实质合理性。如果我们想要对那些刑法所没有规定但具有严重社会危害性的行为加以惩治,我们就获得了某种实质合理性,但牺牲了法律的形式合理性。所以,在刑事司法活动中同样存在这种形式合理性和实质合理性之间的矛盾和冲突。

在刑事司法活动中,存在形式合理性和实质合理性两者之间的矛盾和冲突,主要是由以下两个原因所决定的:第一个原因是由立法者的立法能力的有限性所决定的。在立法的时候,立法机关要对社会上的犯罪现象进行认识、归纳和抽象,把它在刑法中以罪名的形式确定下来。但立法机关的这种主观认识能力是有限的,在规定罪名的时候,不可能把在社会生活当中所存在的各种严重危害社会行为在一部刑法典中都毫无遗漏地规定下来。第二个原因是由刑法的相对稳定性和犯罪现象的频繁变动性之间的矛盾决定的。一方面刑法本身具有稳定性的要求,不可能朝令夕改;另一方面,犯罪现象是随着社会生活的发展而不断变化的。因此,刑法一旦制定出来,它就已经滞后于社会生活发展,已经滞后于犯罪现象发展。从以上两个方面的原因来看,在刑法所规定的犯罪,只是在社会生活中存在的犯罪当中的一部分,甚至是一小部分,也就是说一部刑法典不可能把社会生活当中存在的各种各样严重危害社会行为都毫无遗漏地规定下来。在这种情况下,就出现了古人所说的“法有限而情无穷”这样一对矛盾。

怎么解决“法有限,情无穷”这对矛盾?中国古人也曾经设计了一个解决的方案,这就是类推。在两千多年以前,中国春秋时期著名的思想家荀况就曾经说过这样的话:“有法者依法行,无法者以类举。”也就是说,有法律规定的依照法律规定来处理,没有法律规定的按照类推的办法来解决。显然,这里的类推和依法办案这两者是有所不同的,这种不同就表现在:类推是以法律没有明文规定为前提的,而依法办案是以法律存在明文规定为前提的。依法办案是严格按照法律规定处理某一案件,它是建立在法律规定和案件事实之间存在逻辑上的同一性的基础之上的。例如,我们处理一个杀人案件,杀人的事实和法律所规定的杀人罪的构成要件之间是同一的。因此,我们可以把杀人的法律规定直接适用于这个杀人案件,这是依照法律的规定处理案件。而在类推的情况下,它是建立在法律规定和案件事实之间的类似性的逻辑基础之上的。也就是说,在类推情况下,某一案件事实和法律规定并不具有同一性,但两者之间具有类似性。因此,类推是一种扩大法律适用涵括面的方法。通过类推,使法律规定不仅适用于和法律规定具有同一性的案件事实,而且扩大适用于与法律规定具有类似性的案件事实。这种类推的办法确实能够在一定的程度上缓解法的有限性和情的无穷性之间的矛盾,因此中国古代两千多年以来,在刑法当中始终采用这种类推的办法,也就是所谓比附援引,通过这种比附援引扩大法律规定的适用面。在中国古代的唐律中就规定了“入罪,举轻以明重;出罪,举重以明轻”的原则,所谓“入罪,举轻以明重”,是说某一个行为如果要把它作为犯罪来处理,但刑法又没有明确规定为犯罪,在这种情况下可以采用“举轻以明重”的方法将其入罪。这里所谓举轻明重是说,将法律有规定行为与法律没有规定的行为进行比较,如果较轻的行为都被法律规定为犯罪,那么，较重的行更应该作为犯罪来处理。关于“举轻以明重”，《唐律疏议》曾经举过一个例子，唐律有“谋杀尊亲期长者，斩”的规定。这里的谋杀并不是我们现在所理解的经过预谋把人杀死，即既遂的杀人，而是指预备杀害。按照《唐律》这个规定，预谋杀害尊亲期长就要处以斩刑。《唐律疏议》说法律只规定了预谋杀害尊亲期长（杀人预备）要判处斩刑，但并没有规定预谋以后又去实施了杀害行为并且把人杀死（杀人既遂）或者没有死但杀伤（杀人未遂）这些情况怎么处理。在这些情况下，就可以采用“举轻以明重”的方法来解决。也就是说，只要进行预备杀害就要判死刑，预备以后又去实施了杀害，把人杀死了或者虽然没有杀死但是杀伤了更应该作为本罪来处理，这是一种“举轻以明重”的逻辑方法。所谓“出罪，举重以明轻”，是指一个行为，法律没有明文规定它不是犯罪，要想不把它作为犯罪来处理，就可以采用“举重以明轻”的方法。所谓举重明轻，也就是说把较重的行为法律都明确规定为不是犯罪，那么较轻的行为当然更不应该作为犯罪来处理。《唐律疏议》也举了一个例子，在《唐律》中有一个类似于我们现在刑法中的正当防卫的规定：“夜无故入人家者，主人登时杀之无罪。”《唐律疏议》认为，法律规定了主人当场把侵入者杀死不是犯罪，但如果当场没有杀死而是杀伤了，是不是犯罪？对此法律没有规定，在这种情况下就可以采用“举重以明轻”的方法，既然杀死都不是犯罪，杀伤当然更不是犯罪。所以从以上情况来看，举轻以明重或者举重以明轻，都是在法律没有明文规定的情况下处理罪与非罪的法律适用原则。

现在我们所要关注的是“入罪，举轻以明重”这个原则。从刚才所举的《唐律疏议》的例子来说，这种“举轻以明重”的原则，当然是有合理性的。因为按照法律规定，预备杀害就要判处斩刑，尽管法律没有规定预备以后把人杀死的杀人既遂或者把人杀伤的杀人未遂是不是构成犯罪，但预备以后的既遂与未遂都是经过了预备这个阶段，这种行为本身也包含了预备的内容。因此，对这种行为按照预谋杀害来判处斩刑，在法律适用上当然是没有问题的。但如果对“举轻以明重”不是作这样一种限制性的解释，而是无限地扩大“举轻以明重”的适用面，可能就会和类推相混同。例如，某地有一条交通规则，它的内容是“禁止牛马通过”，现在我们需要处理的一个事项是骆驼通过了是否违反了“禁止牛马通过”这条交通规则。对于这个问题就有两种不同的回答：第一种观点认为，交通规则所禁止的是牛马通过，而骆驼既不是牛也不是马，当然不在禁止之列。第二种观点认为，虽然交通规则所讲的是“禁止牛马通过”，交通规则之所以禁止牛马通过而不禁止小鸡小狗这样一些小型动物的通过,主要就是因为牛马的体积较大,牛马通过了会妨碍交通秩序。而骆驼的体积要超过牛马,既然牛马通过都要禁止,骆驼通过当然更应该禁止。这两种回答的逻辑出发点是不一样的,显然第一种观点所坚持的是形式合理性的观点,也就是说它不管骆驼通过是否会扰乱交通秩序,只是看交通规则是怎么规定的。既然现在交通规则只规定了禁止牛马通过而没有规定禁止骆驼通过,就不能用禁止牛马通过这个规定去禁止骆驼通过,这是一种形式合理性的观点。而第二种观点追求的是实质合理性,这种实质合理性观点是从法律规定的实质内容进行比较的。既然牛马通过都要禁止,而骆驼要比牛马的体积更大,骆驼通过了更会妨碍交通秩序,所以更应该禁止。尽管交通规则没有禁止骆驼通过,但从禁止牛马通过这条交通规则背后的实质根据仍然可以推论出对于骆驼也应当禁止的结论,这显然是一种实质合理性的观点。在这种形式合理性和实质合理性两者对立的情况下,我们明显可以看到要坚持形式合理性就会丧失实质合理性,而要想获得实质合理性就会牺牲形式合理性,所以这两者的矛盾和冲突是显而易见的。

在现实生活中,实际上我们都还是更加关注实质合理性,也就是说在现实生活中我们是认同实质合理性这样一种观点的,按照实质合理性这样的逻辑来思考问题。比如,某一个公园里有一口池塘,在池塘中养了鱼,公园管理部门在池塘旁边立了一块警示牌,上面写了“禁止垂钓”。现在有人不是在池塘钓鱼,而是在池塘张网捕鱼。公园管理人员前来制止,面对公园管理人员的制止,张网捕鱼者为自己的行为作了这样一种辩解:公园警示牌上写的是“禁止垂钓”,但我没有在这里垂钓,我在这里张网捕鱼,公园管理人员不能用禁止垂钓的规定来制止我的张网捕鱼行为,因为张网捕鱼行为并不在你的禁止之列。面对这样一种辩解,我们只要是一个具有正常理智的人都会作出他在狡辩的判断。我们都会赞同公园管理人员按照“禁止垂钓”的规定制止张网捕鱼行为。换句话说,我们都会一致地认为张网捕鱼行为违反了“禁止垂钓”的规定。在这样一个判断的背后起作用的是“举轻以明重”这样一种思维方法。也就是说,在公园池塘里钓鱼都不允许,而张网捕鱼比钓鱼更为严重,因此张网捕鱼更不允许。这实际上是一种类推的思维方法,而这种类推的思维方法在我们日常生活经验来看是完全正确的。

不仅如此,类推的方法在有关的法律适用当中也被认为是一种正常的法律适用方法。比如,在民事审判和经济审判中,这种类推方法也是被广泛适用的。然而,法治国家的刑法却坚持罪刑法定原则,而绝对地排斥类推。如前所述,刑法的基本原则是罪刑法定,罪刑法定作为刑法的基本原则和诚实信用作为民法的基本原则,两者功能恰好相反:诚实信用作为民法基本原则,它使得民法典成为一个相对开放的规范性体系,它具有一种扩张机能,给民事法官的自由裁量留下了空间,因而诚实信用原则在民法当中具有一种克服成文法之局限性的功能。罪刑法定作为刑法基本原则,具有一种限制机能,它使刑法典成为一个相对封闭的规范性体系,它严格地限制了刑事法官自由裁量权,要求法官必须在法律明文规定的范围之内认定犯罪和处罚犯罪,因为罪刑法定原则的基本精神就是"法无明文规定不为罪,法无明文规定不处罚"。

我国1979年《刑法》第79条规定了类推制度。1979年《刑法》是我国制定的第一部刑法,当时立法经验不足,刑法所规定的犯罪有限,因此以类推为补充。除这样一个技术性的原因以外,还有刑法指导思想上的原因。当时我国还是一种计划经济体制,强调专政的司法理念。因此,刑法规定类推是为了更有利于惩治犯罪。随着市场经济的建立,以及民主与法治观念的发展,1997年《刑法》废除了类推制度,在《刑法》第3条明文规定了罪刑法定原则。罪刑法定原则在我国刑法中的确认,是我国刑法在民主与法治的道路上迈出了十分重要的一步。在某种意义上也可以说,是我国刑法的性质发生了一场根本性的革命。

罪刑法定的司法适用

罪刑法定原则会带来我国刑事司法理念的深刻变化。也就是说,并不能简单地认为罪刑法定原则在刑法当中规定下来就一劳永逸了。如果不想作为一条法律口号或者一句法律标语,它必须在司法实践中得到切实的贯彻。而罪刑法定原则在司法实践中的贯彻,必然以刑事司法观念的转变为前提。因为罪刑法定原则所倡导的是一种形式合理性的观点,它和我国传统的、建立在社会危害性基础之上的这种实质合理性的观念有所不同。我国过去在理解犯罪的时候往往强调犯罪的社会危害性,把社会危害性看作是犯罪的本质特征,它对于刑事违法性具有决定意义,不仅认为在立法的时候之所以一个行为被规定为犯罪,是因为这个行为具有社会危害性,而且认为在司法活动当中一个行为之所以被司法机关认定为犯罪,也是因为这个行为具有社会危害性。这种强调社会危害性的观点,实际上是建立在实质合理性的基础之上的,它有可能破坏罪刑法定原则。刑法确立了罪刑法定原则以后,司法机关就只能够根据刑法的规定认定犯罪和处罚犯罪。某个行为,如果刑法没有明文规定,即使这个行为具有再严重的社会危害性,也不应当认定为犯罪,也不应当受到刑罚处罚。因此刑事司法理念应当从实质合理性向形式合理性转变。应该说,坚持以形式合理性为取向的罪刑法定原则,必然会带来某种实质合理性的丧失,是以牺牲某种实质合理性为前提的。我们要建立起这种代价的观点,具有承受这样一种代价的心理准备。

罪刑法定原则在刑法中确认以后,对我国司法人员提出了更高的要求,要求司法人员能够正确地理解法律规定。因为根据罪刑法定原则,一个行为是不是犯罪,关键是要看法律有没有明文规定。因此,如何正确理解法律明文规定,就成为正确地贯彻罪刑法定原则的关键。法律的规定并不是放在那儿等着我们去机械地适用,在法律适用过程中,首先就有一个找法的问题。也就是说法律本身需要我们去找,并不是现成地放在那儿等着我们去适用,因而找法活动是法律适用的前提。从法律规定来看,实际上有两种情形:一种是显性的法律规定。在显性规定情况下,我们只要通过法律条文的字面含义就可以正确地来理解法律的规定。另一种是隐性的法律规定。在隐性规定情况下,通过法律字面可能并不能直接得出法律有规定还是没有规定的结论,还需要对法律内容进行逻辑分析,尤其是要对相关法律进行逻辑判断,才能够确切地对某个法律内容加以掌握。在显性规定的情况下,法律规定是容易寻找的,但在隐性规定的情况下,法律规定就不太容易寻找。

例如,中国公民梁某从香港特区乘飞机到济南,私自携带了十多公斤的黄金,没有报关缴纳关税。那么,梁某的行为是否构成走私罪呢? 我们开始寻找法律规定。首先我们找到的法律是《刑法》第151条第2款关于走私贵重金属罪的规定,《刑法》关于走私贵重金属罪的法律条文中就有关于走私黄金的规定。我们仔细地来看《刑法》第151条第2款关于走私贵重金属罪的规定:“走私国家禁止出口的黄金、白银和其他贵重金属。”也就是说,《刑法》规定的走私贵重金属罪是指走私黄金出口,而并不包括走私黄金进口。这不是立法机关的疏忽,因为在同一款当中,后面对走私珍贵动物及其制品罪,《刑法》明确规定:“走私国家禁止进出口的珍贵动物及其制品。”由此可见,《刑法》在这里只是规定将走私黄金出口的行为规定为走私贵重金属罪,而并没有把走私黄金进口的行为规定为走私贵重金属罪,所以走私黄金进口罪的行为并不符合《刑法》第151条第2款关于走私贵重金属罪的构成要件,不能按照该罪处理。

既然不能按照走私贵重金属罪处理,也就是说《刑法》没有规定走私黄金进口的行为构成走私贵重金属罪,是不是这种走私黄金进口的行为就不构成犯罪了呢?我们接着找法,《刑法》第153条是关于走私普通货物、物品罪的规定。按照《刑法》第153条的规定,走私普通货物、物品罪中的普通货物、物品是指走私本法第151条规定以外的货物、物品。对这个规定存在两种不同的观点:第一种观点认为,法律明确规定这里的普通货物、物品是《刑法》第151条规定以外的货物、物品,而黄金在《刑法》第151条已经有规定。因此,黄金不能包含在走私普通货物、物品罪的货物、物品概念当中。第二种观点认为,走私本法第151条规定以外的货物、物品,应当理解为根据《刑法》第151条规定构成犯罪以外的货物、物品。走私黄金出口的行为,根据第151条的规定已经构成走私贵重金属罪,因此不能按照走私普通货物、物品罪处理。但走私黄金进口的行为,按照《刑法》第151条的规定并不构成走私贵重金属罪。因此,它可以包括在《刑法》第153条规定的走私普通货物、物品罪的货物、物品当中。我个人认为,第二种规定是有道理的。因为《刑法》第151条和第153条规定的虽然都是走私罪,但两罪的性质有所不同:《刑法》第151条规定的是走私那些国家禁止进出口的或者国家限制进出口的物品的犯罪,这种走私罪所破坏的是国家对货物的海关监管制度。而《刑法》第153条走私普通货物、物品罪,这些普通货物、物品是国家允许进出口的,这种走私罪的危害性表现在偷逃国家关税,因此《刑法》第153条规定的走私普通货物品罪,是根据偷逃关税的税额作为定罪量刑的标准。根据这样的理解,法律规定黄金禁止出口,但并不禁止进口。因此,走私黄金出口的行为按照151条规定的走私贵重金属罪处理。但黄金进口应当缴纳关税,走私黄金进口的行为偷逃了关税,所以完全符合《刑法》第153条关于走私普通货物、物品罪的规定,按照走私普通货物、物品罪来处理是没有的问题。

从梁某私自携带黄金入境案的找法过程来看,是十分复杂的。走私黄金进口行为,如果孤立地看待《刑法》第151条第2款的规定,似乎可以得出不构成犯罪的结论。但结合《刑法》第153条的规定就会发现,它实际上隐含在第153条的内容当中。因此,如果不是对法律规定进行全面理解,对某个较为复杂的行为就很难找到相应的法律规定。如果不能找到相应的法律规定,就会造成罪与非罪界限的混淆。一个行为本来是法律没有明文规定的,由于找错了法律,误认为法律有明文规定,把它作为犯罪处理,那么就会冤枉无辜。另一个行为法律本来是有明文规定的,但没有找到法律规定而误认为法律是没有明文规定的,那么就会放纵了犯罪。由此可见,正确地寻找法律是十分重要的。

在有些情况下,法律规定本身有漏洞,因此,不能被法律规定所包含。在这种情况下,如果没有明确的法律规定,那么就不应当作为犯罪来处理。因此,如何看待法律漏洞是对罪刑法定原则的一个考验。法律漏洞不是指法律规定的瑕疵或者亟误,而是指因为立法者的疏漏所导致的法律规定的不周延性和不圆满性,以及非立法者的疏漏,即由于社会发展所导致的法律规定的缺失和遗漏。同时,法律漏洞还可以分为法内漏洞和法外漏洞:法内漏洞是指法律规范内部的疏漏;而法外漏洞是指法律根本没有规定的事项。对于法律漏洞,民法和刑法具有不同的态度。根据民法的立场,无论是法内漏洞还是法外漏洞,法律漏洞是可以弥补的。因为民法本身就不是完全采取法定主义的立法方式,而具有框架式立法的特征。因此,法官具有法律漏洞的补充,甚至法律续造的权力。而刑法则与之不同,基于罪刑法定原则,刑法不能承认法律漏洞的存在。因为所谓法律漏洞就是指法律没有规定的情形,而根据罪刑法定原则,法律没有规定就不是犯罪,这不是法律漏洞,因此法官不能以填补法律漏洞之名而逾越罪刑法定原则的边界。对于所谓法律漏洞,法官不能填补,只能根据罪刑法定原则作出无罪判决。英国著名的法官丹宁勋爵曾经就法官对法律的解释问题说过一段非常生动的话:法官可以解释法律,在法律规定得不好的情况下,法官可以把法律解释得好。这种解释是有限度的,就像一块织物,如果这块织物上有一些皱痕,可以通过解释方法把皱痕熨平,但不能改变这块织物的质地。丹宁勋爵的这段话就是说法官在法律适用中,对于法律规定的某些微小的瑕疵可以通过法律解释的方法加以解决,但不能将那些法律没有规定的行为解释为法律有规定,这是绝对不允许的。

社会是发展的,尤其是犯罪现象是随着社会发展而层出不穷的。而立法确实是滞后的,会出现某些新的犯罪行为而刑法中却没有规定的情况。在这种情况下,根据罪刑法定原则是不能以犯罪论处的。但在实践中,往往采用实质解释的方法,对刑法规定进行解释,由此扩张刑法规定的边界,借此容纳那些刑法没有规定的行为,作为入罪的根据。我认为,对此是应当警惕的。

罪刑法定：阶层体系与个案正义

梁 根 林

关于作者

梁根林

北京大学法学院教授，博士生导师，中国刑法学研究会副会长。主要研究方向为刑法学与刑事政策学。代表作为“梁根林刑事政策研究系列”之《刑事政策：立场与范畴》《刑事法网：扩张与限缩》《刑事制裁：方式与选择》（法律出版社2005年至2006年版），在《法学研究》《中国法学》《整体刑法学》（ZStW）等中外著名学术期刊发表学术论文数十篇。讲授《刑法总论》《刑法分论》《刑事政策》《刑法专题》等课程，曾获得“北京大学法学院十佳教师”“北京市优秀教师”“北京大学教学优秀奖”“北京市高等教育教学成果一等奖”“国家教学成果二等奖”等教学荣誉称号。

(说明:本文主体内容在讲座之后以《罪刑法定:挑战、重申与重述——刑事影响力案件引发的思考与检讨》为题,发表于《清华法学》2019年第6期。)

引 言

中共中央第十八届四中全会于2014年10月23日通过的《关于全面推进依法治国若干重大问题的决定》(以下简称《决定》),以政治纲领与执政方略的形式,就全面推进依法治国进行了总体部署和全面规划,确立了"坚持法治国家、法治政府、法治社会一体建设,实现科学立法、严格执法、公正司法、全民守法,促进国家治理体系和治理能力现代化"的总体目标。《决定》强调"法律是治国之重器,良法是善治之前提",要求"完善以宪法为核心的中国特色社会主义法律体系,加强宪法实施","保证公正司法,提高司法公信力","努力让人民群众在每一个司法案件中感受到公平正义"。《决定》对法治中国建设的蓝图设计与愿景规划,是中国共产党作为执政党对国人与世人的庄严承诺,不仅对我国社会主义法治建设具有全局性指导意义,而且是贯彻罪刑法定原则、推进中国刑事法治进程的根本行动指南。

然而,在我们对法治中国建设的宏伟蓝图充满憧憬的同时,一个必须直面的现实却是,过去一段时间以来,一些地方的刑事司法不同程度地陷入了个案正义困境之中:一方面,诸如"代购案"(陆勇为白血病病友代购印度抗癌药触犯销售假药罪案)、"气枪案"(刘大蔚网购仿真枪作玩具触犯走私武器罪案、赵春华摆气球射击摊触犯非法持有枪支罪案)、"两只鹦鹉案"(王鹏出售两只鹦鹉触犯非法出售珍贵、濒危野生动物罪案)、"三株兰草案"(秦运换采摘兰草触犯非法采伐国家重点保护植物罪案)、"玉米案"(王力军无证收购玉米触犯非法经营罪案)、"马戏团案"(马戏团团主李荣庆、李瑞生跨省运输马戏团表演动物触犯非法运输珍贵、濒危野生动物罪案)、"辱母杀人案"(于欢杀死、伤害多名辱母者触犯故意伤害罪案)、"鸿茅药酒案"(谭秦东在网络上发帖"吐槽"鸿茅药酒为"来自天堂的毒药"触犯损害商品声誉罪案)等关系底层群众命运,背离现代法治的原则与精神、生活经验与社会常识、公众期待与诉求的司法裁判不断出现;另一方面,互联网时代与信息社会无障碍的信息流通特别是新媒体与自媒体的推波助澜,又使这些司法裁判的负面效应得以在瞬间扩散并无限放大,不断撩动公众的敏感神经,酿成汹涌的舆情危机。毋庸讳言,当下我国一些地方的刑事司法正面临未必源于公众对司法腐败的疑虑的信任危机。全面推进法治中国建设方略的庄严宣示、总体推进,与刑事司法个案正义困境的时隐时现、此起彼伏形成了一对悖论。

因此,探究并化解制约中国法治建设进程的症结,走出刑事司法个案正义困境,全面实现“努力让人民群众在每一个司法案件中都感受到公平正义”的美好法治愿景,就成为摆在当代中国法律人面前的一个兼具理论与实务重要性的重大现实课题。我试图基于《决定》对法治中国建设的三重要求,以罪刑法定原则为主轴,以罪刑法定原则面临的挑战为切入点,以重申和重述罪刑法定原则为经,以阶层体系思维构建与刑事司法逻辑转换为纬,对我国一些地方的刑事司法面临的个案正义困境进行机理分析,对如何走出这一困境、推进国家刑事法治进程给出自己的答案。

■ 罪刑法定原则在当代中国面临的挑战

1997 年《刑法》(以下简称《刑法》)第 3 条规定:“法律明文规定为犯罪行为的,依照法律定罪处刑;法律没有明文规定为犯罪行为的,不得定罪处刑。”这一规定无疑是中国刑事法治建设的重大进步。20 年来,我国总体上贯彻了罪刑法定原则的要求,实现了我国刑事法治进程的逐步推进。但是,不可否认,罪刑法定原则在当代中国也面临多重挑战:

首先,《刑法》第 3 条规定的罪刑法定原则,较之于《决定》的政治决策存在明显差距。根据《决定》对全面推进依法治国的总体目标、基本原则、基本要求的表述,法治中国建设具有依次递进、呈现位阶关系的三重含义:

法治中国建设的第一层含义是指规则之治,即立法者应当通过正当法律程序,制定和完善以宪法为核心的法律体系,作为规范国家公权力、保障公民私权利、确立法秩序、促进经济和社会发展的基本依据。所有的国家机关、政治团体、社会组织和公民个人都必须严格地遵守法律和规则。作为规则之治的法治,强调法律的明确性、公开性与体系一致性,重视法治的外在性、程序性与工具性,相对于人治无疑具有比较优势。[1]

但是,作为规则之治的法治,充其量只能为国家公权力的行使、公民私权利的限制提供形式合法性,而不能提供实质正当性。规则之治因而虽然是法治的基本要义,但也只是其底线要求,而非其全部内涵。除规则之治外,法治还有更为丰富和深刻的内涵。法治中国建设的第二层含义,法治不仅是规则之治,而且是良法之治。《决定》确认了这一共识,明确提出了良法之治的要求,要求科学立法,民主立法,"使每一项立法都符合宪法精神、反映人民意志、得到人民拥护",在形式与内容上总体良善。

不仅如此,《决定》进一步提出了根据良法进行善治,实现个案正义,"努力让人民群众在每一个司法案件中感受到公平正义"的具体法治要求。这是法治中国建设的第三层含义,也是《决定》对人类法治文明的重大贡献。如果说良法之治是现代法治对立法者行使立法权提出的基本要求,那么,根据良法进行善治,实现具体法治和个案正义,则是现代法治对司法者行使司法权设定的根本要求。

由此可见,《决定》规划建设的我国社会主义法治,不仅是规则之治,而且是良法之治;不仅是抽象的良法之治,而且是根据良法进行善治、在个案中具体实现的法治,因而是具有递进和位阶关系的规则之治、良法之治、良法善治的三位一体,是抽象法治与具体法治的有机统一。

比较而言,《刑法》第3条,规定的罪刑法定原则,就其字面文义看,还停留在规则之治与抽象法治的层面。《刑法》第3条要求司法者严格依照法律决定对被告人是否定罪量刑,其字面要义可概括为"法有明文规定即有罪,法无明文规定不为罪"。这样的罪刑法定,不仅限制司法者在法外任意入罪,而且也限制司法者在法内出罪。只要行为触犯刑法规定、符合构成要件,均应毫无例外地定罪量刑。

《刑法》第3条规定是1997年全面修订《刑法》当时盛行的"有法可依,有法必依,执法必严,违法必究"16字社会主义法制方针的具体体现。如果按其字面意思严格理解与执行,客观上有助于强化国家法律的权威性与统一性,但也存在一定的负面效应。按其字面文义,它把复杂的法律适用过程简单化、教

〔1〕 参见[英]拉兹:《法律的权威》,朱峰译,法律出版社2005年版。[美]富勒:《法律的道德性》,郑戈译,商务印书馆2005年版。

条化为刑法条文、案件事实与裁判结论间的三段论演绎推理，无形之中助长了法律思维中的教条主义、形式主义与机械主义，强化了司法人员的惰性思维，罔顾个案事实的复杂性与特殊性，忽视个案处理的公正性，因而难以保障刑事案件的司法裁判实现具体法治与个案正义。

因此，随着《决定》对“科学立法，严格执法，公正司法，全民守法”新16字法治方针的确立，如果继续拘泥于其字面文义理解与适用《刑法》第3条，教条主义、形式主义、机械主义地解释与适用刑法条文，严格司法的初衷，就可能导致破坏具体法治、妨害个案正义的后果。

其次，《刑法》第3条规定的罪刑法定原则，严重滞后于罪刑法定原则在世界范围内的当代发展。

罪刑法定原则在其产生之初，主要是在通过立法限制司法、司法必须守法这一规则之治的层面展开的，具体是通过成文法主义、刑法溯及力的排斥、类推适用禁止、法定刑明确化，规训和约束具体代表国家行使刑罚权的司法者，保障包括犯罪嫌疑人、被告人和罪犯在内的全体国民的人权。

随着司法经验的积累与立法认识的理性化，罪刑法定逐渐由初期绝对规则之治的罪刑法定，发展成为相对规则之治的罪刑法定。但是，无论是绝对规则之治的罪刑法定，还是相对规则之治的罪刑法定，都只是强调通过事先制定的成文刑法这一法律保留原则，为国家刑罚权的行使提供形式合法性，而忽视了对国家刑罚权行使的实质正当性的制约。第二次世界大战后，罪刑法定原则浴火重生，不仅重新被确认为各国刑法的帝王条款，而且实现了罪刑法定原则的宪法化，成为规训和约束国家刑罚权的宪法原则和公民基本权利。因此，罪刑法定不仅应当约束司法权，而且必须规训立法权。

罪刑法定对规训立法权，不仅体现在要求立法者制定明确、具体、确定而非含糊其词、模棱两可、似是而非的刑罚法规，以便给国民提供明确的行为规范，同时给司法者提供明确的裁判规范；而且体现在要求立法者在斟酌一个行为是否予以犯罪化以及如何赋予刑罚效果时，应当反复权衡其必要性与合理性，以使刑罚法规不仅在形式上具有合法性，而且在内容上具有正当性。罪刑法定原则发展至此，才真正超越了作为纯粹的规则之治，成为体现良法之治的罪刑法定，是拉德布鲁赫确立的“法律的不法与超法律的法”这一良法之治公式在刑法领域合乎逻辑的展开。

作为良法之治的罪刑法定，蕴含着“法无明文规定不为罪，法无明文规定不处罚”与“法有明文规定未必有罪,法有明文规定未必处罚”的双重逻辑。亦即作为良法之治的罪刑法定,在消极地限制法官的定罪量刑权,严格禁止司法者在法无明文规定时根据其个人情感好恶或者社会治理的功利需要,对国民的行为在法外入罪、法外用刑(禁止法外入罪、法外用刑,此为罪刑法定的固有机能)的同时,并不强求司法者在个案缺乏刑罚处罚的正当性和必要性时,仅仅根据被告人的行为触犯刑罚法规,形式上“法有明文规定”,就一律予以定罪量刑。作为良法之治的罪刑法定,一方面,积极地要求司法者根据被告人的行为是否具有刑罚处罚的正当性和必要性的判断,在例外情况下对个别形式上触犯刑罚法规、符合构成要件、实质上不具有值得刑罚处罚的不法和责任的案件,运用其司法裁量权予以出罪处理(允许法内出罪,此为当代罪刑法定派生机能);另一方面,如果不是特定行为例外地不具有构成要件行为类型性地具有的不法和责任,而是立法者制定的刑罚法规特别是构成要件与法定刑的设置本身,就违反了适当的犯罪化与适当的刑罚处罚要求,司法者不仅可以拒绝根据该刑罚法规对形式上符合构成要件的行为予以定罪量刑,甚至可能借由司法审查机制或者合宪审查机制宣告该刑罚法规无效(恶法非法的具体展开)。

比较而言,我国《刑法》第 3 条规定的罪刑法定原则,其字面文义还只是停留于作为规则之治的罪刑法定范畴内,没有将刑罚法规明确性的要求和刑罚法规内容正当性的要求,明确设定为立法者斟酌决定将特定行为犯罪化、设置构成要件、配置法定刑的指导原则,因而难言为体现良法之治的罪刑法定。

再次,我国犯罪论体系的发展和转型,对《刑法》第 3 条规定的罪刑法定原则构成了重大挑战。

犯罪论体系是按照特定的逻辑架构与功能设定,整序刑法规定的犯罪成立条件,以指导司法者如何定罪的知识体系和思维模型。犯罪论体系的构建,以实定刑法条文为前提,又反制实定刑法条文的解释与适用。[1] 犯罪论体系与刑法条文的相互制约性,同样适用于作为刑法帝王条款的罪刑法定原则。

1997 年《刑法》第 3 条确认罪刑法定原则时,我国通行的犯罪论体系仍然是四要件犯罪构成理论。四要件犯罪构成理论强调,行为符合犯罪构成,不仅

---

〔1〕 参见储槐植:《美国刑法》(第3版),北京大学出版社2005年版,“美国刑法的价值基础”(代前言)。

是定罪的必要条件，而且是充要条件，只要行为符合犯罪构成，就应当认定行为人有罪。四要件犯罪构成理论与《刑法》第 3 条对罪刑法定原则的表述，具有内在价值的契合性与思维逻辑的一致性。正是当时我国刑法学界对四要件犯罪构成理论的坚持，催生了《刑法》第 3 条规定的罪刑法定的文字表述。《刑法》第 3 条规定的罪刑法定，就是四要件犯罪构成理论的法典化表述。

但是，随着近年来我国犯罪论体系由四要件犯罪构成理论向阶层犯罪论体系的全面转向，犯罪构成作为定罪充要条件的神话被打破。按照阶层犯罪论体系的审查逻辑，符合构成要件的行为一般可以被推定为违法且有责，并据此认定其为犯罪。但是，符合构成要件的行为并不能当然地认定为有罪，而是尚须结合个案的具体事实以及行为人的特殊情况，进一步进行违法性和有责性的过滤。如若存在阻却违法事由或者阻却责任事由，则不能认定有罪。而所谓阻却违法事由或阻却责任事由，则不限于实定刑法明文规定的事由，尚包括实定刑法没有明文规定而待由司法实践与刑法理论提炼的超法规的阻却违法事由或阻却责任事由。正是阶层犯罪论体系的引入特别是超法规的阻却违法与阻却责任事由的承认，使得在四要件犯罪构成理论语境下被视为理所当然的《刑法》第 3 条前半段表述，在新的刑法理论语境下出现了逻辑上的不自洽：《刑法》第 3 条前半段要求"法律明文规定为犯罪行为的，依照法律定罪处刑"处刑（法有明文规定即为罪）；而根据阶层犯罪论体系，即使行为形式上类型性地符合构成要件，仍然可能例外地予以出罪处理（法有明文规定未必有罪）。可见，在阶层犯罪论体系超越四要件犯罪构成理论成为刑法理论逻辑与知识体系转型大势所趋的语境下，1997 年《刑法》第 3 条关于罪刑法定原则的规定，面临如何在理论体系上实现逻辑自洽、体系对接的重大挑战。

最后，盛行于基层刑事司法实践的司法能动主义与司法教条主义思维，对《刑法》第 3 条规定的罪刑法定原则构成了双重威胁。

当代中国处于社会转型的深水期和法治国家建设的初级阶段，这一基本国情在相当的程度上决定了我国基层刑事司法极易并且在事实上往往在两个极端之间徘徊，并在根本上构成了对《刑法》第 3 条规定的罪刑法定原则的背反。

极端之一维表现为个别地方的司法者无视罪刑法定原则的限制机能，奉行极端司法能动主义，罔顾构成要件，肆意突破刑法边界，基于维稳或者发展的一时之需，任意适用或搁置刑法。其中又具有两个方面的极端表现：

一方面,突破罪刑法定对国家刑罚权行使设置的边界限制,任意突破刑法条文的最大文义射程解释与适用刑法,对法无明文规定的行为随意法外入罪、法外用刑,罪刑法定原则实际异化为"法无明文规定亦为罪"。一些地方的刑事司法实务不断扩张其适用范围的非法经营罪、[1]寻衅滋事罪、[2]敲诈勒索罪、[3]破坏生产经营罪[4]等个案的合法性争议,即为其适例。

另一方面,对刑法明文规定为犯罪并且法益侵害严重、值得动用刑罚处罚的案件,却寻找种种借口进行袒护,甚至恣意曲解法律予以出罪,罪刑法定原则因而异化为"法有明文规定亦无罪"。刑事司法实践对诸如危害食品药品安全、破坏生态环境、非法强拆民宅以及公职人员侵权渎职犯罪案件不时隐现的"有案不立""有罪不诉""有罪不审""有罪不定""有罪不罚",就是其极端表现。

极端之另一维则表现为僵化地理解罪刑法定原则,奉行司法教条主义,将复杂、缜密的司法过程简化为简单的三段论演绎推理,无视个案处理的具体正义,《刑法》第 3 条规定的罪刑法定原则因而被曲解为"法有明文规定必定有罪"。这是导致诸如"气枪案""两只鹦鹉案""三株兰草案""马戏团案""玉米案""辱母杀人案"等诸多司法案件的司法逻辑症结所在。[5]

重申罪刑法定:坚守国家刑罚权行使合法性的底线

面对罪刑法定原则在当代复杂中国遭遇的多重挑战,必须重申罪刑法定是法治国家不可突破的底线,国家刑罚权必须真正受到实定刑法的严格规训

---

[1] 有的地方司法机关将刷信炒单以虚增交易金额、虚抬电商信誉的不正当竞争行为认定为非法经营罪。

[2] 有的地方司法机关以刑事手段插手普通民事经济纠纷,人为扩大寻衅滋事罪的适用范围,将不构成故意伤害等犯罪的民事、经济纠纷中的过激行为,改按寻衅滋事罪予以追诉。有的地方甚至将公民维权、偷拍官员腐败行为等动辄诉之以寻衅滋事罪。

[3] 有的地方司法机关将根据《消费者权益保护法》与《食品安全法》进行的知假买假、职业打假人购买假货后索取 3 倍至 10 倍赔偿金的行为直接认定为敲诈勒索罪。

[4] 有的地方司法机关将反向刷信炒单以贬低电商信誉、造成商户不能交易的不正当竞争行为认定为破坏生产经营罪。

[5] 值得注意的是,在大数据运用、法律人工智能、智慧司法成为当下新的热点的语境下,司法教条主义或会派生一个新的变种即司法技术主义,并因其时尚、客观、统一、高效而成为苦于讼累的中国司法者摆脱案件积压的一个制胜法宝。参见《中国法律评论》2018 年第 2 期专论"大数据与人工智能的司法实践"。

与有效约束。

如何重申罪刑法定？在我看来，首先就在于坚守国家刑罚权的行使必须满足最低限度的形式合法性这一底线要求。重申罪刑法定原则的这一底线要求，无疑属于宏大叙事，涉及对被告人定罪量刑的方方面面，本文无法一一具体展开，而只能针对中国当下法治实践存在的突出问题，重点关注以下几个方面：

1. 严守罪刑法定原则的底线要求，严格解释与适用刑法，严禁突破法条最大文义射程进行法外入罪、法外用刑。

刑法解释是连接刑事立法与刑事司法的桥梁。经由刑法解释，刑法规范才能进一步具体化、明确化，从而与具体案件事实对接，作为个案刑事裁判的规范依据。因此，能否正确解释刑法，并根据正确解释后的刑法规范含义裁判个案，是罪刑法定原则能否得到坚守的关键所在。

从中国当下的法治现实出发，严守罪刑法定原则的底线要求，司法者必须根据《决定》的要求与《立法法》的规定，正确处理司法解释与实定刑法的关系，坚决杜绝司法解释架空、置换、突破实定刑法，以司法解释之名行司法造法之实。

《决定》在论及"推进严格司法"时，明确要求"加强和规范司法解释和案例指导，统一法律适用标准"。《立法法》第104条则规定："最高人民法院、最高人民检察院作出的属于审判、检察工作中具体应用法律的解释，应当主要针对具体的法律条文，并符合立法的目的、原则与原意。"《立法法》明确了司法解释的对象主要是"具体的法律条文"，司法解释既不能拘泥于法律条文的通常字面文义，也不能偏离"立法的目的、原则和原意"，而应在法律条文的最大文义射程范围内，根据"立法的目的、原则和原意"，探寻和界定法律条文的真正与合理的意思。

因此，司法机关无论是在发布司法解释或具有司法解释功能的其他规范性文件时，还是在根据刑法规定、司法解释、规范性文件处理个案，包括制定和发布指导性案例时，都应当严格遵循《决定》的要求和《立法法》的规定，坚持罪刑法定原则，讲究构成要件，坚守司法边界。对于刑法条文和相关法律没有具体、直白规定的行为，可以在法条最大文义射程范围内，根据刑法条文的规范目的与保护法益，进行实质解释与合目的性地适用。但是，刑法的实质解释与合目的性适用只能充分而不能过分，解释者与司法者必须在位而不能越位。

刑法解释的过程只能是"一个'有中找有'而非'无中找有'的过程"。[1] 面对可能出现的由于刑法与相关法律规定滞后或缺位导致的刑法规制漏洞、刑罚处罚空白,司法者不能基于本能的正义感而超越司法权的边界在法外定罪量刑。否则,就难免有司法权僭越立法权、以司法解释之名行司法造法之实之嫌。

2. 严守罪刑法定原则作为规则之治的基本要求,对符合法定构成要件、真正不法且有责的行为,必须严格依法定罪量刑,杜绝选择性执法和差异性司法。

罪刑法定以刑法分则规定的构成要件为基本载体。构成要件不仅具有违法推定机能与责任推定机能,而且具有区分犯罪的犯罪个别化以及规制犯罪故意内容的故意规制机能。规定构成要件的刑法分则条文亦表达特定的行为规范与裁判规范。作为行为规范,刑法条文对公民的行为提出特定的符合法秩序的义务要求,从刑法的观点判断符合构成要件的行为应当受到法的非难(评价规范),并命令公民作出服从刑法要求的意思决定(意思决定规范)。同时,刑法条文亦为公民提供法安全的保障。作为裁判规范,刑法条文既命令法官对符合构成要件的行为定罪处罚并赋予正当性;又限制法官对不该当构成要件的行为发动刑罚权。

坚守罪刑法定原则,必须严格根据刑法分则条文判断一个行为是否该当构成要件。一方面,只要行为不该当构成要件,即使被认为造成了严重的法益侵害,具有刑罚处罚的必要性,亦不得脱离构成要件恣意地决定对行为人进行刑事追诉。例如,根据《刑法》第 221 条的规定,损害商品声誉罪的构成要件是捏造并散布虚伪事实,损害他人的商品声誉,给他人造成重大损失或者有其他严重情节。而所谓"捏造并散布虚伪事实,损害他人的商品声誉",必须是行为人无中生有,虚构本不存在、未曾发生的,并足以误导消费者、损害他人商品声誉的事实。只有先行实施了捏造虚伪的事实然后加以散布的,才能该当损害商品声誉罪的行为要件。在"鸿茅药酒案"中,该案嫌疑人谭秦东并没有捏造并散布鸿茅药酒致人死伤或身体健康受损的虚伪事实的行为举止,因此,即使其"吐槽"鸿茅药酒为"来自天堂的毒药"损害了鸿茅药酒的商品声誉,亦因其缺失损害商品声誉罪构成要件的行为举止而不该当该罪构成要件,自不得对

---

[1] 杨兴培:《检视罪刑法定原则在当代中国的命运境遇——兼论中国刑法理论危机的到来》,载《华东政法大学学报》2010 年第 1 期。

其“吐槽”行为以损害商品声誉罪进行刑事追诉。另一方面，完全该当构成要件的行为，若无阻却违法事由或者阻却责任事由，就是具有刑罚处罚必要性的犯罪行为，依法予以刑事追诉、定罪量刑，就是司法者的职责所在。基于这一前提，除非确实存在阻却违法事由或者阻却责任事由，或者具有刑事政策或者诉讼经济上的特别理由，司法者不得随意行使自由裁量权，漠视刑法的明文规定，对真正有罪的行为恣意地作出不予立案、不予起诉、不予审判或者不予定罪量刑的决定。

3. 重申罪刑法定原则，必须以完全该当构成要件的既遂犯作为刑法处罚的基准，审慎对待和处理作为刑罚扩张事由的未完成罪。

罪刑法定原则既然以刑法分则规定的构成要件为载体，行为完全该当构成要件即犯罪既遂的才能被定罪，就是罪刑法定原则的基本要求。作为犯罪未完成形态的预备犯（形式预备犯）、未遂犯与中止犯并未完全该当构成要件，在罪刑法定的视野中，如果处罚预备犯、未遂犯与中止犯，就只能将其视为刑罚扩张事由。但是，这些刑罚扩张事由是否当然具有刑法上的可罚性，无论是在当代刑事政策视域中，还是在刑法教义学逻辑上，均不无异议。因此，多数国家刑法对预备犯均采原则上不罚、例外处罚的做法，对未遂犯原则上重罪可罚，但轻罪不罚，对中止犯或者中止未遂原则上不罚或者减免处罚。而我国《刑法》则对预备犯、未遂犯与中止犯采取了普遍处罚原则，只是在裁量刑罚时，预备犯、未遂犯与中止犯才能作为法定的从宽处罚情节。我国刑事司法实践追究预备犯、未遂犯与中止犯的刑事责任，虽然形式上似乎于法有据，但是，如果不加限制地普遍处罚预备犯、未遂犯与中止犯，既不具有实质合理性、客观必要性、实际可行性，亦得认为无法满足罪刑法定原则以完全该当构成要件的既遂犯为刑法处罚基准、审慎对待和处理作为刑罚扩张事由的未完成罪的形式合法性要求。

4. 重申罪刑法定原则，必须以直接实施构成要件行为的正犯为刑法处罚基准，审慎对待和处理作为刑罚扩张事由的共犯。

共同犯罪是二人以上共同故意犯罪。作为刑法理论上“最为黑暗、混乱的篇章”，共犯论问题的本质在于集体行为中的个人责任归属，即如何恰当地分配各个犯罪参与人对集体行为的刑事责任。[1]

我国共犯论的核心问题在于，我国《刑法》规定的犯罪参与体系，究竟属于类似德国、日本的区分正犯与共犯的区分制体系，还是类似意大利、奥地利的参与犯罪者都是正犯的单一制体系？抑或是独具中国特色的犯罪参与体系？犯罪参与体系归属决定对犯罪参与类型的刑法评价与刑法态度。一般认为，根据区分制犯罪参与体系，限制的正犯概念是犯罪参与体系的理论基础，正犯的实行行为是共同犯罪的中心形态，正犯是共同犯罪的核心人物。共犯包括教唆犯和帮助犯仅仅是共同犯罪的边缘角色，构成刑罚扩张事由。刑法以处罚正犯为基准，对共犯的处罚则参照正犯的处罚基准。[2] 而根据单一正犯犯罪参与体系，凡是参与犯罪或者给予犯罪以加功的，都是正犯，参与或者加功犯罪的具体行为样态并不重要，对于各个正犯都适用同一法定刑，只是在量刑时才根据参与或者加功的程度具体裁量。在单一制犯罪参与体系下，帮助犯与教唆犯并不构成刑罚扩张事由。因此，如果认为我国的共同犯罪立法可以归入区分制体系，基于限制正犯概念，则帮助犯与教唆犯相对于正犯就构成刑罚扩张事由。如果认为我国的共同犯罪立法可以纳入单一正犯体系，则所有犯罪参与者都是正犯，自不存在是否刑罚扩张事由之别。因此，正确界定我国刑法规定的犯罪参与体系，不仅关系到审慎对待和处理作为刑罚扩张事由的共犯，而且直接关系到在共犯论中是否以及如何贯彻罪刑法定原则。

当今德国、日本的刑法教义学虽然理论逻辑上出现了对区分制体系的系统批判以及改采单一制体系的强烈主张，[3] 但是，通行的观点还是认为，区分制体系较之于单一制体系，更有利于贯彻罪刑法定原则，更倾向于对共犯主要是帮助犯展现刑法的谦抑性与审慎性。[4] 我国学者对我国犯罪参与体系的初步探讨，亦形成了区分制体系与单一制体系的理论对峙以及区分制体系超越单一制体系逐渐占据学术通说的学术格局。

---

[1] 江溯：《犯罪参与体系研究：以单一正犯体系为视角》，中国人民公安大学出版社 2010 年版，第 6 页。

[2] 参见许玉秀：《当代刑法思潮》，中国民主法制出版社 2005 年版，第 569 页。

[3] 参见江溯：《犯罪参与体系研究：以单一正犯体系为视角》，中国人民公安大学出版社 2010 年版，第 38－115 页。

[4] 对单一正犯体系不当扩大处罚范围的批判，德国学者格拉斯、鲍克尔曼迪茨有过系统的论述。参见［日］高桥则夫：《共犯体系和共犯理论》，冯军、毛乃纯译，中国人民大学出版社 2010 年版，第 14－16 页。

本人基本上赞同有些学者新近提出的观点,我国犯罪参与体系并非简单归属区分制体系或单一制体系,而毋宁说是折中了区分制与单一制的二元制犯罪参与体系。[1] 亦即我国犯罪参与体系要求对犯罪参与者在定罪时根据其在共同犯罪时的分工区分正犯与共犯(教唆犯、帮助犯),而在量刑时则根据各个犯罪参与人在共同犯罪中所起作用区分主犯、从犯与胁从犯,由此形成了鲜明的中国特色,即正犯未必是主犯,正犯也可能是从犯;共犯特别是教唆犯未必是从犯,共犯也可能是主犯。这种二元制体系,既有利于在犯罪参与的归责边界上贯彻罪刑法定原则,防止任意扩大犯罪参与的归责范围,也有利于合理地分配各个犯罪参与人的刑事责任,实现罪责刑相适应。较之于德国、日本的区分制体系和意大利、奥地利的单一制体系,我国的二元制体系显然是更为科学与合理的犯罪参与体系。

在本人看来,根据二元制体系,我国对正犯与共犯的判断只需坚持形式客观说,即以是否直接实施符合构成要件的实行行为为标准区分正犯与共犯,完全没有必要尾随德、日,采纳实质客观说,脱离构成要件对正犯与共犯进行实质判断,提倡所谓"正犯的实质化"与"共犯的正犯化"。[2] 一方面,在犯罪参与类型上采纳形式客观说可能存在的不足,完全可以通过量刑时根据犯罪参与人的参与程度界定其为主犯或从犯予以救济。我国学者热衷的实质客观说特别是罗克辛所建构的犯罪支配理论,仅仅是在德国、日本以正犯为犯罪参与的核心人物、对正犯的处罚是共犯处罚基准的特定语境下,德、日学者为解决刑罚处罚不足(当帮助犯或教唆犯实际支配犯罪因果流程时)或者刑罚处罚过分(当正犯没有支配犯罪因果流程时),而特别发展出的刑法教义学原理,这样的理论本身是否符合罪刑法定原则、是否符合刑法教义学的理论逻辑就不无疑问,在我国更无予以套用的必要。如果生搬硬套实质客观说,不仅会破坏我国刑法内部的体系性与逻辑性,而且会直接违反罪刑法定原则,不适当地扩大犯罪参与的处罚范围。另一方面,采纳形式客观说亦不会人为地制造刑法处罚漏洞,放纵对所谓间接正犯的处罚。刑法教义学如果承认间接正犯,间接正犯不过是行为人基于自己犯罪的意思,利用他人作为犯罪工具,实施构成要件

---

〔1〕 参见钱叶六:《中国犯罪参与体系的性质及其特色》,载《法律科学》2013年第6期。

〔2〕 教义学与司法论上否定"共犯的正犯化",并不意味着在立法论上不可以进行"共犯的正犯化"的立法。事实上,《刑法修正案(九)》增设的帮助网络违法犯罪活动罪,就是帮助行为正犯化的立法例。

行为。间接正犯的利用者在物化利用被利用者实施犯罪时,与直接正犯自己利用刀具、枪支、恶犬等物理性工具实施犯罪相比,在利用犯罪工具实施构成要件行为这一点上,既无外在利用形式的差异,亦无刑法规范意义的不同。工具理论足以解释间接正犯的正犯性,形式客观说亦不存在不能解释间接正犯的问题。〔1〕 当然,在中国现行刑法规定与限制正犯概念、共犯限制从属性说双重语境下,所谓间接正犯其实完全可以纳入教唆犯的范畴,并根据其对被利用者实施的犯罪的支配与操控程度,按被利用者实施的犯罪的教唆犯定罪处罚,没有必要在实定法的依据之外根据间接正犯这一理论概念,对利用者以被利用者实施的犯罪的间接正犯定罪处罚。〔2〕

重述罪刑法定:国家刑罚权的行使必须满足良法善治、具体法治与个案正义的要求

重申罪刑法定原则并践行罪刑法定原则,满足国家刑罚权行使的形式合法性要求,体现了规则之治的法治精义。但是,这仅仅是法治中国建设对刑事司法提出的最低要求。要真正贯彻罪刑法定原则,还必须进一步超越对罪刑法定原则的形式主义、机械主义与教条主义的理解,对囿于立法当时的认识水平、博弈妥协等立法考量而规定的《刑法》第 3 条罪刑法定原则,〔3〕重新进行解读与表述,使之符合《决定》对规则之治、良法善治、具体法治的愿景规划,顺应世界范围内罪刑法定原则的当代发展,合乎犯罪论体系转向后的内在逻辑,适应实现个案正义的客观需要。

重申罪刑法定与重述罪刑法定,是一个二律背反的命题,既不能因重申罪刑法定而反对重述罪刑法定,也不能借重述罪刑法定而放弃罪刑法定。重申是前提,重述是关键。而重述罪刑法定的重点则在于如何解读与重构《刑法》第 3 条前半段这一独具中国特色的规定。

张明楷教授否定《刑法》第 3 条前半段与罪刑法定相关。他认为:"《刑法》第 3 条后段虽然是对罪刑法定原则的规定,但其前段并不是罪刑法定原则的

〔1〕 参见[日]松宫孝明:《刑法总论讲义》,钱叶六译,中国人民大学出版社 2013 年版,第 193 页。

〔2〕 参见梁根林:《间接正犯的中国命运》,载《比较法研究》2019 年第 5 期。

〔3〕 参见高铭暄:《中华人民共和国刑法的孕育诞生与发展完善》,北京大学出版社 2012 年版,第 171 – 175 页。

规定(不是所谓积极的罪刑法定原则),而是针对我国刑法分则的特点,防止司法人员随意出罪。易言之,第 3 条前段旨在突出刑法的法益保护机能,后段则旨在突出刑法的人权保障机能。”[1] 可是,众所周知,罪刑法定首先就是要防范代表国家行使刑罚权的司法机关滥用刑罚权,随意出入人罪。《刑法》第 3 条前半段的规定无疑体现了罪刑法定以立法权限制司法权的这一初衷,张明楷教授断言《刑法》第 3 条前半段与罪刑法定无关,无法令人信服。

陈兴良教授同样认为,所谓“积极的罪刑法定”并非罪刑法定原则的初衷。但是,为了使《刑法》第 3 条前半段能够与罪刑法定原对接,陈兴良教授独具匠心地主张将《刑法》第 3 条前半段“法律明文规定为犯罪行为的,依照法律定罪处刑”解释为“只有法律明文规定为犯罪行为的,才能依法定罪处罚”。[2] 按照其理解,此处所谓“法律明文规定”,主要是指刑法分则规定的构成要件,所谓“法律明文规定为犯罪行为”,其含义只是指行为符合刑法分则规定的构成要件。如果将《刑法》第 3 条前半段限缩解释为“只有法律明文规定为犯罪行为的,才能依照法律定罪处刑”,意味着行为符合构成要件,只是定罪的前提条件与必要条件,而非充要条件,除此之外,还需要进一步判断符合构成要件的行为是否存在阻却违法或者阻却责任事由,才能最终认定行为人有罪。[3]

陈兴良教授的这一解读,正是基于阶层体系思维对《刑法》第 3 条前半段进行教义重述的重要学术努力,值得予以高度肯定,我本人在方向上也予以高度认同。我有所质疑的是,《刑法》第 3 条前半段和后半段,在其实然性上,是我国确认的罪刑法定原则既相对独立又互相呼应的两个方面。法条的文字表述显然采用的是全称判断,即“(只要)法律明文规定为犯罪行为的,(就)应当依照法律定罪处刑;(只要)法律没有明文规定为犯罪行为的,(就)不得定罪处刑”。陈兴良教授没有注意到《刑法》第 3 条的规定是全称判断,或者为了对《刑法》第 3 条进行符合罪刑法定初衷的合理化解释,对《刑法》第 3 条前半段进行了选择性解读。按照其逻辑,《刑法》第 3 条用分号并列的前半段与后半段,或可解读为“(只有)法律明文规定为犯罪行为的,(才能)依照法律定罪处刑;(只有)法律没有明文规定为犯罪行为的,(才能)不得定罪处刑”。如此解

---

〔1〕 张明楷:《刑法学》(第 5 版),法律出版社 2016 年版,第 53 页。

〔2〕 参见陈兴良:《刑法的明确性问题:以〈刑法〉第 225 条第 4 项为例的分析》,载《中国法学》2011 年第 4 期。

〔3〕 参见陈兴良:《罪刑法定主义的逻辑展开》,载《法制与社会发展》2013 年第 3 期。

读,不仅在表述上感觉别扭,而且在语法上不够严谨。而如果将前半段解读为“(只有)法律明文规定为犯罪行为的,(才能)依照法律定罪处刑”,将后半段解读为“(只要)法律没有明文规定为犯罪行为的,(就)不得定罪处刑”,同样是一种为我所用、不合语法逻辑的割裂式解读。

鉴于此,本人虽然肯定并认同陈兴良教授重述罪刑法定原则的方向,但并不赞成他的具体分析与论证。在我看来,能否对《刑法》第3条进行符合罪刑法定原则限制国家刑罚权、保障国民人权的限制机能的合理化解释,关键在于是否以及如何对《刑法》第3条所指“犯罪行为”进行符合阶层体系逻辑的界定。如果按照四要件犯罪构成理论的逻辑,将法条所称“犯罪行为”简单、机械、教条地理解为触犯刑罚法规、符合刑法分则规定的构成要件的行为,而无论其是否真的侵犯刑法所保护的法益并具有罪责,只要行为符合构成要件,就认定是犯罪行为,据此将《刑法》第3条前半段解读为“只要法律明文规定为犯罪行为的,就应当依照法律定罪处刑”,甚至美其名曰“积极的罪刑法定”,当然是不可取的。但是,刑法教义学完全可以将法条所称“犯罪行为”区分入罪与出罪两种不同情形,根据阶层犯罪论体系逻辑予以分别界定:

基于入罪不仅要形式合法而且要实质合理的考量,不能简单地将《刑法》第3条前半段所称“犯罪行为”界定为形式上触犯刑罚法规、符合构成要件的行为,而应根据阶层体系逻辑,将“犯罪行为”解读为不仅形式上触犯刑罚法规、符合构成要件,而且不存在阻却违法事由和阻却责任事由,因而实质不法和有责的行为。如此界定的“犯罪行为”,才是真正具有刑罚处罚必要性和合理性的“犯罪行为”。将《刑法》第3条前半段解读为“只要法律明文规定为犯罪行为(符合构成要件、违法且有责的行为),就应当依照法律定罪处刑”,表面上看仍然是积极地要求国家司法机关对“犯罪行为”依照法律定罪处刑,但是这一积极要求其实已经内含了将虽然类型性地符合构成要件但例外地不具有违法性和责任的行为排除在定罪处刑范围之外的限制机能,满足了当代罪刑法定原则在有效保护法益的同时充分保障人权的限制机能的要求。

司法者在对被告人的行为入罪时,应当在形式判断的基础上进行实质判断,并不意味着在出罪时也需要根据同样的逻辑界定“犯罪行为”。在法治国家,司法者在出罪时只需要对《刑法》第3条后半段所称“犯罪行为”进行形式判断,即只要认为被告人的行为在形式上没有触犯刑罚法规、符合构成要件,即使行为具有严重的社会危害性、行为人具有严重的人身危险性,也不能予以定罪处刑。司法者面对立法上存在的刑罚处罚漏洞必须展现必要的容忍与无奈,这是罪刑法定原则"法无明文规定不为罪,法无明文规定不处罚"的题中应有之义。

由此可见,虽然我国《刑法》第3条的文字表述表面上显现出所谓"积极的罪刑法定"与"消极的罪刑法定"并列的意蕴,与《决定》对法治中国建设的要求并不完全一致。但是,通过刑法教义学的重述,仍然可以在不修法的前提下,使这一规定衍生出不仅是规则之治的罪刑法定,而且是良法之治、根据良法进行善治、在个案中实现具体法治的罪刑法定的当代要求。这样,我国《刑法》第3条规定的罪刑法定原则,就完全可以满足《决定》对规则之治、良法之治、良法善治的要求,实现与世界范围内罪刑法定原则当代发展的无缝对接,并且与刑法阶层体系思维、刑事司法定罪客观规律完全契合。就此而论,面对我国《刑法》第3条独具中国特色的罪刑法定原则立法表述,不仅不应如学者所主张的那样,通过修法废止第3条前半段的规定,[1]而且应当大力强调《刑法》第3条前半段入罪机能与后半段出罪机能的平衡,从而真正实现法益保护与人权保障的统一。

■ 个案正义困境突破与刑事司法逻辑转换

面对中国法治建设面临的双重挑战,重申和重述罪刑法定,必然要求我国刑事司法实践转换司法逻辑,改变形式主义、教条主义与机械主义的思维定势,突破习以为常的四要件犯罪构成理论的羁绊,在阶层体系逻辑与刑法规范目的的指引下,结合个案具体事实与行为人的特殊情况,严格遵守实定刑法的罪刑规范裁判个案,从而真正突破个案正义困境。

鉴于当下中国法治语境,转换刑事司法逻辑、突破个案正义困境的关键,在于处理好以下几对范畴的关系。

□ 形式合法与实质合理

近年来,我国刑事司法实践在解释与适用法条处理个案时,往往拘泥于对

---

〔1〕 参见付立庆:《善待罪刑法定——以我国刑法第三条之检讨为切入点》,载《法学评论》2005年第5期。

法条字面文义的形式主义理解,对个案的处理只是满足于案件裁判结果形式上于法有据,具有形式合法性,而忽视立法目的与保护法益对法条真正文义的探寻以及对个案处理结果妥当性的制约。这是近年来背离个案正义、具体法治的奇葩司法个案时有所见的直接原因。

目的法学的代表人物耶林早就指出:“目的是内在的生活和隐藏的灵魂,是一切权利的源泉。目的是全部法律的创造者。每条法律规则的产生都源于一种目的,即一种事实上的动机。”〔1〕这一经典论述深刻地阐明了每一个法律规则都有其目的,目的不仅决定法律规则的规范含义,而且构成国家制定和适用法律规则的动机。因此,旨在探明刑法条文规范含义的刑法解释,应当在刑法条文字面文义射程范围内,结合刑法条文的保护法益、规范保护目的与具体情境等,探寻与确定刑法条文的真正规范意义。〔2〕而在法条文义范围内对刑法规范意义进行合目的性解释的结果,往往是目的性的限缩解释,或者充其量是目的性的平义解释。〔3〕

合目的性地解释刑法必然要求刑事司法实践在入罪时合目的性地适用刑法处理个案。由形式法治、规则之治层面的罪刑法定原则对“法无明文规定不为罪,法无明文规定不处罚”的规训所决定,司法实践对被告人行为的出罪,端视行为是否法有明文规定而定。只要行为形式上没有触犯刑罚法规、不该当构成要件,包括经过刑法解释也无法确认其在法条文义射程范围内,即使行为客观上严重侵犯法益,行为人具有人身危险性,也不得进行法外入罪、法外用刑。就此而论,出罪处理时只需要考量行为是否具有形式违法性,至于根据行为是否具有形式违法性做出的裁判结论是否具有实质合理性、裁判结果是否具有合目的性,则在所不论。但是,由良法善治、具体法治层面的罪刑法定原则对国家刑罚权行使的正当性与个案处理的公正性要求所决定,司法实践对被告人行为的入罪,则不仅要强调于法有据,具有形式合法性,而且要强调实质合理,具有合目的性。〔4〕

因此,兼顾形式合法性与实质合理性,必须成为对犯罪嫌疑人、被告人定

---

〔1〕参见[美]E. 博登海默:《法理学:法律哲学与法律方法》,邓正来译,中国政法大学出版社1999年版,第109页。

〔2〕参见周光权:《刑法解释方法位阶性的质疑》,载《法学研究》2014年第5期。

〔3〕参见梁根林:《作为刑法限制科学的刑法学(代自序)》,载梁根林:《刑法总论问题论要》,北京大学出版社2018年版,第2页。

〔4〕参见储槐植:《出罪应注重合理性》,载《检察日报》2013年9月24日。

罪量刑的基本逻辑。司法者在裁判个案时,如果要入罪,则必须兼顾形式合法性与实质合理性,遵循先进行形式判断以解决入罪的形式合法性、再进行实质判断以满足入罪的实质合理性的判断秩序;如果要出罪,则只需进行形式判断,只要行为在形式上不该当构成要件,不具有形式违法性,即不得定罪。

□ 法秩序统一性与刑事违法性判断的相对性

在“法定犯时代已经到来”的当代中国,[1]“行刑竞合”与“民刑交叉”既具有作为法学研究问题的全学科性,又具有作为法治实践问题的全领域性。

处理“刑民交叉”与“行刑竞合”案件,必须坚持法秩序统一性原理。“法秩序的统一性要求排除法规范之间的矛盾,排除法规范之间的矛盾要求违法判断的统一性”,“法官在适用某个法律条文时,同时也是在适用整体法规范,或者说,法官虽然是对个别案件进行判断,但仍须从整体法秩序的角度进行判断法秩序统一性”。(德国学者恩吉斯语)[2]因此,一方面,构成要件该当行为如果属于民法或者行政法允许的行为,必然不具有刑事违法性。只有侵犯民法、行政法保护的法益因而具有民法、行政法上的违法性的构成要件该当行为,才可能具有刑法上的违法性。另一方面,民法或行政法不予保护的利益,亦不应成为刑法予以保护的法益,侵害该利益的行为即使该当构成要件,亦因不具有民法、行政法上的违法性而不具有刑事违法性。[3]

但是,法秩序统一性并不排斥刑事违法性判断的相对性。该当构成要件并为民法或者行政法禁止的行为,并不当然具有刑事违法性。同一法律用语在刑法与民法、行政法中亦不是必须保持同一文义,同一用语的判断标准在刑法与民法、行政法上完全可以有所区隔。[4] 刑法上的相关概念是否应与民法、行政法保持一致,应根据刑法与民法、行政法的体系与功能定位特别是保护目的是否相同进行具体判断。[5]

在“气枪案”中,如果我们承认《枪支管理法》与《刑法》具有不同的保护目

---

〔1〕 储槐植:《要正视法定犯时代的到来》,载《检察日报》2007 年 6 月 1 日,第 3 版。

〔2〕 转引自王昭武:《法秩序统一性视野下违法判断的相对性》,载《中外法学》2015 年第 1 期。

〔3〕 参见王昭武:《法秩序统一性视野下违法判断的相对性》,载《中外法学》2015 年第 1 期。

〔4〕 参见张明楷:《避免将行政违法认定为刑事犯罪:理念、方法与路径》,载《中国法学》2017 年第 4 期。

〔5〕 参见于改之:《法域冲突的排除:立场、规则与适用——以刑法与民法两大法域冲突为中心》,载《中国法学》2018 年第 4 期。

的,就完全可以根据《枪支管理法》与《刑法》对“枪支”的含义特别是其鉴定标准作出不同的界定,对涉枪违法行为进行行政处罚时可以从宽认定“枪支”,对涉枪犯罪行为进行刑事追诉时则应当严格认定“枪支”。在“鹦鹉案”中,亦完全可以对作为非法出售珍贵、濒危野生动物罪对象的“野生动物”,作出较之于《野生动物保护法》所界定的“野生动物”更为限缩的解释,即排除“人工繁殖、驯养的野生动物”,而将本罪对象限定为非人工繁殖、驯养的野生动物。非法出售前者的,可以根据《野生动物保护法》予以行政处罚。非法出售后者的,才能以犯罪论处。在“马戏团案”中,尽管马戏团团主行为时确实违反《野生动物保护法》第 23 条关于“运输、携带国家重点保护野生动物或者产品出县境的,必须经省、自治区、直辖市政府野生动物行政主管部门或者其授权的单位批准”的规定,依法应当予以行政处罚,但是,同样应当将与非法猎捕、杀害、收购、出售珍贵、濒危野生动物不具有相当性的未获行政许可跨县境运输野生动物行为,排除在《刑法》第 341 条“非法运输”文义范围之外,而仅将该条所称“非法运输”限定在处于非法猎捕、杀害、收购、出售珍贵、濒危野生动物行为链条之中的非法运输行为。

□ 不法与责任

长期以来,我国刑事司法实践没有不法和责任二元区分的观念,一旦认定行为符合构成要件,就对被告人定罪量刑。而作为“过去两三代人取得的最为重要的刑法教义学成果”,不法与责任二元区分的阶层体系思维,则超越了在合法与不法、无罪与有罪之间进行非此即彼决断的简单化思维,为刑事司法裁判在行为无罪与有罪之间设置了一个缓冲区。司法者运用阶层体系思维,可以在肯定行为不法的同时因为行为人无责而否定其有罪,据此作出的刑事裁判既维护了法规范的权威性与法秩序的有效性,又实现了个案中具体裁判结论的妥当性。

因此,如果我国的刑事司法实践接纳不法与责任二元区分的观念,并将其转换为个案裁判的司法逻辑,就完全可以化解许多难办案件的司法裁判面临的二难抉择。例如,对于“辱母杀人案”,司法者或可认定于欢的防卫行为过当并构成不法,但鉴于于欢不堪忍受众多讨债者长时间的极端语言与暴力羞辱,不能合理地期待于欢在反击时精准掌握持刀捅刺讨债者的具体对象、部位、力度与次数,即缺乏作为责任要素的期待可能性,因而阻却于欢对其防卫过当不法行为的责任，并最终宣告于欢的行为不构成犯罪。对于“气枪案”，即使套用公安部行政裁量标准认定赵春华持有的气枪属于涉枪类犯罪的对象，认定赵春华客观上实施了非法持有枪支的行为，主观上具有非法持有枪支的故意，因而该当非法持有枪支罪的构成要件，且不存在阻却违法事由，肯定其行为不法，司法者也不应当认定其行为构成犯罪。因为其持有的气枪明显不同于军用枪支，甚至亦不同于以火药为动力的非军用枪支，持有气枪是否被法律所禁止不可能像杀人、抢劫、强奸等自然犯那样清晰明了，社会一般人对于持有何种形状、性状与杀伤力的枪支为法律所许可或禁止，往往缺乏专业认知。如欲认定赵春华非法持有气枪的行为构成犯罪，不仅要认定其行为该当非法持有枪支罪的构成要件，不存在阻却违法事由，而且必须查明赵春华对其行为被法律所禁止具有认识的可能性。如果根据查明的案件具体情况，认为赵春华非法持有气枪时没有认识，也不可能认识到其行为被法律所禁止，就完全可以以其行为时缺乏违法性认识可能性为由，阻却其责任，并宣告其无罪。

必须特别指出，我国刑事司法实务长期以来固守“不得因对法律的无知而免责”的古训，坚持“违法性认识不要说”，〔1〕对于禁止错误采取简单拒绝的立场，不仅不承认禁止错误对于自然犯定罪量刑的制约，亦没有意识到法定犯时代已经到来、法定犯具有不同于自然犯的规范属性与罪责构造，以及由此决定的违法性认识错误对于法定犯定罪量刑的特殊意义，这已经成为制约刑事司法实践依法正确定罪量刑、实现个案正义的又一重大“瓶颈”。〔2〕

常识告诉我们，作为规训人的行为的法律规范，刑法只能适用于能够与法规范对话即具有法规范交谈可能性的人。如果行为人由于年幼、精神疾病、认知缺陷、认识错误等原因，根本不知其行为被法律所禁止，就不可能形成守法的动机，即使其实施了符合构成要件的违法行为，亦无从肯定其可谴责性，更不能科处以责难、谴责为要义的刑罚。〔3〕 否则，就违反了责任主义原则，陷入了客观归罪的泥淖。因此，刑法教义学相继发展出了包括对构成要件事实的认识错误（事实错误）与对行为为法律所禁止的认识错误（禁止错误）在内的错

---

〔1〕 参见高铭暄、马克昌主编：《刑法学》，北京大学出版社、高等教育出版社2016年版，第108页。

〔2〕 参见劳东燕：《责任主义与违法性认识问题》，载《中国法学》2008年第3期；陈璇：《责任原则、预防政策与违法性认识》，载《清华法学》2018年第5期。

〔3〕 参见［日］山口厚：《刑法总论》，付立庆译，中国人民大学出版社2018年版，第265页；周光权：《违法性认识不是故意的要素》，载《中国法学》2006年第1期。

误论。一般认为,如果存在事实错误,则阻却犯罪故意,否定故意犯的构成要件该当性。如果存在禁止错误,则需要考虑该禁止错误是否不可避免。如果禁止错误不可避免,阻却其责任;如果禁止错误可以避免,减轻其责任。[1] 很显然,如果将上述刑法教义学发展出来的错误论研究成果运用于刑事司法实践,包括“气枪案”“鹦鹉案”“兰草案”在内的许多被错误定罪量刑的法定犯刑事案件,至少可以以虽然存在该当构成要件的不法行为,但因为行为人的禁止错误而阻却其罪责(当禁止错误不可避免时)、减轻其罪责(当禁止错误可以避免时)。

□ 类型与例外

“法律不管例外的事情”或者“特例不应成为立法的依据”,是规训立法者的立法活动的法谚。刑法分则为特定犯罪设置的构成要件,作为刑法条文的基本存在形态,就是立法者对特定不法行为类型共性特征即“观念形象”的概括与抽象,构成要件因而既是法定的行为类型,也因其违法推定机能而被认为是违法的行为类型,甚至亦因其责任推定机能而被认为是违法且有责的行为类型。因此,通常情况下,基于这种类型性思维,能够被刑法分则构成要件所涵摄的行为,一般说来,即可一次性地被认定为不法且有责的犯罪。

但是,“法律不管例外的事情”并不意味着司法可以不管例外的事情、无视特例的特殊性而机械教条地适用法律。一方面,构成要件作为犯罪的“观念形象”,未必能够涵摄其文义范围内的全部事项;另一方面,个案事实虽然类型性地被构成要件所涵摄,却可能例外地具有有别于通常“观念形象”的特殊属性。甚至规定构成要件的刑法条文的规范意义,亦只能在事实与规范的往复中才能最终确定。这就是考夫曼所说的“法是当为与存在的对应”,“立法与法律发现(司法)都是一种法律规范与生活事实的调适,一种当为与存在对应、同化的过程”。[2] 因此,刑法适用过程中的法律条文与个案事实之间的对应不应是简单的涵摄过程,而应是一个恩吉斯所说的“目光不断地往返于规范与事实之

---

〔1〕 参见车浩:《法定犯时代的违法性认识错误》,载《清华法学》2015 年第 4 期;孙国祥:《违法性认识错误的不可避免性及其认定》,载《中外法学》2016 年第 3 期。

〔2〕 [德]亚图·考夫曼:《类推与事物本质——兼论“类型”理论》,吴从周译,台北,台湾学林文化事业有限公司 1999 年版,“中文版序言”。

间”的“诠释学循环”。[1] 如果省却了这一“诠释学循环”，径直根据三段论演绎逻辑涵摄出裁判结论，则必然会牺牲个案正义。

因此，以实现个案正义、具体法治为最高目标的刑事司法，不仅要对类型性地符合构成要件、具有该类型共有的不法属性、责任内涵的典型案件，根据演绎推理的逻辑，对案件事实予以涵摄，而且要对虽然一般性地符合构成要件，却非典型性地阻却行为的不法与责任的疑难案件，结合个案的具体情况与行为人的特殊情况，根据个案正义与具体法治的要求，进行更为具体、细致与实质的“合类型性解释”。[2]

运用“合类型性解释”原理于刑法的解释与适用，必然对刑事司法提出双重要求，即不仅应当恪守“法无明文规定不为罪”的戒律，全面贯彻罪刑法定原则的法外入罪禁止机能，而且应当跳出“法有明文规定必定有罪”的窠臼，养成“法有明文规定未必有罪”的意识，在认定被告人的行为形式上触犯刑罚法规、符合构成要件的前提下，结合个案的具体情况与行为人的个别情况进行具体考察与实质判断，充分考虑是否存在法定的或者超法规的阻却违法事由、阻却责任事由，将符合构成要件、具有实质违法性和可责难性的真正值得刑罚处罚的行为认定为犯罪，依法定罪量刑（入罪）；将形式上符合构成要件行为类型、但实质上例外地不具有违法性和责任的行为排除在定罪量刑范围之外（出罪）。

□ 国法与天理、人情

近年来，盛行于我国法学界与司法实务界的形式法治论，将纯粹的规则之治奉为圭臬，将体现为语言文字的书面法律条文神圣化、绝对化，将复杂的案件事实认定与缜密的法律思维过程简单化、教条化，拒绝吸收“天理国法人情”的中国法文化精髓，背离当代法律科学发展出来的贯通法、理、情的法律逻辑，既反对“天理”对“国法”、自然法对实定法的终极审视，又排斥“国法”对“人情”、实定法对常识、常情、常理的应有关怀，致使中国刑事司法思维普遍陷入了教条主义、形式主义与机械主义的泥淖。正是在这种法律思维与司法逻辑主导下，司法者在处理诸如“辱母杀人案”等正当防卫案件时，特别是在具体认

---

〔1〕 转引自［德］拉伦茨：《法学方法论》，台北，五南图书出版公司1996年版，第98页。

〔2〕 参见杜宇：《刑法解释的另一种路径：以“合类型性”为中心》，载《中国法学》2010年第5期；杜宇：《基于类型思维的刑法解释的实践功能》，载《中外法学》2016年第5期。

定正当防卫案件中防卫人的反击行为是否具有防卫性质、是否防卫过当时,往往不是“裁之以义而推之以仁”,[1]而是罔顾正当防卫是“以正对不正”的权利行使行为,无视正当防卫作为以暴制暴的私力救济的紧急性、突发性与被动性,拒绝设身处地、将心比心、换位思考,以一个超然理性的神圣人的标准对防卫人提出不近人情、冰冷、苛刻的要求,只要防卫人选择了与不法侵害人不对等的反击方式、打击部位、打击力度,或者造成了不法侵害人的伤亡结果,就粗暴地认定为防卫过当或者防卫不适时,更有甚者则完全否定反击行为的正当防卫性质,直接以故意犯罪定罪量刑。司法实践中广泛流行的“圣人标准论”“事后诸葛思维”“对等武装论”“唯结果论”等司法逻辑思维,使得《刑法》第20条正当防卫条款在相当程度上沦落为“僵尸条款”,正当防卫个案的司法裁判没有彰显司法应有的温度与热度,当然也不可能得到公众的认同、理解与支持。[2]

其实,“天理”就是人类作为文化共同体普遍认可与确信因而天经地义的道理,“人情”则是人类作为文化共同体所普遍具有、发自本心的喜、怒、哀、惧、爱、欲、恶等情感反应。在东方,中华法系的法文化追求“天人合一”,注重“天理”“国法”“人情”的“三位一体”。有学者曾经形象地指出:“‘国法’是一个‘孤岛’,‘天理’和‘人情’是两个桥梁。如以‘天’为‘彼岸’,‘人’为‘此岸’,则‘天理’架通了彼岸,‘人情’架通了此岸,‘国法’居中连接两桥。”[3]在西方,古希腊神话即借安提戈涅之口发出了“法律之内应有天理人情在”的呐喊,这一朴素的人本主义思想直接孕育了西方社会自古希腊、古罗马以来的自然法思想传统,并在17世纪、18世纪后得到全面复兴。自然法思想强调区分自然法与实定法,自然法居于实定法之上,审视与检验实定法,实定法必须以人性为基础,符合自然法设定的不可变更的权利标准与普遍理性。实定法如果违反自然法,就是恶法,而恶法非法。可见,西方法文化中的自然法与中国法文化中的“天理”在根本上同其含义。正是自然法思想催生了良法之治、良法善治、具体法治的当代法治理念,并间接推动了刑法教义学为实现个案正义而发展出区分不法与责任的阶层体系,又在责任论中进一步发展出以期待可能

---

〔1〕 沈家本:《删除律例内重法折》,载沈家本:《历代刑法考 沈寄文存 卷一》,中华书局1985年版,第224页。

〔2〕 参见梁根林:《防卫过当不法判断的立场、标准与逻辑》,载《法学》2019年第2期。

〔3〕 范忠信等:《情理法与中国人》(修订版),北京大学出版社2011年版,第23页。

性和违法性认识可能性为责任要素的规范责任论，从而在阶层体系思维中实现情、理、法的统一。因此，司法者在裁判个案时，不仅应当根据罪刑法定原则与阶层体系逻辑在法条文义范围内合目的地解释与适用作为国法的刑法条文，而且必须上通天理，下达人情，体恤人性，尊重常识、常情与常理，贯通法、理、情，从而真正实现个案正义。

▣ 阅读指引

1. 陈兴良：《罪刑法定的当代命运》，载《法学研究》第18卷第2期（总第103期）。

   该文是展示陈兴良教授最高学术水准的代表作，也是中国刑法学探究罪刑法定的价值蕴涵、制度构造、立法机理与司法运作最为全面、深刻的扛鼎之作，对中国立法确立罪刑法定、司法贯彻罪刑法定具有重要推动作用。

2. 张明楷：《罪刑法定与刑法解释》，北京大学出版社2009年版。

   张明楷教授集中论述罪刑法定与现代法治、罪刑法定与刑法解释以及罪刑法定与刑法分则概念的关系的学术专著，全面反映了张明楷教授对罪刑法定与刑法解释这一根本刑法关系范畴的独特思考，对中国刑法理论研究与司法实践具有重大影响。

3. 梁根林、[德]埃里克·希尔根多夫主编：《中德刑法学者的对话：罪刑法定与刑法解释》，北京大学出版社2013年版。

   收录了中德刑法学者联合会（CDSV）第一次学术研讨会关于罪刑法定与刑法解释的全部报告与评论，展示了中德刑法学者在罪刑法定与刑法的明确性、罪刑法定的司法贯彻以及扩张解释与类推适用等问题上的学术见解与交流，对于中国同行更好地理解罪刑法定与刑法解释具有重要参考价值。

法教义学与社会科学

车 浩

关于作者

车　浩

北京大学法学院教授，博士生导师。教育部长江学者特聘教授，第九届“全国杰出青年法学家”。主要研究方向为中外刑法学。著有《阶层犯罪论的构造》《刑法教义的本土形塑》等。

在北京大学法学院讲授以下课程：(1) 本科必修课：刑法总论、刑法分论；(2) 研究生专业必修课：刑法总论、刑法分论；(3) 案例课：刑法案例研习（国家级一流本科课程）；(4) 实务课：刑事辩护实务；(5)写作课：法学研究与论文写作；(6)通识课：法律思维与法学方法。

（说明：本文发表于《中国法律评论》2021年第5期。）

"法教义学"与"社科法学"的关系

什么是法教义学

法律科学（法学）包括多种形式，其中狭义的法学就是法教义学，或者说，法教义学已经成为法学的代名词。法教义学的研究对象是实定法秩序，是一门关于现行法和实在法的而非"正确法"和应然法的科学。由此区别于那些以应然法为研究对象的其他的法律科学，包括有关法之目的的法哲学，以及有关这种目的之手段的法政策学。这里的法秩序指的是规范意义上的法秩序，而不是法的生活事实，由此区别于针对事实展开研究的社会科学，包括犯罪学。尽管存在关于法教义学的诸多定义，但就其核心内容是以现行有效的法秩序为前提和不可突破的框架，围绕实定法展开解释、建构和体系化的工作这一点，今天已不存在太大争议。此处就不再赘述展开。

什么是社科法学

近年来，在国内法学界的讨论中经常被使用的"社科法学"，是一个需要被严格限定才有价值的概念。相对于"法教义学"，要想显示出"社科法学"这一表述的存在意义和区分功能，则它的范围应当限定在：不仅在研究方法上是社会科学的，研究对象是作为社会事实的法律而非规范意义上的法律，而且，研究的落脚点是增进对制度运作或者个案事实的理解，而非指引法律规范的一般性适用。"社科法学"本质上是一种社会科学的专门形式，但是其研究成果具有两栖性，既可以归属于相应的经济学、社会学、人类学等社科门类，同时，在与法教义学的对象、功能和目标迥然不同的前提下，也能被接受为是法学的一种特殊的知识形态。在此意义上的"社科法学"，可以被认为是在法教义学之外，与法史学、法哲学等并存的基础法学的一种研究范式。

与之相反，尽管使用了社会科学的研究方法，或者与社会科学之间形成紧密的功能关联，但只要没有破坏现行法的框架和教义体系，研究目标是形成可以指引司法适用的一般性规则也就是"教义"，那么在我看来，这种研究的性质仍然属于法教义学而非社会科学。此类研究成果,不可能被归入社会科学的门类中,更不适合被称为“社科法学”。由此可见,“社科法学”这一说法,仅仅是代表了一种不同于传统法学(法教义学)的知识形态,但是不能完整地代表法学与社会科学的全部关系。

□ 法教义学与社科法学的竞争

中国法学界讨论法教义学与社会科学的关系,主要由上述所说从事“社科法学”的研究者引发。社科法学者总是想要在法教义学与社科法学之间,制造一种对立、竞争和冲突的局势。这里面“寻衅滋事”的动机能够被同情地理解,从最初的寂寥冲向舞台中央时,独角戏式的呐喊可能无人关注,首要和最优的策略是找到可以“碰瓷”的妥当对象,而研究者人数和受众人数最广又最老实的法教义学自然被首当其冲。从内心来讲,我并不太认同这种竞争的“姿态”有多大的效果,因为可能在社科法学者群体之外,大多数法教义学者和实务工作者并不太关心社科法学的个案分析,原因也很简单,主要是没用而并非不精彩。

将社会科学的理论和方法,直接运用于(作为法律现象之一的)个案分析,这可以被视作一种典型的“社科法学”的研究模式。近年来,以苏力教授和桑本谦教授为代表,撰写了多篇精彩细致的个案分析文章,并以此为武器向法教义学吹响“约战”的号角。在此之前,一般认为法教义学与社科法学之间是“井水不犯河水”,两者之间没有真正意义上的冲突。法教义学是“戴着枷锁跳舞”,以法条为研究的落脚点和约束条件。

相反,社科法学并不受法条的羁绊。法教义学除追求理论体系自身的自洽性外,更追求为司法实践提供一般性规则。而这一点,通常并不是社科法学的研究目的和兴趣所在。社科法学更关心与法律有关的各种社会现象,运用社会学、经济学等学科知识进行描述与分析,但既不下落到具体案件的裁判论证中,也不为司法适用提供方案。就此而言,法教义学与社科法学是处在实定法“苍穹”内外的两种不同的知识形态;或者说二者有观察法律的内部视角与外部视角之别。不同的学者基于不同的理论兴趣和知识背景进入不同的领域,站在不同的视角,运用不同的方法研究不同的问题,本无所谓法教义学与社科法学之争。

不过,随着部分社科法学者的研究兴趣投向个案分析,两类研究的对象出现了一些重叠。例如,在苏力教授眼中,社科法学的研究兴趣和对象覆盖了法教义学,其中就包括个案分析。“社科法学必须进入其实也已经进入了刑法和民法这些传统法教义学固守的核心阵地……更必须准备好在部门法的每一个街角、每一座高楼同法教义学展开厮杀,准备自己倒下,但也要等着看最后是谁倒下”。桑本谦教授也认为,“热点案例或涉法事件作为疑案法律问题恰好为检验不同学术进路或不同法律理论的功能提供了天然的竞技场”。如果说,今日的国内法学界在法教义学与社科法学之间确实存在某种形式上(实质上可能没有)的竞争的话,那也就只能是体现在苏力教授和桑本谦教授不断叫阵、持续发力的个案分析的场域了。另外,也有一点零星的火花出现在戴昕教授和邹兵建教授的文章对话中。这几位教授都是我很尊敬的学者,而学者之间最大的尊重是回应,最令人沮丧的是不理会。接下来,我就暂且搁置对这一竞争形式有何实益的内心怀疑,从几个维度回应社科法学的批评,探讨法教义学与社科法学在个案分析这一学术场域中的竞争关系。

1. 个案分析的学术功能:形成规则还是追求智识

个案分析的写作者,是站在谁的角度上为谁而写作,写作的目的为何?对这一问题的回答,不仅关涉此类个案写作的学术意义,也凸显出法教义学与社科法学的一个重要区别。在法教义学者眼中,无论是概念分析还是个案分析,写作目的都是为司法者提供一般性规则。个案是形成规则的素材,发挥的作用是检验、证立、提炼或创设法律规则,如果偏离或脱离了这一目标,再精彩的个案分析也是无用的。但是在社科法学者看来,个案分析可以包含但不限于法律规则的分析,更重要的是“追问个案中的各种智识可能,及其对于法治和法学的意义”。这也决定了在对待司法实务的态度上,社科法学的个案分析也不同于法教义学。“当然应当有助于个案的实务应对,但其目标却从不只为了应对个案,法理分析其实几乎只为了更好地、更现实地理解法律和司法,理解天理、国法与人情及其互动”。

这种“既要……又要……”修辞策略,并不能掩饰社科法学在个案分析上的写作目的,主要还是智识上的展示和追求,希望增进人们对包括但不限于法律规则的整体社会的理解,期待给包括实务工作者在内的所有法律人以启发。尽管目标不唯一,但毕竟包括了“有助于实务的应对”,在这个跑道范围内,社科法学也宣称要与法教义学进行竞争。不过这确实很难。在分工细化的当代社会,四面出击的、启发式的写作未必会有效覆盖到更多的读者,因为它过于发散地辐射以至于难以“精准地”满足特定需求并因此让市场流失。仅就面向司法实践这一点而言，法教义学是专注地在跑道里冲刺，而社科法学则是一只脚踏在跑道上，另一只脚还在游泳池里划水，甚至手上还想着再扔个铅球；志向高远，但表演性大于实效。因此，仅就通过个案分析能否助力司法实践这一点而言，社科法学无法跑赢法教义学。

一方面，个案分析只有形成规则才能为司法实践所用。法教义学与社科法学均不是审判实践，而是一种面向实践的理论研究。研究者始终要问自己：个案分析的受众是谁？展示给受众的目的是什么？他们如何从个案分析中受益？显然，个案分析的写作者是学者，而实务工作者只是个案写作的受众。因此，面对一个已经发生的案件，如果一个社科法学的个案研究者把自己想象成法官，在文章中仅仅展示自己是如何分析具体事实细节去解决特定纠纷，但却没有从个案中提炼出一般性规则，那么，这种研究的实践意义是相当有限的：它既不可能有助于那个已决案件，也难以为其他案件的审理提供帮助。因为按照它的主张，每个案件的事实细节都是不同的，重要的不是规则或教义的适用而是具体问题具体分析，所以这些文章里的分析也就不能在后面的办案中照搬，除非办案者学会了这样的分析能力。

困难在于，如苏力教授、桑本谦教授（因为戴昕教授不分析个案，所以我没有提）这样杰出的社科法学者展示的那种细致缜密的个案分析，实际上只能由学者本人完成，而对基层法院的法官以及一般的法律实务工作者来说是很困难的。如果大多数实务工作者都有能力这样分析，这种研究本身也就没学术发表价值了。苏力教授阐述过自己做个案分析的追求方向，“我不急于用案例分析来印证或支持某一个法理命题或法学教义，也不总是基于得出一个仅解决此案纠纷的确定方案，我更希望发现和展示在我看来有法律制度、理论意义的重要争点，由此开放一个或一些更有智识意味的分析”。但是，这种不提供教义、规则和方案而只是展示分析过程的个案研究，并不能为实务工作者提供有效帮助，与它表面上声称非常重视的司法实践也欠缺直接关联，更难以实现它所期待的那种指导功能，而只能萎缩成在学界内部展示分析能力的一种“孔雀亮屏”，结晶为一种智识成果的论文形式。它当然也可能会对包括实务工作者在内的读者有所启发，但这种启发都是零星的、偶然的、依赖个体感悟的、缺乏可预期性和实操性的。要言之，很多社科法学的学者做个案分析的动机，其实是智识展示而不是指引实践。

相反,法教义学追求的是智识的结晶而非智识展示本身。法教义学的个案分析不是为了表现研究者自的智识能力,也不是为了激励实务工作者以此为范本,在以后的个案中也追求同等程度的分析;法教义学个案分析的目的,是在展示论证的合理性基础上,推导出让实务工作者信服的一般性规则,以便于在后续其他案件中可以重复地适用。因此,“法教义学在中等抽象程度内求诸于智力、问题意识、责任感和工作经验都很平均和正常的法律人”。法官、检察官、律师群体中的“理性平均人”,是法教义学透过个案分析形成规则、提供教义学产品的服务对象,这一消费者群体决定了教义学的个案分析必然比社科法学的个案分析在实践中更有市场。无他,唯好用尔。

另一方面,个案分析只有形成规则才能为司法实践减负。对于从事司法实务工作的法律人而言,法教义学的主要功能在于储存和减负。法教义学从令人信服的问题解决办法中提取出可反复使用且易于掌握的概念、制度和规则,并且尽可能地经由稳定的解释惯例以避免无尽的究根问底。对日常司法实践而言,这意味着相当大的减轻负担。

形成教义的过程,就是把一个得到普遍认可的论证结构和结论存储到某个概念或者规则中,稳定和固定称为一个符号化的、公式化的语句表述。只要以后涉及类似问题,直接适用这个概念和规则就可以了,就像做题时把各种题目内容直接套用到公式上,而不需要再对公式本身的正确性进行论证,这就极大地减轻了解题的负担。简言之,存储论证过程,以备类推适用。日常的司法实践会遇到各种类型的案件,可能且可接受的解决方案的数量往往相当大。若没有法教义学,则必须在每个争议案件中对所有可想见的解决方案重新讨论。教义学为已知的法律问题准备了经受考验且被承认的解决方案的模板。司法实践面对个案时可以追溯到教义学,并因此无须在每个裁判中对所有可能的解决路径的评价问题进行重新讨论。这也是包括法教义学在内的所有教义性学科固有的优点。

因此,一个法教义学的研究者对待个案分析的态度,首要的任务是提炼个案的事实精华或裁判要旨,参考其他各种法律材料,通过建构和体系化的操作,推演和形成一般性规则即教义;其次才是利用教义去解决个案。与之相对,这第二步的任务正是司法实践的主要工作。“法院在体系思维指导下处理个案,就是从体系到个案;教义学沿着个案去进行体系化工作,就是从个案到体系”。不同的是,社科法学的研究者并不把透过个案分析形成规则作为目标,而只是关注在个案上面尽可能丰富的事实细节,作为展示分析能力的素材。然而,吊诡之处恰恰在于,一个案件中被挖掘出来的事实细节越丰富,研究者在分析过程中按自己的理解赋予影响裁判结论的约束性因素越多,该个案就越缺乏一般性意义;针对个案的分析越精细,也就越缺乏普遍适用的能力。如果说,法教义学的个案分析是将复杂的案情简化,以提炼规则和教义来减负,那么,社科法学的个案分析就正好相反,通过让简单的案情复杂化,以表现这里没有规则和教义可循。

"一花一世界""花花各不同",这固然可以扩展读者的观察视角以及增进审美体验,但对司法实务工作者实际处理案件而言,不是减少而是增加了"每一次发现都是新感觉"的负担。在这个意义上,社科法学的分析是亲审美而远实践的。

2. 个案分析的首要价值:法的安定性还是合目的性

多年前,苏力教授在《送法下乡》中提出,"法院的基本职能究竟是落实和形成规则(普遍性的解决问题),还是解决纠纷(具体的解决问题)? 或者在两者不可偏废的情况下以何为重,并将向哪个方向发展?"这一多年前的提问也未过时,同样适用于今日的主题讨论。个案分析的价值,究竟是着眼于法的安定性,强调规则之治,还是看重具体后果,关心个案的妥当解决? 这个看似方法论和视角的差异,实际上涉及一个法哲学层面的经典问题。

如上文所述,同样是个案分析,法教义学与社科法学对研究任务的理解是不同的。对法教义学来说,个案研究的核心任务是在法律框架内阐明或创设一般性规则。这些规则不是在个案中任意考量和适用的政策性表达,而是既需要在法理上明确其内涵,也需要在司法实践中保持规则适用的统一性。作为能够涵摄各种案件事实的上位规则,在某一个案件中适用时所赋予的内涵,必须要能够保持逻辑一致地、普遍化地适用于其他个案。由此,才能在一个以刑法典为前提的司法语境中,维护法律的统一性和安定性。与之相对,社科法学的个案研究,往往不看重提炼一般性规则,而是强调——运用经济分析的单一工具或者实用主义地综合运用各种工具——具体问题具体分析。而在进行具体分析时,社科法学者追求的目标,显然不受一般性教义的约束,而是往往更看重个案权衡影响到的利益变化,或者说,一种在具体个案中关注利益和后果导向的考量。

拉德布鲁赫曾经指出,"公共利益、正义和法的安定性共同宰制着法——

这种共同宰制不是处在紧张消除的和谐状态,恰恰相反,它们处在生动的紧张关系之中。这种紧张关系只能通过妥协,通过相互的牺牲而间或地能够得到缓解"。如果把这里的公共利益进一步做松弛化理解,视作整体利益的后果主义考量,那么,社科法学的利益或后果导向的个案分析,与法教义学的规则导向的个案分析的差异,在法的价值层面上,就表现为合目的性与法的安定性(以及平等适用的正义性)之间的紧张关系。

在法的安定性、合目的性与正义这一价值序列中,拉德布鲁赫把法的安定性放在首要的位置。"法律规则的存在比它的正义性与合目的性更重要;正义和合目的性是法律的第二大任务,而第一大任务是所有人都认可的法的安定性"。"法的安定性是任何实在法由于其实在性而拥有的特性,它在合目的性与正义之间占有颇受瞩目的居中地位:它一方面是为公共利益所要求的,但另一方面也为正义所要求。或者说,法应是安定的,它不应此时此地这样,彼时彼地又那样被解释和应用,这同时也是一项正义的要求"。这里的安定性,在拉德布鲁赫看来,就是指必须平等地适用实在法,"明天如同今天一样适用,对一方当事人如同对另一方当事人一样适用,恰恰吻合那种决定着正义之本质的平等"。

施蒂尔纳认为,法的安定性恰恰就是与法教义学紧密关联的,"平等就是要求相同之事作相同之处理,不同之事作不同之处理,相似之事则作相应改变之处理。而教义学的主要功能,就在于透彻显示相同、不同与相似之处。此功能对任何法秩序来说都不可或缺"。具体而言,透过教义学保障法的安定性,体现在以下几点:首先,教义学促进并且固定了法秩序的统一性。法教义学就是尝试把各个现行法无矛盾地且以具有理性说服力的方式阐明为一个统一的评价体系。通过归类整理法律材料并加以体系化,促成法的统一性。其次,教义学规则为各种特定裁判难题提供了解决方案的模板,让针对同类案件做出相同的裁判在较长的时间内成为可能。一个精心做出的教义学规则,增强了司法裁判的可预见性。最后,教义学规则一经确定成为司法、学说和文献所承认的"教义",司法实践就不能再简单随意地予以否定。任何人欲偏离教义学做出裁断,他就对此负有说明理据的义务。由此一来,通过加重偏离者的证明负担,来保证偏离风险降到最低,保证了既定的法律轨道的安定性。

由此可见,正是由于将法的安定性价值置于中心地位,法教义学才坚持以一般性规则和教义展开个案分析。而社科法学者的个案分析,则是将合目的性的价值放在了核心地位。这就涉及如何平衡两种价值的关系的问题。

在法的安定性、正义与合目的性的价值序列上,拉德布鲁赫将合目的性放在最后,“我们把为公共利益的法的合目的性放在最后的位置上。绝对不是所有‘对人民有利的东西’都是法,而是说凡属法的东西,凡是产生法的安定性和追求正义的东西,最终都是对人民有利的”。之所以不能将合目的性放在价值序列首位,是因为拉德布鲁赫对于什么是合乎目的的公共利益,始终抱有一种警惕的心态。在他看来,如果认为对人民有利益的就是法,“这意味着:任性、背约、违法,只要对人民有利,就是法。这实际上是说:掌握国家权力者自认为对社会有益的事,独裁者每一次的突发奇想和喜怒无常的脾性,没有法律和判决的惩罚,对病弱者的非法谋杀,如此等等都是法。还可能意味着:统治者的自私自利被当作为公共利益看待。故此,将法与臆造的或杜撰的人民利益相提并论,就把法治国家变成了一个不法国家”。

综上可见,法教义学和社科法学的个案分析,分别把法的安定性和合目的性作为自己的价值路标。一旦涉及法哲学上的价值和理念问题,有些分歧注定没有终极答案,必然是见仁见智,因此这里能做的也只是揭示出问题,点到即止。不过这里可以留一点供社科法学者思考后果主义的空间:在当下的中国法治环境下,谁能在法律之外成为判断后果好坏的主体?在以社会效果或利益最大化之名来给个案定调时,又如何控制其中潜伏的恣意化风险?

3. 个案分析的事实性质:案件中的事实还是事件中的事实

社科法学的论者在个案分析时往往特别强调事实的重要性。“……希望尽可能从案件中的事实出发,不仅是法律人通常关注的狭义的案情,还有那些会被法律人有意遗忘、主动省略或懒得以实证经验核实的各类事实,甚至会包括案件或事件发生的历史和社会的语境”。这可能会让一些社科法学者认为,相对于法教义学研究者总盯着法条而言,社科法学的研究强项就是在案件的事实认定方面,并往往以此为由批评教义学者的个案分析,往往只关注简单僵硬的教义却忽略了丰富的事实。但这个批评存在误解。

一方面,面对流动不居的生活事实,能否洞察到其他人注意不到的细节及其与整个社会脉络的关联性,只是说明一个学者个人的学术敏感性和想象力的强弱而已,与采用什么方法,是从事法教义学还是社科法学并无直接关系。另一方面,更重要的是,每个人都是带着自觉或不自觉的前见去观察生活,关注的重点自然不一样。根据自认为的重点去截取出来的细节和片段,以及最终塑造出来的“事实”也都不一样。

一个法教义学者眼中的事实，是可能会出现某种特定的法律责任、因而也必然与相关法律条文关联的“案件事实”。对法教义学者来说，不存在“裸”的事实，因为他从一开始就是带着法律规范的眼镜去看待生活，事实的轮廓和重点都是在规范的牵引下慢慢呈现的。所谓“目光在规范与事实之间往返流转”，就是对事实的理解一定是同时朝着规范的方向去靠近。

因此，教义学者在个案分析中的事实认定，是在现行的实定法秩序之下展开的，以立法者在法条中描述的构成要件典型事实作为模板，以各个构成要件中的行为、结果、主体等特征作为抓手，去观察、理解、抓取和表述“案件中的事实”。法教义学者就像拿着一个用法律规范和教义之线编织而成的渔网，在生活的流水中打捞，捞上来的都是与法律相关的事实。至于和法律归责无关的其他细节，自动地就从网眼中过滤掉，因为研究者只关心案件中的行为人在法律上的责任。当然，那些细节对当事人以及公众来说完全有可能同样甚至更加重要，但那并不会因此影响首要的法律效果的判断，至多是接下来在社会效果层面上或许需要考虑的问题。

相反，社科法学者的个案分析，关注的不是案件事实而是“事件细节”。一个没有受过法教义学训练，或者对于部门法中的法律规定、司法解释、判例传统以及理论争议等各种约束性“教义”仅是大概甚至不太了解的社科法学者，他对生活的观察不会受到法律方面的约束和限制，关注的重点和方向也不受法律的引导，而是用个人可以调动的全部知识和想象来四面八方地展开。

因此，社科法学者眼中看到的事实，其实是一个“社会事件中的全部事实”，而不是一个受法律指引的案件事实。在不受法律引导和影响的情况下，只要分析者足够敏感，则事件中的所有细节和因素都可以涌入分析中，无论它们是否与法律相关。与法教义学者相比，社科法学者手中拿的不是一个将与法律无关的事实过滤出去的渔网，而是一个没有网眼的渔盆，连鱼带水以及各种微生物都捞上来。以这些事实基础展开的个案分析，最后呈现出来的自然是一出远比以经过筛选的案件事实为材料的教义学的案件分析更加精彩、生动和饱满的事件分析。如同一篇布满细节和文学性充沛的深度新闻调查，给一般读者带来的阅读感受是愉悦的。只是在忙于审理具体案件的法官那里，可能收获一记“与本案无关”的惊堂木，因为它可能迷失在繁冗的叙事和修辞中而让庭审失焦了。

4. 个案分析中的法律地位:不可逾越还是不必恪守

同样是在个案分析中涉及法律(狭义上的法条文字规定),在法教义学者和社科法学者眼中的地位是截然不同的。这也是法教义学与社科法学另一个重大差异,即在个案分析时对待实定法的态度。

按照苏力教授的说法,社科法学的个案研究,是运用"本领域的相关知识、相关制度机构的权限、历届和本届政府的政策导向,可能的当下和长期效果、社会福利,影响本领域的最新技术或最新科研发现,眼下的突发事件等,甚至法律、规范和教义在这里是作为事实之一在法律实践中必须给予足够的关注,却从来不是必须不计代价予以恪守的天条或教义"。这样的个案分析,在苏力教授看来,就与法教义学的个案分析存在冲突。"由于法教义学和社科法学各自将对方的核心考量仅仅作为自己的考量因素之一,就此而言,两者看待法律和世界的方式一定是尖锐对立的"。

法律和教义的确是法教义学的核心考量。法教义学在解释法律和创设规则的过程中,既会受到道德、哲学、历史以及价值观的影响,也同样会考虑政策、效果、福利等因素。但这些都是编织教义学"绳索"时选用的各种材料,都服务于有说服力地铺设通往实定法之路。所谓"法律作为核心考量"是表现在,分析方法可以是逻辑或经验,思路也可以是统计数据或后果主义,但是最终的结论都不能越过法律及其教义的边界。从司法实践的层面来说,无论法官在最终做出决定之前,脑海中经过了哪些政治的、经济的、文化的、法律的因素的考量,但是最终形成裁判结论的根据和论证,都只能是法律的。这就是法的发现与证立的区分。

相反,法律和教义在社科法学那里"仅仅是考量因素之一"。这就意味着,社科法学者在分析个案时,不会像一个司法者而是像一个立法者那样思考,适用可能与实定法完全冲突的"脑海中的法则"。这种个案分析是一种以想象中的哲学观念、价值方法(如实用主义哲学、成本收益方法等)以及被这些观念和方法所笼罩和认可的事实为理据的个案分析,与现行法的关系可能有时冲突有时融合,但都是偶然性的,因为研究者从一开始就并没有把现行的法秩序作为不可突破的思考框架。

5. 个案分析中的自我迷失:社科法学还是法教义学

苏力教授的多篇个案分析,有些是社科法学的,有些在我看来却是教义学式的。这并不能以作者宣称的自我定位为准,而只能看作品的客观性质。列如,在肖志军拒签手术事件的个案分析中,文章的核心内容就是证立“非签字不手术”这一制度的合理性。他从签字同意制度的成本收益、后果预测、比较法、案例等多个角度,论证了“非签字不手术”这一规则的合理性。挤掉文中各种修辞、叙事技巧,压缩散漫发挥的水分,还原论证结构,该文完全可以改编成一篇典型的从个案来证立手术签字同意制度的教义学八股文。从案例出发,最终的落脚点回到了一般性规则上面。同样性质的文章,还有苏力教授关于药家鑫杀人案的分析,文章的核心追求是提出和证立“独生子女免死”的量刑规则。这已经不是针对药家鑫个案的分析结论,而是由此个案出发,希望创设普遍适用于其他同类案件的一般性规则。无论作者怎么安排自己的文章结构、修辞手段、分析工具和话语资源,万变不离其宗,核心追求指向一般性规则的,就是法教义学性质的个案分析。这些都是教义学的文章,尽管作者把它们集合成了投向教义学的“手榴弹”。这个地方不必管作者自己怎么以为,“作品问世,作者就没了”。

相反,像苏力教授关于陕西黄碟案的分析,就纯粹属于针对个案事实的具体分析。文章运用了自由主义的、社群主义的、女性主义的、教条主义的观点和思想作为分析工具,从各个角度展示了对于黄碟案的理解,以及一些被忽略的事实细节。文章的分析是精彩的,但通篇既没有围绕也没有回到某个法律规范上来,没有证立、反驳或者创设一般性规则,因此这篇文章就不是法教义学式的,而是一篇较为典型的社科法学的个案分析。它的努力目标在于掀开被遮蔽的观点和事实,开放智识启发思考,但是不涉及规则和教义。

除了苏力教授之外,桑本谦教授也对许霆案做出过细致分析。他在文章里指出,“许霆的作案方式有两个重要特点:一是利用 ATM 故障,二是适用自己的储蓄卡。前者意味着类似案件的作案成功率接近于零,因而犯罪受害人造成的预期损失以及预防犯罪的社会成本都不大;后者意味着类似案件的破案率趋近于百分之百,因而侦察成本以及其他犯罪控制的成本都很低,并且在破案率极高的条件下,即使较轻的惩罚也能够产生很强的威慑效果”。

我认为这些分析都很精彩,不过,也并不存在那种被杜撰出来的与法教义学之间的冲突,而是都可以被吸收纳入关于由许霆案衍生出来的一般性规则。倘若允许以尚未经仔细打磨的粗糙形式出现,这一规则就可以提炼出来,“在与机器的交易中因为机器故障而不当得利进而构成犯罪的,可以作为从宽处罚的酌定情节”。这个关于此类财产犯罪从宽处理的情节考量,再经过一些争鸣和讨论的打磨,经过一些判例的检验,它就可以发展出一个量刑方面的“教义”。它脱胎于许霆盗窃案,但是作为基础理由的“故障的偶然性”“交易的留痕性”的情形具有一般性,因而该规则也可以适用于其他机器交易的场合。再出现类似情况时,直接适用该规则即可,不必再来一次成本收益的经济分析和刑罚预防效果的阐述。

这样一来,就实现了教义学对司法者的减负功能,它缩短了司法工序,“无须在解决每一个案时,都对具有最终决定作用的那些观点重新进行权衡”。此外,之所以不让社会科学的具体分析走上前台,而是让其成为教义背后的证立逻辑,是因为用规则或者教义的简明文字表达出来,才能便于公众认识和了解,其行为可以有稳定的预期,不会因为难以预测专业人士烦琐和机智的论证而萎缩自由行动的空间。总之,法律规范、规则、教义,既是司法者的裁判规范,也是公众的行为规范。当把包括社会科学在内的各种纷繁复杂的理论观点和论证过程存储进一个公式里面时,裁判规范对司法者的减负功能和行为规范对公众的指引功能,才能够有效地实现。

□ 法教义学与社会科学的内部合作

苏力教授曾经谈论过对法教义学的整体评价,“……其实我从来都尊重法教义学,尊重法教义学者的那份骄傲、矜持和自豪。因为只有热爱学术的学人才会有这份骄傲。但更重要的是我对法教义学的社会功能主义和实用主义理解:在传统的刑法和民法等长期稳定的领域内,法教义学可以稳定有效地应对大批量常规案件,若稍加拓展还可以延及应对许多稍有异常的案件。这足以确保法教义学分析在法学教育中一定甚至永远会占据一个重要的位置”。

其实,我也是向来都非常尊重和崇敬将社会科学的方法和理论引入法学的学者,特别是苏力教授,也不仅仅是他们身上都有的“骄傲、矜持和自豪”,更主要的也是一种功能主义和实用主义的考虑:若想应对层出不穷的疑难案件并将其驯服为常规案件,法教义学就必须不断地改进自己的概念工具,改造旧的规则和教义,创设新的规则和教义。而要实现这一目标,就要放弃陈旧、僵化、自满的心态,走出过度依赖传统的逻辑—体系的教义学方法来“蜗居”其中的“舒适区”,从学科孤立主义的沉溺中挣脱出来,以开放的心态去容纳和吸收包括社会科学在内的各种学科的方法和理论为己所用。

关于法教义学与其他学科特别是社会科学的关系,国外学界的讨论从未停歇。以德国为例,在几百年的法学发展史上发生过若干次关于教义学与方法论的激辩。晚近几十年中,关于法教义学与社会科学的关系也引起了新的讨论。一种观点是,法学界所理解的跨学科,并不是要求法学使用其他学科的方法,而更多的是利用其他学科的知识。另一种观点是,法学界并不那么重视法教义学与其他学科的接轨问题,因为除法教义学之外,还有法制史、法社会学、法心理学等使用其他学科研究方法的基础研究。只要这些基础研究和社会科学接轨,法教义学通过吸收这些基础研究的知识,也就间接地和社会科学对接。悲观者认为,由于法律的专业化日益提升,部门法体系化的难度大大增加,能够跨越不同部门法进行教义学研究都非常困难,更不用说引入其他学科的方法和借鉴其他学科的研究成果了。

如果暂且把"社科法学"搁置一边,严肃讨论法教义学与社会科学的关系,我认为主要有两种形式。通过教义驯服案件,借助社会科学形成教义,这就是我提倡的法教义学与社会科学之间应形成一种良好的"内部合作"的关系。之所以叫"内部"合作,是因为研究者要将社会科学的方法和理论引入法教义学体系的内部,成为法教义学发展和革新的内部力量。社会科学的进入,不是反对而是有助于更好地以一种规则和教义的方式去理解法律和解决案件。社会科学的方法和理论是以一种幕后的姿态,为法律概念和规则的创设提供基础理据的支撑,而不是冲到规则和教义之前去直接搏杀案件。两者关系就像台前的歌手与幕后的和声。法教义学引入社会科学的投资是为了改善原有的股权结构,最终呈现出来的公司形态仍然是法教义学。就这一点而言,显然与以往的"社科法学"的一些主张是不同的。当然,"说得再多不如下场遛遛",这里不再多费笔墨阐述内部合作的意义,下文将从经济分析和社会学考察两个侧面,通过几项研究简要例示这种合作的可能性和效果。

□ 法教义学与社会科学的内部合作Ⅰ:经济分析

在各个社会科学门类中,法学与经济学的关系向来紧密。如前所述,法教义学本身就内含了效率这一经济学的核心价值,即从纷繁复杂的材料中提炼出概念和规则,让处理同类问题的工作在操作流程上简明和便利。引入经济学的分析方法,在作为成文法典化国家典范的德国法学界也并不鲜见。"在过去20年中,私法中最有成效的改革运动帮助法教义学的操作方式获得了学科上的开放和补充,这主要体现在法律的经济分析方面。这种从经济学中发展出来的方法,使私法制度的功能性研究以及在目的理性的视角上对之进行评价成为可能”。杰拉德·瓦格纳(Gerald Wagner)认为经济分析不仅适用于经济法也适用于传统民法领域,在他看来,法教义学的任务是把现行法整合发展为一个内部无矛盾的体系,但由于德国民法体系已经分崩离析,因而无须再特别关注规范而应更多地关注法律原则。效率就是一种法律原则,这一原则构成了经济学知识输入法学的入口。

但是,上述看法并不完全适用于刑法。与民法相比,各国刑法都是相对较为封闭的体系。无论采取传统的教义学方法还是经济学方法,在为司法实践提供一般性规则时,都不能脱离具体法条而仅仅在法律原则的层面上展开。这恰恰是由于罪刑法定原则的要求,即定罪量刑的根据只能是具体的刑法规定而不能是抽象的刑法原则。实际上一些得到公认的刑法原则和基本范畴,都已经内含了经济学思维。以罪刑法定原则为例,如果在法无明文规定的情况下启动刑罚,则“刑不可知威不可测”的恐吓会导致在司法者的心情面前人人自危,个人自由必然剧烈萎缩,社会交往、技术创新、企业改革等等将陷入一种全面停滞甚至倒退的局面。因而从经济学的角度来看,放弃罪刑法定的做法就是不明智的,因为交由司法者凭借正义情感或者效率原则去定罪的社会损失远超过收益,是一种不效益的结果。至于成为当代刑法目的论主流观点的一般预防理论,以趋利避害的理性人可以被威慑或规训为核心思想,则是更典型的事前激励的经济学思维。

除这些已经被证立的基本原则和范畴之外,在构建指引司法实践的概念工具和一般性规则的教义学工作中,也可以引入经济分析来助力完成教义学的任务。这个方向上的工作还没有引起国内外刑法学界的重视,目前可资借鉴和参照的文献不多。接下来就以占有的成立与归属、被害人同意错误以及诽谤罪的自诉机制等几项研究为例,展示经济分析在刑法总论和分论教义学中的运用。

1. 占有成立/归属规则的经济分析

占有是财产犯罪理论中的一个重要概念。如何判断占有的成立和归属,在刑法教义学上争议较大,实践中往往涉及认定盗窃罪还是侵占罪的分歧。问题的关键,是如何分配事实要素和规范要素发挥的作用。从法教义学的惯常思考模式出发,基于规范论和存在论的不同立场,形成规范性的占有概念和事实性的占有概念。将这两个概念推至极端,会出现针锋相对的两种观点。

一种立场是坚持纯粹的规范论，不承认事实因素在确立占有上的基础性作用，而是认为财物权利、社会观念、法律秩序等规范性因素，才是判断占有成立和归属的关键所在（A 观点）。另一种立场是相反的立场，则是坚持彻底的存在论或物本逻辑，不承认规范因素在占有归属问题上所发挥的影响，而只是以事实层面的控制力大小来决定占有的归属（B 观点）。在以下场合，两种观点会得出截然相反的定罪结论：拾到死者之物的路人、提着上司皮包的下属、穿着酒店浴袍的客人、在超市里取看商品或者试穿衣服的顾客、将乘客行李扛在肩上的工人。按照 A 观点，对上述情形从规范的角度评价，论者会认为财物的占有人应当是权利人而非行为人，进而得出行为人侵吞财物的行为构成盗窃罪的结论。相反，根据 B 观点，则会因为行为人对财物的事实控制力比权利人更强大而肯定行为人对财物的占有，进而认定成行为人构成侵占罪。

但是，如果引入经济学的效率视角，就会发现这两种法教义学的极端立场存在各自的疑问。从事前的观点来看，需要考虑的，是不同观点在实体认定和诉讼程序上的差异，将会对潜在的被害人或行为人形成哪些激励，而哪一种激励下产生的效果才是最有效率的。

按照 A 观点，即使财物的权利人在事实层面的控制力已经降低为零，仍然肯定权利人基于规范的理由对财物维持着占有状态，此时，取走或者捡到财物的行为人构成盗窃罪。但这会导致一系列高成本、低效率的结果的出现。通常情况下，权利人通过保持对财物的事实控制力来防范其丢失的成本，要远小于财物丢失后通过司法程序追诉的成本。如果一个权利人疏于对财物的管理，在本能够付出轻微成本防止财物丢失的情况下，任由财物脱离控制，而等到权益受损时再根据所有权，要求国家启动盗窃罪的公诉程序为其支付巨大的追索成本，从整个社会层面来看，显然是增加了无效率的浪费，并鼓励和放任了怠于履行注意义务的做法，不符合将责任分配给最小成本防范者的效率思想。

按照 B 观点，判断占有的归属时，仅以事实控制力的大小强弱作为决定标准。但是，一方面，认定侵占罪的结论，会因追诉率低、定罪充满不确定性而加大对潜在行为人犯罪的激励。侵占罪只能通过成本远高于盗窃罪的自诉程序追回财物，会有更多的被害人因此而放弃追诉，行为人被抓获和定罪的风险也随之降低。同时，成立侵占罪需要符合“拒不退还”的构成要件特征。行为人即使取走了财物，也能够根据被害人的追索强度与之谈判来决定是否返还财物,而可进可退地掌握自己是否被定罪的命运。因而与认定盗窃罪相比,认定侵占罪的结论会加大对于潜在行为人的激励。另一方面,既然认定侵占罪的结论对财物所有权人明显不利,就会让权利人增加多余的谨慎,不肯轻易地将财物的事实控制力与他人分享,而是牢牢掌控在自己手中。例如,乘客不愿意让搬运工人帮拿行李,商场经营者不愿意让顾客试衣,超市可能恢复成传统的柜台模式。这些做法不仅会带来不必要的浪费,也会遏制社会分工与人际交往的活力和流畅性,促使整个社会朝着高成本、无效率方向运作。

从以上两方面的经济分析可见,坚持纯粹的规范论或者存在论的立场,都会形成不好的激励,导向不效率的结果。因此,我提出 C 观点:占有的成立以事实控制力为必要条件,而判断多人占有的归属时,则以规范上认同度的高低作为标准。根据 C 观点认定案件的结论,不仅能够在司法实践中得到经验支持,也能在经济分析的层面经受住检验。

一方面,在权利人对财物疏于管理、已经完全丧失事实控制力的场合,按照 C 观点,应当否定权利人的占有,对侵吞财物的行为人认定为侵占罪(反对 A 观点)。如果权利人打算追回失去的财物,这就可以促使权利人在事前的看管成本与事后的自诉成本之间做出比较,会促使他审慎考虑对财物采取最合理最有效率的态度。相反,如果权利人对这项财物的轻视,已经到了既不愿意付出预防丢失的控制成本也不愿意付出任何追诉成本的程度,此时认定原占有已经消失而新占有归于行为人,对整个社会而言,物尽其用是更有效率的分配。以侵占罪论处正好可以避免诉讼浪费,权利人不会提起自诉,检察机关也不必(像认定盗窃罪那样)为此再付出没有必要的公诉成本。

另一方面,在多个主体均对财物具有事实控制力的情况下,按照 C 观点,此时不能根据事实控制力的强弱而是要根据规范上认同度的高低,来决定占有的归属(反对 B 观点)。例如,在搬运工与乘客、商场与顾客等等这样的协作关系中,在双方都对财物有事实控制力的情况下,不是将占有归属给控制力更强的搬运工和顾客(构成侵占罪),而是将占有归属给基于所有权的规范依据更高的乘客和商场(构成盗窃罪)。相对而言,采用 C 观点能够部分消除 B 观点的负面激励,减少人们在管控财物方面的不必要的浪费,促进社会成员之间的相互协作,降低交易成本,帮助人们更顺畅地、效率更高地实现目标。

上述 C 观点的证立,面临着与 A 观点和 B 观点的竞争。如果仅仅是从体系或者逻辑的传统教义学角度展开,各能自圆其说,难以区分出优劣。在这种情况下，引入经济学的效率标准和事前思维，比较不同理论的实践后果，从判决影响对潜在的行为人和被害人的激励效果来评判，则C观点的比较优势得以凸显。

2. 被害人同意瑕疵理论的经济分析

关于被害人受骗的同意效力，刑法理论中主要存在“法益错误说”与“全面无效说”的对立。全面无效说主张，只要同意的错误偏离了同意人内心的真实意思，该同意即为无效，应追究行为人的刑事责任。法益错误说则认为，并非所有错误都会使同意无效，只有那些与法益本身的性质、内容和影响相关的错误，才能导致同意无效。基于不同的法理根据，两种观点在教义学的逻辑体系中皆能自圆其说。以器官买卖为例，按照“法益错误说”，器官出售者在报酬上受骗不影响同意效力，不应当惩罚行为人；相反，根据“全面无效说”，则会认为器官出售者陷入了重大的动机错误导致同意无效，因此应当惩罚行为人。

从经济学事前激励的视角来看，如果采取“全面无效说”，长期以往会助长形成一种保障人身交易自由的市场秩序。而黑市一旦得到刑法的保障成为“半白市”，进而推动人身法益的商品化。一方面，对于那些原本打算在对价上欺诈对方的人来说，可能会有所收敛，但只是意味着获利空间比原来少了一些而已，并不会影响继续寻找这种交易获利的积极性。至于其他购买者，只要“诚信”地购买，就不会有任何的抑制作用。另一方面，如果按照全面无效说追究欺骗者的责任，这对于那些打算出售器官者无疑是一个利好消息。因为这意味着器官的市场价值得到承认，器官买卖的交易自由得到了刑法的保障。他尽可以放心地去与对方进行价格谈判而不必担心受到欺诈。于是，对于外部激励具有敏感性的理性人来说，“全面无效说”的后果就是，为潜在的器官交易的各方，确立了一个诚信交易的圈子和秩序，促进了人身交易市场的发展。这显然是人们不希望看到的后果。

相反，按照“法益错误说”，在人身交易的场合（不仅是器官买卖，还有卖血、卖淫等），刑法应当撤回对交易信任度的支持，不保护动机错误。通过这种拒绝保护的方式，刑法设置了一种被害人自担风险的压力，从而能够在一定程度上阻止个人将重要的人身法益（如身体、自由和名誉等）同其他利益进行交易。

不过，也存在一些为包括器官买卖在内的人身交易辩护的声音。按照波斯纳的看法，器官买卖的危害性，似乎仅仅是令局外人有一种无从得知的危害性的虚幻感觉而已,但这种危害性实际上并不真实存在。这一看法忽略了以下事实:一旦有了市场,就会产生供需关系,利益驱动必然会激励诈骗罪之外的其他犯罪类型的犯罪分子去寻找器官来源,进而又会引发大量强制交易甚至其他更严重的暴力犯罪的发生。这正如很多毒品贩子或者销赃者可能恪守买卖诚信,不会进行对价欺骗,但是他们在获取赃物来源的过程中,却毫不在意手中沾满鲜血。经济学家贝克尔认为,担心“有人会为了得到别人的器官而实施绑架,还有就是极端主义的政府会卖掉囚犯的器官”是没有必要的,因为“(虽然)这是可能发生的,但不可能是大范围的,因为在大多数情况下,用于器官销售的来源不用大费周折就能找到”。但是,这一辩解是完全脱离生活实际和犯罪现实的。如果他所谓的“大费周折”是指实施犯罪,那么,任何盗窃犯、抢劫犯以及诈骗犯等犯罪分子所获取的财物,其实本来也“不用大费周折”就可以得到的,他只要肯努力工作或者出钱去买就行了。但是,恰恰就是为了不付出这些对价,寄希望于不劳而获,才会有很多人乐此不疲地去“大费周折地”实施犯罪。

3. 诽谤罪自诉机制的经济分析

依照《刑法》第246条的规定,侮辱罪、诽谤罪作为侵犯个人名誉法益的犯罪,属于“告诉的才处理”的自诉型犯罪。自“杭州女子取快递被造谣出轨案”引发社会各界关注以来,出现了对侮辱罪、诽谤罪等自诉犯罪积极提起公诉、加强公民人格权保护的舆论动向。但是,从经济分析的视角来看,诽谤罪“原则自诉而例外公诉”的制度安排,是一种对于实现宪法上的基本权利最优化配置的刑事立法方案。

一方面,在诽谤案的场合,公诉机制的确权成本过高。证明行为人表达是否属实(为真)是诽谤罪诉讼中的关键问题。但这一点也是整个诉讼中最耗费成本的环节。一种可能出现的情形是,行为人所说“坏话”的内容属实,即并非无辜的当事人确实做了“坏事”,即使坏事被曝光后客观上有损于当事人的名声,但是在法律上也不应当支持当事人对这部分损失主张权利。真相恰恰说明当事人本来也并不配得到那部分名誉。更重要的是,一个不利于某人外部名声的“坏话”或“丑闻”出现,未必对社会就是坏事。当它为真时,反而是增加了社会沟通中的有效信息,让其他人有更全面深刻的知情,提高了其他人的沟通交往能力。只有当“坏话”为假时,才需要通过法律进行遏制。因此,确权的关键不在于有坏话导致某个人的外部名声受损,而在于确认让他名声受损的

"坏话"是否属实。但是,如果把追查这一事实的任务交于司法机关主动介入,启动公诉,则不仅要消耗大量的时间和其他成本,而且很有可能这种消耗最终因为查明坏话属实而变得无意义。

因此,最明智的做法就是通过自诉机制,把防止这种可能无意义的资源损失的任务交给当事人。因为他处在那个能够防止这种无谓损失的最佳位置。对于诽谤事实的真实性,被诽谤的当事人是最清楚事实真相从而也最容易避免调查成本无意义消耗的人,他会做出最有利于自身利益的权衡。当坏话为真时,当事人提起自诉的胜算也很小,而且诉诸法庭闹得众人皆知,反而是进一步广而告之地让丑闻传播,加剧名声受损。因此,最优策略就是不提起告诉,祈望事件尽快平息止损。此时,不仅行为人的"坏话"增加了社会真实信息的总量,而且不会为此启动任何不当的司法程序,不会产生无意义的资源浪费。在避免司法资源损失这一点上,当事人就是一个经济学上所谓"最小成本防范者",自诉机制就是一个避免无谓损失的最小成本防范机制。

另一方面,自诉机制作为一种"财产规则"而非"禁止交易规则",可以留给双方回旋和解的余地。按照经济学上的"卡—梅"分析框架,公诉机制属于一种在是否追诉的程序上禁止双方交易的规则,而自诉机制则是一种行为人可以向当事人付出对价购买"不起诉"的"财产规则"。一旦进入公诉程序,就是开弓没有回头箭,即使认罪认罚或刑事和解,行为人也很难从刑事犯罪记录上全身而退,被害人与行为人之间难以全面化解恩怨,且此过程必须要由司法机关主导并投入大量成本。相反,如果允许自诉,行为人与被害人可以反复地沟通谈判,被害人在得到足够补偿的情况下,可以选择不起诉(相当于将起诉权出售)。甚至在法院审理过程中也可以适用调解,被害人在法院判决前可以同行为人自行和解,也可以撤回起诉。为此,行为人可以付出诚意公开道歉,挽回被害人的名声损失,或者金钱赔偿后免于刑事追究和犯罪记录,双方能够形成一个满意的结果,而这个过程并不需要在公诉程度上消耗额外的司法成本。

因此,从经济学的角度来看,诽谤罪的自诉机制,是一种在程序方面配置名誉权与表达自由冲突的精巧设计。这种设计能够实现权利配置的最大化,因此得到世界各国刑事立法和司法实践的认可。

□ 法教义学与社会科学的内部合作Ⅱ:社会学考察

在诸多社会科学门类中,社会学与法学的紧密关系出现得比法律经济分析更早。这种关系在通常的法律社会学中的主要体现，是从社会学的视角、运用社会学的方法对法律规范和机构的实际运作进行事实性描述和理解。独立的社会学视角对于法学现象的理解不同于法教义学这一点没有疑问，但是法教义学与社会学的关系，长期以来处在被误解甚至曲解的状态。一方面，法教义学很少成为法律社会学的研究对象；另一方面，甚至常常被一些法律社会学的研究者视作竞争对手和敌人。这种现象是不正常的。

晚近的研究指出，“法社会学对于促进抑或削弱法律规则发挥效力的社会因素的研究对于立法、司法都大有裨裨益，法社会学对于实然法以及法教义学对应然法的研究不是竞争关系，而是互补关系，两者在研究中存在诸多结合点”。这是站在法社会学的立场上打开了一个开放的视角，它不仅强调法社会学对法教义学的裨益，而且也在纠正传统法社会学不关心或者排斥法教义学的刻板观念。正如舍费尔所说，法社会学与法教义学的严格区分实际上是一种分类错误，前者绝非限于研究现实中的法，后者也并非仅仅沉溺于法律理想之中。尽管现今的法社会学仍然缺乏对法教义学的研究兴趣，但舍费尔认为，“该现象乃是通向复杂研究的过渡阶段，日后法社会学需要也必将法教义学纳入研究视野之中”。

上述说法表明，社会学出现了将法教义学纳入研究范围的动向，反过来说，对法教义学而言，有无可能以及如何将社会学纳入自己的研究领域中呢？如果说经济分析进入教义学领域至少得到了部分支持，那么对于社会学理论在法教义学的运用，受到的质疑相对多一些。例如，贺剑博士认为，“法社会学研究对于法教义学甚少助益，原因有二：其一，法律解释尤其是疑难法律问题的解决多数时候关乎价值判断，法社会学所擅长的事实判断在此难有作为；其二，法社会学研究通常偏于宏大，无法为具体制度的解释提供直接有用的信息”。不过人们也经常听过另一种说法，“无社会学的教义学是空洞的，无教义学的社会学是盲目的”。（康托诺维其语）

与经济分析相比，将社会学理论和方法引入法教义学中，淬炼教义学概念和规则的尝试可能更为少见。接下来就以关于保证人地位、扒窃以及邻里纠纷等几项研究为例，展示社会学考察在刑法总论和分论教义学中的运用。

1. 保证人地位的社会学考察

保证人地位是不作为犯领域的核心问题，也是刑法理论中聚讼纷纭、观点林立的一章。尽管我国刑法总则没有做出一般性规定，但是对于这一无法回避的重要议题,学界通常是在作为义务的角度下,实质地探讨不作为犯的保证人地位。目前,主流学说毕竟认可考夫曼归纳出的两种保证人形式,一种是在法益无助状态能够发挥救助保护功能的保证人,另一种是在危险源辐射出危险的场合,能够发挥监督和抑制危险源功能的保证人。但是,这种已经成为学界通说的二分法,只是根据判例和理论共识而进行的总结归纳,分类有帮助认识更加清晰的作用,但是本身却不能说明保证人地位的来源和根据。

所谓"产生的根据",就是要回答如下的问题:在一个特定的社会中,为什么有一些人必须承担防止他人遭受损害的防卫义务,而其他人却不必。我接下来提出的观点,是一种以家庭功能为核心概念和辐射源的新功能主义的解释模式。它在方法论上主要借鉴了人类社会学派的理论特别是费孝通先生关于生育制度的分析。假设在一个思想实验中,社会不断缩减,社会结构不断地由复杂向简单退缩,在此过程中,有哪些保证人是可以随着社会的缩减而取消,也能够被社会所承受的?有哪些是无论如何不能取消,否则就会出现社会难以承受的打击而最终崩溃的?显然,养老院、幼儿园、福利院、精神病院、普通医院、警察局……这些防卫机构在社会缩减的过程中并不是必不可减的,随着人口数量的减少,分工的萎缩,人际交往的减弱,上面这些防卫机构所承担的保证人义务,会慢慢地退回到家庭和个人身上。在这个思想实验中,人类社会可以缩减的底线,是至少要有性的结合实现繁衍生息,社会才能保持逐渐恢复和重建的希望。简言之,最低人口的维持是社会能够完成新陈代谢的基本条件。

正如费孝通先生指出的,生殖本来是一项损己利人的行为,物种的生殖繁衍只不过是为了难以逃避的性欲满足而不得不付出的代价。不过,人类有能力通过各种避孕或者禁欲手段,跳出从性爱到生殖,从生殖到抚育之间的生物机能的连环。但是这样一来,就不会再有新的人口填充进来,人口数目的消减,导致社会的新陈代谢无法完成,最终整个社会走向崩溃。正是在这样的选择和平衡中,家庭这一现象和制度出现了。它承担的生育制度的功能,是完成社会新陈代谢作用的继替过程,保持人口容量从而维持社会的完整。婚姻家庭之所以存在,是由于它承担了社会更替所必需的生育功能。

由此延伸到家庭中的保证人问题。家庭成员相互救助的保证人义务,是生育功能正常运转的必要条件。在抚育的过程中,父母必须保证子女的法益安全。处于比较脆弱的、易受伤害的阶段,父母应当避免其受伤。否则,失去了抚育的对象，生育保证社会维持和更替的效果也必然落空。生育制度也就失灵了。因此，父母保护法益无助状态下的幼年子女，是通过生育制度使社会得以更替和维持的必要条件。反过来说，正是由于具有使社会得以更新和维持的原始功能，在子女陷入法益无助状态时，父母就是负有国家以刑罚手段威胁其履行的救助义务的保证人。这已经是关于保证人地位的终极根据，不再需要其他的理由。

进一步延伸，在文化人类学和社会学理论中，家庭被认为是社会的基本单位，家庭结构是社会结构的最基本形式。就此而言，可以把家庭中的保证人义务视作维系社会的最低限度的条件，而其他所有家庭之外的保证人类型，都是由于随着社会分工，由家庭之外的社会机构和个人分工协同，来补强家庭中的保证人功能。在这个过程中，出现了目前在刑法理论中和实践中经常讨论的幼儿园、养老院、保姆、警察、医生、同居者、登山队友等各种形式的保证人。因此，在肯定家庭是社会基本单位以及家庭生活向外扩展形成社会生活的理论背景下，可以得出结论：家庭中的保证人是所有社会生活中的保证人的原型，其他类型的保证人都是它的衍生物。

总之，依我之见，保证人地位的关键是它们均源于家庭：所有的保证人义务的内容，都是家庭保证人义务面向社会的再分配；所有的保证人身份，也都是对家庭中保证人关系的模仿和复制；在内容或强度上明显缺乏相似性的，就不能成立保证人。这一答案，并不能从现有的教义学体系内部——通过因果力、排他性支配、结果原因支配等概念——纯粹依靠逻辑演绎出来，而是借助了社会学的理论资源和分析思路。

2. 扒窃概念的社会学考察

2011 年《刑法修正案（八）》对盗窃罪的构成要件做了修改，明确规定了“扒窃”作为盗窃罪的一种行为类型。由此引发了理论和实务对于如何界定以及适用“扒窃”规定的大讨论。为什么在不计盗窃数额的情况下，只要构成扒窃就可以入罪？什么是扒窃独有的不法内涵？

问题的关键在于，与普通盗窃的行为对象相比，扒窃的财物进入了被害人的贴身范围之内。而行为人未经允许进入他人的贴身范围去取得财物这一点，不仅是打破了普通盗窃罪所共有的财物占有关系，而且触犯了普通盗窃罪所不具备的、一种法理和社会观念上的“贴身禁忌”。这种贴身禁忌，是指未经允许或缺乏法律根据，不得侵入他人的贴身范围。从法秩序保护身体隐私和人格尊严的角度来说,每个人的贴身范围都是一个禁忌空间。恰恰在这一点上,表现出扒窃与其他普通盗窃区别之处,即扒窃行为在打破他人占有取走财物这个所有盗窃行为共有的财产危害性之外,多出了一块侵入他人贴身空间,违反贴身禁忌的危害性,因此其不法内涵提升,不计数额也可以定罪。

在教义学上提出"贴身禁忌"的规范性观念来理解扒窃,受到了生物社会学和身体社会学的思想启发。从生物社会学的角度来看,避免和禁止陌生人的身体接触是生物进化以及社会关系建立的一个基本准则。英国动物学家莫里斯教授在《裸猿三部曲》中的研究表明,触摸是基础的基础,是一切感觉之母。没有任何一种语言文字能胜过亲密的身体接触,身体接触才是人类最基本的交流方式。由于身体接触成了亲密行为的一个标志,因此在日常生活交往中,人们逐渐开始控制身体的接触。莫里斯教授敏锐地指出,与陌生人接触的限制,只有在极为拥挤的情况下才能解除,只有对特殊行业的人才会开禁(如像理发师、裁缝和医生),因为他们的职业使他们"有权接触"顾客和病人的身体。

从身体社会学理论发展来看,社会学的研究对象并非只是不受身体感受和习性影响的心智,而是包括了会思考、有感情的身体。身体不仅是自然的产物而且也是社会性的,它受到社会规范和社会经验的影响。或者说,身体不仅是生理态的而且是沟通态的。本质上具有沟通性的身体,是一切社会乃至一切社会科学实践的道德基础。贴身禁忌中的"身",正是以这样一种身体观为前提条件的。它不是一具简单的肉身,而是人们履行各种社会约定、承担各式社会任务的工具,也是人们在特定的场合、以特定的方式拒绝他人的工具。这突出表现在人进入社会交往后,对于熟悉和喜欢的人,往往会向其开放自己的身体范围,允许不同距离和程度的身体靠近甚至接触,如亲友之间的并肩坐、搂肩搭背甚至牵手拥抱等;相反,对于陌生人或者厌恶的人,则往往是通过保持甚至扩大身体间的距离,从而表现出拒绝和排斥的心意。

生物社会学和身体社会学方面的理论,启发了我对"扒窃"的概念的思考。身体的这种特殊功能,使得贴近身体肌肤表面的那一层物理空间,生发出规范层面的意义,即"贴身禁忌":未经本人允许,他人不得侵入其贴身空间。而那些放在贴身范围之内的财物,之所以不同于其他财物,就在于这些财物处于一个禁止他人侵入的空间,这个空间是作为一个生物体和社会体的个人,对自己身体进行保护、避免与他人接触的最低界限和最后防线。而行为人未经他人允许,侵入这个私人空间进行盗窃,正好违反了作为人际交往底线的“贴身禁忌”。只有这一点,才能为扒窃在普通的盗窃之外奠定新的、升高的可罚性基础。

3.“邻里纠纷”的社会学考察

死刑问题是刑法理论中的重大课题。除立法论上的存废之争外,在司法实践中如何限制死刑的适用,是更为现实和紧迫的问题。自21世纪初期以来,国家最高司法机关连续发布多个涉及死刑适用的司法文件,其中一个关键词就是“邻里纠纷”。例如,1999年《全国法院维护农村稳定刑事审判工作座谈会纪要》(以下简称《纪要》)明确指出,“对于因婚姻家庭、邻里纠纷等民间矛盾激化引发的故意杀人犯罪,适用死刑一定要十分慎重,应当与发生在社会上的严重危害社会治安的其他故意杀人犯罪案件有所区别”。《纪要》最先提出了“农村的邻里纠纷引发的杀人伤害案件慎重适用死刑”,该刑事政策一直被之后的司法文件所遵循,并进一步扩大到整个城乡社会以及一般案件中的宽严政策。这就涉及在具体个案中如何认定“邻里纠纷”的问题,也由此向法教义学提出一个塑造概念形象、形成稳定内涵、便于规则适用的任务。而要完成这一任务,仅靠已有的教义学概念的自我演绎和逻辑推演是不可能的,因而借助了社会学视野的考察。

农村发生的邻里纠纷引发的杀人,到底有何不同于其他杀人案件的特点?为什么对于发生在农村的由邻里纠纷激化引发的杀人犯罪,一般不判处死刑立即执行,有利于“维护农村稳定”?透过社会学的视角来理解所谓“农村”,它不仅是一个地域性和空间性的概念,其中还包含着政治、经济、治理传统和文化观念等多方面的要素。费孝通先生在《乡土中国》中运用理想类型的方法将农村界定为“熟人社会”,由此与作为“陌生人社会”的城市相区分。在“熟人社会”中,绝大多数人的具体生活世界都很小,人们之间存在一种特殊的熟悉关系。人们每天面对的都是左邻右舍、乡里乡亲。在这种环境中成长生活的个体,一般不会对这个熟人网络滋生出整体性的仇恨;偶然出现的杀人事件,通常也是在特定的个体或家庭之间基于某些特殊原因发生,不可能威胁到社区网络里其他熟人,不会对整个社区的治安状况产生根本动摇,也不会给其他人带来恐慌和不安的心理。在这种情形下,人们主要关心的,仅仅是法律怎么惩罚这个行为人(特殊预防或报应),但并不太关心这种惩罚是否会对社区里的其他人产生规训效果(积极的一般预防)或威慑效应(消极的一般预防)。

只有通过上述社会学视角进入刑罚目的，才能理解 1999 年《纪要》将邻里纠纷（熟人社会）引发的杀人案件与其他发生在社会上（陌生人社会）的杀人案件相区分的意义。一方面，跳出地域和物理空间的狭隘角度去理解“邻里”，才能将那些虽然在地理位置上属于“邻里”但是纠纷双方实际上属于陌生人关系的纠纷，排除出“邻里纠纷”的范围。例如，在很多大城市的小区中，人们虽然比邻而居但互不认识，从不往来。这种情况下双方偶遇后发生口角，一方将另一方杀害的，不应适用“邻里纠纷”的从宽政策。另一方面，从“熟人社会”的角度来把握《纪要》的精神，才能进一步理解为何后来最高司法机关对于“邻里纠纷”的适用范围，开始逐渐从农村扩展到城市，从婚姻、家庭、邻里进一步扩展到恋人、同事和朋友之间。在本质上，此类关系都是属于特定范围内的“熟人”，发生在这种小范围的熟人社会中的杀人案件，与那些发生在陌生人社会中针对不特定的陌生人实施的杀人行为相比，后者会给一般的社会公众带来远为剧烈的不安全感和恐慌感，严重威胁和损害公共秩序与社会稳定。

总之，在熟人社会中对“邻里纠纷矛盾激化”的杀人者适用刑罚的目的，主要是针对已经实施犯罪者的特殊预防，而非社会公众或者潜在犯罪人的一般预防。司法政策追求的“社会稳定”，也主要是看刑罚的一般预防效果。个别犯罪人的刑罚适用，只要对于一般预防没有太大影响，对于社会稳定没有太大的威胁，那么，就只剩下从特殊预防的角度来衡量对其行为的惩罚必要性和程度了。当从特殊预防的角度来考虑问题时，死刑立即执行无疑是最不得已的选项，因而对于邻里纠纷引发的案件必须限制死刑的适用。

法教义学与社会科学的外部合作

除内部合作关系外，法教义学与社会科学之间还可能建立起一种“外部合作”关系。我在这里界定的外部合作，是指一方不是被引入另一方的内部发挥作用，也不是松散的平行关系，而是双方在外部形成一种功能性的协同关系。如果说，法教义学与社会科学的内部合作，类似于刑法上的正犯与共犯（正犯是核心角色，共犯发挥教唆和帮助的作用；共犯对正犯有从属性，无正犯则无共犯），那么所谓外部合作，则类似于刑法上的共同正犯（双方都是核心角色，彼此之间相对独立但又功能互补）。

放眼世界范围内的法学研究，在法教义学与社会科学（作为专门社会学的犯罪学和作为政策科学的刑事政策学)的外部合作这一点上,刑法学较早走在了其他学科之前。在当代法学体系的二级学科群中,再难找到像刑法学与犯罪学及刑事政策之间如此独特的关系:研究对象和研究方法完全迥异、学科性质差异如此明显但合作属性又如此紧密。当然,无论是在理论认识上,还是在法律实践中,三者合作的理想状态也并非自然而言或者一帆风顺,而是经历了并正在经历不断探索的过程。

首先要明确的,是刑法体系(刑法规定与刑法教义学)与刑事政策的关系。对此存在两种对立的观点。一种观点认为,刑法体系(包括刑法规定及刑法教义学)与刑事政策之间是相互分离的关系,有着严格的界限。按照李斯特的经典论断,即"刑法体系是刑事政策不可逾越的藩篱"。这一看法被称为"李斯特鸿沟"。另一种观点则认为,刑法体系与刑事政策之间的关系,不是相互分离而是可以融贯沟通的。"李斯特鸿沟"的存在,会使得法的安全性与正义处在一种紧张关系之中。刑事政策上的合理性要求应当被允许进入刑法教义学之中。这种观点首先由德国学者罗克辛提出,因此也被称作"罗克辛贯通"。

在我看来,两种观点都存在疑问。刑法体系与刑事政策之间的关系,既非不可跨越的鸿沟,也不是贯通无阻的通途,而是一种多维度的外部合作关系。这种合作既可能发生在立法领域,也可能是在司法领域。适用哪一种合作形式,取决于刑法体系对刑事政策的适应性。具体而言,要视刑法条文的刚性程度和法教义学的发展水平而定。

一种合作形式是立法领域中的合作。如果刑法条文的文字规定内容较为明确单一、不存在解释争议,那么,即使刑事政策的导向不赞成刑法体系的适用结论,当下的司法实践只能也必须依据现行刑法体系展开。一个已经明确体现了立法者意图的封闭的刑法适用,不再需要刑事政策的介入。如果允许刑事政策强行改变司法结论,就存在违反罪刑法定原则的风险,不仅刑法学丧失根基进退失据,法治国的基础也必然产生动摇。此时,司法的依据只能是法律而非政策。尽管双方在司法领域无法合作,但在立法领域中,刑事政策可以作为修改现行法律的指南。在通过修法使得刑法体系达致完善的意义上,这也是一种合作。因此,所谓"刑法体系是刑事政策不可逾越的藩篱"或者"李斯特鸿沟"的说法,指的都是这种合作关系不能发生在司法领域而只能发生在立法领域的情形。

另一种合作形式发生在司法领域中。这种合作形式可能更为频繁和日常。因为引发它启动的前提条件是较为普遍的,即缺乏明确含义的法律用语需要解释。法律是以法条即以语言加以表达的,而语言是一种不确定的媒介。法律用语也是如此,很少是外延明确的概念,而更多是弹性的表达,其可能意义在一定的波段宽度之间摇摆不定,视该当的情况、指涉的事物、言语的脉络、在句中的位置以及用语的强调,而可能有不同的意涵。即使是较为明确的概念,仍然经常包含一些本身欠缺明确界限的要素。而且,在历史的过程中、主流的道德和政治价值观念与体系的变迁中,词义内涵是可变的。在这种情形下,法律解释是不可或缺的,且并不总是能达到唯一正解,相反可能存在多种见解。对法律的不同理解并不意味着违反罪刑法定原则,而很可能是在罪刑法定的框架之内允许备选的多个方案。面对不同的方案,就存在哪一种更符合刑事政策导向的辨别。此时,刑法体系呈现一种开放的状态,对外探出感知刑事政策和社会效果的触角,实现与刑事政策的沟通,确定最优的法律解释和适用结论。在我看来,所谓"刑法体系与刑事政策的融合"或者"罗克辛贯通"的说法,指的就是这种发生在司法领域的合作关系。

至于刑法学与犯罪学的关系,曾经被耶塞克评价为是"处在同一个屋檐下",但这并不意味着两者的合作就更加轻松。刑法学是一门规范科学,而犯罪学是一门事实科学,众所周知,规范与事实之间的沟通通常难以直接实现,而在刑法领域中,恰恰存在一座可以连接犯罪学与刑法学的中介桥梁,那就是刑事政策。但是,以往国内刑事政策的制定者以及学界的研究,对于刑事政策如何发挥桥梁作用,存在不同程度的认识混乱,导致刑事政策并没有真正发挥桥梁纽带的作用,这也是当代中国的犯罪学未能与刑法学建立起有效关联,其自身的研究也没有得到充分重视,始终处在边缘徘徊的重要原因。

仅仅是跟随国外理论思潮引入刑事政策导向的目的理性体系,只是看到了刑事政策与刑法体系相互沟通的后端,却忽视了刑事政策的前端还必须要与犯罪学相互沟通。这就使得刑事政策研究成为一座半悬在空中的桥梁,仅有一端的下桥路却没有另一端的上桥路,也使得犯罪学与刑法学之间"隔岸相望",无法实现有效连接。整体来看,一方面,犯罪学与刑法学的外部合作由于缺乏沟通桥梁而处于隔绝状态;另一方面,刑事政策与刑法学虽然在形式上有所勾连,但是由于缺乏政策制定和解释的实质根基,对刑法学的影响要么流于形式,要么陷入恣意。这就是我国目前的刑法学、犯罪学与刑事政策三者关系的实然状态。

与之相对,应然状态是在整体上前后贯通地把握刑法学(法教义学)与犯罪学(社会学)、刑事政策(政策科学)的关系,让三者实现真正有效的外部合作。在我看来,这种外部合作的理想关系呈现如下:首先探究犯罪成因(社会学视角),其次确定刑事政策(政策科学视角),最后指引刑法解释和适用(法教义学)。

具体而言,首先借助犯罪学的理论框架和方法,探究不同类型犯罪的原因,从具体犯罪的发生机理入手寻找犯罪学上的理解。以此为根据,开出对相关犯罪应从严打击或者从宽处理的政策"药方",对症下药地分配国家的刑罚资源。由此,能够赋予刑事政策的"宽"与"严"以决策依据和实体内容,避免"惩罚必要性"和"目的性"等概念空洞恣意的滥用。同时能避免那种对所有犯罪都空泛地表述为从严、从宽或者宽严相济的刑事政策,而是针对具体犯罪类型确立精准化的、有差异性的刑事政策。以犯罪学为基础的刑事政策,才能准确阐明区别对待和轻重有别的理由,科学地指引刑法教义学的解释和适用,最终完成合理组织对犯罪的反应的任务。在我看来,犯罪学、刑事政策与刑法学之间的理想关系,应该是以犯罪学考察为基础和根据,进行宽严分配的刑事政策研究,再以刑事政策为指引展开法教义学研究。这也是法教义学与社会科学实现功能性外部合作的一个典范。例如,在疫情防控期间,有些人在未被确诊之前,因为各种隐瞒身份或行踪经历的行为,最终导致了其他人被传染或隔离的后果而构成犯罪。行为人对于传播结果是过失,但是对自己的隐瞒或逃避上报信息的行为是故意的。对这类行为如何妥当处理,对理论和实践均提出了挑战。对此,可以先探究犯罪成因,以此为据确定刑事政策的宽严尺度,最后指引刑法学展开个罪的解释和适用,从而实现刑法学与犯罪学、刑事政策的外部合作。

首先是犯罪学考察。借助犯罪学中的标签理论,能够深入了解此类人群的行为动因。按照贝克尔提出的标签理论,某个人并不是因为是犯罪人才被贴上标签,而是因为被贴上标签才成为犯罪人。按照他的说法,不是犯罪或者犯罪人本身,而是犯罪人与其他社会成员的关系,才应该受到重视。标签理论的深层启发是,一个最初的行为,本身可能既不是善也不是恶而是中性的东西,但是一旦被以某种理由贴上了标签,就成为遭受否定和负面评价的对象。在这种情况下,一个理性人必然会努力避免被贴上标签,逃避那些要给他贴标签的机构、制度和行为。在新冠病毒疫情防控过程中,人们逐渐认识到,比病毒更可怕的是歧视。而这种歧视，正是来自于一种标签效应。疫情初期，医学上对新冠病毒的了解有限，普通人更是惊恐于病患的死亡数字和新增速度。这种由于对疾病无知而带来的恐惧和慌乱，表现在过度夸大与新冠病毒有关的群体的危害，以至于将这些群体等同于病毒自身，由此产生的过度防疫观念与措施，强制性地为相关群体贴上标签来加以识别。于是，标签个体周遭歧视性的排斥随之而来。这种标签效应在民间表现为人际关系疏离甚至隔离，被社交圈和生活圈驱逐，包括酒店、餐馆等服务场所拒绝接待被贴上标签的人员。由此可见，标签效应带来了污名化与歧视。那些可能会被贴上标签的人，基于对一系列歧视性后果的担忧和顾虑，自信或者侥幸地认为自身健康没有太大问题的情况下，必定千方百计地隐瞒与疫情暴发地有关的身份或经历，以躲避可能从天而降的标签。最终这种隐匿行为进一步加剧了疫情的扩散。总之，从此类隐匿身份和行踪造成疫情传播的行为动因来看，很多行为人逃避的不是防疫而是歧视。这就是对疫情期间隐匿身份和行踪行为的犯罪学考察。

其次是刑事政策研究。根据犯罪成因的分析，刑事政策应当全面考虑此类因隐匿行踪妨害防疫工作的行为性质，做到群体细分，政策细分，针对不同情况区别对待。一方面，对于过失传播病毒或者引起病毒传播危险的人，一定要仔细考虑行为动机和成因，不能仅仅因为客观上引起诸如多人受传染或者被隔离的严重后果，就将行为人的主观罪责视作对等程度的严重和恶劣。必须考虑到的是，与一般的过失犯相比，过失传播病毒的行为人，其故意违反注意规范的动机的内容及其可谴责性是有差异的。如上所述，隐瞒自己的身份或者经历的人，其行为动因不能完全归责于行为个体，整个社会舆论环境和各种防疫管控措施对此类人群的标签化评价和歧视性处遇，在其中也起到了重要的影响。特别是在疫情暴发初期，标签效应与歧视氛围尤其严重。这一阶段的隐瞒者违反防疫措施的动机，实有不得已的成分和苦衷，迥然不同于正常社会秩序时期的普通的过失犯，对此，在整体处理方向上应当从宽把握。另一方面，对于那些确实是出于报复他人或社会的动机而恶意传播新冠病毒者，应当从严惩治。此外，还有一些案件中行为人的直接动机，不是刻意传播，也不是为了逃避标签和歧视而隐瞒，而是行为人无视地方政府发布的防疫措施和要求，按照自己惯常的生活习惯和行为方式自以为侥幸地行事，结果引致病毒传播或传播危险。这种情形，与一般的过失犯罪相比并无特殊之处，在刑事政策上按照正常过失犯的处理尺度把握即可。

最后是法教义学分析。根据上述刑事政策方向的思考,对此类犯罪行为总体从宽和区别对待,体现出惩罚力度的轻重层次的差异。在法教义学上,可通过责任阶层的预防必要性和违法性认识来实现个案中的从宽尺度。一方面,通过预防必要性减免责任。在功能性的责任概念中,罪责被赋予边裁的角色;在罪责所划定的范围之内,预防必要性发挥功能性的调节作用。因此,在考虑行为人责任时,不仅考虑可谴责性的罪责内容,而且还考虑预防必要性。具体到疫情期间的犯罪,因为逃避歧视而隐匿行踪的行为人,其可谴责性的罪责程度较低,而且从特殊预防来看,对其判处刑罚收监执行的教育改造效果也是有限的。因此,如果个案中的行为人完全没有特殊预防的必要性的,可以考虑减轻甚至免除其责任。

另一方面,通过违法性认识错误减免责任。责任的成立,需要行为人认识到自己的行为具有违法性。对于瞒报信息的行为人,对其适用的是《刑法》第330条第4项,即"违反传染病防治法规定","拒绝执行卫生防疫机构依照传染病防治法提出的预防、控制措施"。相关法律法规对于一般的普通人而言,很可能是缺乏充分认知的。特别是对于瞒报外地旅居史的信息的行为,在普通人心里可能未必能被上升到违法这么严重的程度,因此在处理此类案件时,应当重视行为人的违法性认识错误。尽管我国《刑法》没有明文规定违法性认识错误对责任的影响,但是在刑法理论上,基于责任主义原理,如今的通说意见都赞成应当据此减轻行为人的责任。考虑疫情期间的特殊情况,司法机关对于政策上应当从宽的案件,可以积极运用违法性认识错误理论来妥当办案。

■ 结　语

我们立足于法教义学的立场,讨论了法教义学与社会科学之间的关系。在个案分析的场合,出现了围绕案件解读或形成教义学规则,与直接运用社会科学分析事件这两种不同模式。我对两者做了比较分析,但重心还是放在了后面法教义学与社会科学的合作关系,因为我觉得相对于竞争,合作是更有价值也更值得关注的命题。法教义学与社会科学分属不同的学科类别,有不同的研究范式,对此再做更多阐释实无意义。在此认识的基础上,与其反复比较两者差异或者论证己方优势,不如深入探讨如何吸收借鉴对方研究的能量和精华为己所用，促进各自研究视野的扩展和知识的增量。

我提出的法教义学与社会科学的“内部合作”，是指将社会科学吸收进法教义学中，成为塑造法教义学的概念和规则的理论材料、问题资源和工具方法。这种合作类似于引入社会科学“投资入股”。社会科学的视角和方法进入法教义学内部，就像引入外部的资本和技术进入原有的企业，并不会改变原有企业的基本性质，仍然是以法教义学的面目出现，但是经过融资和技术改造，提升了生产线的性能，输出的教义学产品更加有品质和活力。

为了说明这种内部合作关系，我在自己的研究领域中，选取了占有、被害人同意和诽谤罪这三个问题，来例示如何通过经济分析来解读和形成教义；选取了扒窃、保证人地位和邻里纠纷这三个问题，来例示如何通过社会学考察来解读和形成教义。在我看来，这些都属于法教义学与社会科学的内部合作，是借助社会科学的帮助来研究规则和教义。在此过程中，社会科学的思想也透过法教义学的中介桥梁间接地影响到司法实践。它们与所谓“社科法学”的区别是显而易见的。后者对社会科学方法的运用不受任何限制，而我使用这些社会科学方法分析之后的结果，最终仍然是回到法条上来，服务于对规范的理解与适用。在我看来，是运用传统教义学中逻辑—体系的分析方法，还是运用经济学、社会学等社会科学方法，并不是法教义学与各种非法教义学研究的本质区别。关键的问题，是在现行法的效力框架内，避免体系冲突，落脚于法律适用，为司法实务提供规则，概言之，是最终能否再回到法条上来，这才是法教义学的教义性所在。

我还提出法教义学与社会科学的“外部合作”，即法教义学与社会科学之间形成功能性协作的外部关系。如果说内部合作类似于在一个企业内部的合作，那么外部合作就是多个企业之间的合作。合作形式可能是战略性的、供需性的、网络性甚至集团性的。这种合作会让单个企业实现单打独斗所无法达到的协同效应。对于法教义学来说，加强与社会科学的外部合作，首先要摒弃妄自尊大、包打天下的良好感觉，充分认识到自身的特点及其局限性，从而才能去发掘和探寻与社会理论的合作点。

通过例示传播虚假信息罪和妨害传染病防止罪的适用，我试图展示如何在刑法教义学、犯罪学与刑事政策之间建立起所谓功能性协作的关系。以上这些例示，并不是要自以为是地给人做示范和样本的意思，仅是把个人一些不成熟的探索展现出来，成为交流和批判的素材。毕竟，坐而论道不若起身立行。法教义学与社会科学之间到底如何相处,既无定理也无先例,所以俯身尝试去做就是了,相信总会在前行的试错中探出正确的道路。

▣ 阅读指引

回 专著类

1. 卜元石:《德国法学与当代中国》,北京大学出版社 2021 年版。

2. 车浩:《刑法教义的本土形塑》,法律出版社 2017 年版。

3. 侯猛编:《法学研究的格局流变》,法律出版社 2017 年版。

4. 苏力:《是非与曲直个案中的法理》,北京大学出版社 2019 年版。

5. 桑本谦:《理论法学的迷雾》,法律出版社 2020 年版。

回 期刊类

1. 车浩:《占有概念的二重性:事实与规范》,载《中外法学》2014 年第 5 期。

2. 车浩:《理解当代中国刑法教义学》,载《中外法学》2017 年第 6 期。

3. 车浩:《刑事政策的精准化:通过犯罪学抵达刑法适用》,载《法学》2020 年第 3 期。

4. 车浩:《诽谤罪的法益构造与诉讼机制》,载《中国刑事法杂志》2021 年第 1 期。

5. 陈柏峰:《社科法学及其功用》,载《法商研究》2014 年第 5 期。

6. 陈兴良:《刑法教义学与刑事政策的关系:从李斯特鸿沟到罗克辛贯通中国语境下的展开》,载《中外法学》2013 年第 5 期。

7. 戴昕:《教义学启发式思维的偏误与纠正》,载《法商研究》2018 年第 5 期。

8. 贺剑:《法教义学的巅峰 德国法律评注文化及其中国前景考察》,载《中外法学》2017 年第 2 期。

9. 雷磊:《法教义学:关于十组问题的思考》,载《社会科学研究》2021 年第 2 期。

10. 苏力:《中国法学研究格局的流变》,载《法商研究》2014 年第 5 期。

11. 邹兵建:《社科法学的误会及其风险》,载《法商研究》2019 年第 4 期。

法学研究中的实证发现

白 建 军

关于作者

白建军

北京大学法学院教授、博士生导师。主要研究领域为法律实证分析方法、犯罪学、刑法学、金融犯罪。在北京大学获法学硕士、法学博士学位，曾赴美国纽约大学客座研究、日本新潟大学任教。曾任北京大学实证法务研究所主任、北京大学金融法研究中心副主任。开设“犯罪通论”“法律实证分析”“犯罪学”“刑法分论”“金融犯罪”等课程。

（说明：本文曾以“法学研究中的实证发现——以刑事实证研究为例”为题发表于《政治与法律》2019年第11期，文字略有改动。）

实证研究就是经验（Empirical 而非 Positive）研究。经验研究的重要功能是发现事实真相和客观规律。问题是，什么是一个可靠的实证发现，实证发现承担着什么样的学术功能，这在我国目前的刑事法学研究甚至整体的法学研究中都是一个存在争议的问题。到底该怎样理解实证发现，有些问题需要澄清。所谓实证发现，就是运用实证研究的方法，描述、解释大量事实材料背后理论与实际之间的关系。实证发现包括“发现什么”和“怎么发现”两个方面：前者如发现应然与实然之间的距离，发现法学理论通说的边界与局限；后者如发现所需要的工具理性和程序理性。不做实证研究，依然有许多已知。不过，人们以为知道的许多内容，有的其实原本就来自某个实证发现，有的其实未必恰如人们所知，有的可能被一个实证发现所证否。既然实证发现在不断丰富各种知识，就不必因各种已知而排斥进一步的实证发现。作为自己从事经验研究的一点经验之谈，笔者拟以刑事法学研究中的若干实证研究为例，讨论实证发现的类型与内涵。[1]

实证研究可以发现的内容

□ 实证研究可以发现应然与实然之差

“我知道，何必实证”这一说法中的“知道”，可能是指认为、相信理当如何。如纠纷处理，理当公平、公正。应当如何，可能与实际经验的所知不是一回事。

---

〔1〕 作为学术心得，为避免过多自引，涉及部分研究实例的解析顺序为：在 SOCIAL SCIENCES IN CHINA 2004 年春季版发表的“QUAN - TITATIVE ANALYSIS OF CRIME AND PENALTY”一文，在《法学研究》2010 年第 6 期发表的《裸刑均值的意义》一文，在《中国社会科学》2013 年第 1 期发表的《司法潜见对定罪过程的影响》一文，在《中国法学》2013 年第 6 期发表的《论具体犯罪概念的经验概括》一文，在《中国法学》2017 年第 5 期发表的《犯罪圈与刑法修正的结构控制》一文，在《法学研究》2016 年第 6 期发表的《基于法官集体经验的量刑预测研究》一文，在《中国法学》2010 年第 6 期发表的《犯罪轻重是如何被定义的》一文，在《中国社会科学》2017 年第 1 期发表的《中国民众刑法偏好研究》一文，在《中国社会科学》2006 年第 5 期发表的《死刑适用实证研究》一文，在《中国社会科学》2010 年第 2 期发表的《从中国犯罪率数据看罪因、罪行与刑罚的关系》一文。

更何况，在很多情形下，应然并不等于实然，理应如此的许多认识，实际上甚至恰恰相反，即所谓知其应然，未必知其实然。对应然的了解，的确不必依赖实证方法。要了解实然，要知道实然与应然之间的实际距离，实证研究就可能更有优势。从这个意义上说，实证发现是按照一定的检验逻辑，以应然理论为假设、以实然为检验标准的探索过程及其结果。其中，没有理论研究所给定的待检验假设，任何所谓实证研究都不完整，充其量只是某种现象描述。与此同时，没有实证研究，也没有人知道理论在多大程度上得到贯彻，甚至无从确证一个理论是真是假，抑或只是某种理想。

例如，尽管罪刑均衡或曰罪责刑相适应是我国刑法的基本原则之一，即罪刑关系理应均衡相称，但实际上，学者早就发现我国刑法中实际存在的"刑罚攀比"现象，包括纵向攀比和横向攀比。[1] 其实，罪刑关系的错配最简单的分类就是重罪轻罚和轻罪重罚两种。例如，我国《刑法》第 398 条规定的故意泄露国家秘密罪和过失泄露国家秘密罪，其法定刑上限均为 7 年以下有期徒刑。故意犯罪重于过失犯罪是刑法常识，而这里到底是故意泄露国家秘密罪配刑轻了，还是过失泄露国家秘密罪配刑重了？又如，我国《刑法》第 359 条规定了引诱幼女卖淫罪，法定刑为 5 年以上有期徒刑，第 103 条规定了煽动分裂国家罪，其法定刑分为两档：一档是 5 年以下有期徒刑、拘役、管制或者剥夺政治权利，另一档是对首要分子或者罪行重大的处 5 年以上有期徒刑。这两个罪名的法定刑上限是一样的，是否意味着两个罪的严重程度或不法量相等呢？煽动分裂国家罪还配置了基本和加重两档法定刑，下限为拘役、管制。很显然，尽管两种犯罪都是采用欺骗性语言操控信息接收者的行为，以达到其不法目的，但毕竟，一个是有伤风化破坏社会管理秩序，另一个则是危及国家安全，不应该具有相等的不法量。配置了相同的法定刑上限，不是引诱幼女卖淫罪配刑过重，就是煽动分裂国家犯罪配刑过轻。由此可见，尽管对法律适用而言，法律条文的规定是应然的规则，但对法学研究来说，法律条文其实也可以视为一种实然。据此，笔者曾以均衡为假设，对中国《刑法典》中的罪刑关系进行过实证研究，该项研究成果以《罪刑均衡实证研究》为题于 2004 年在法律出版社出版。该研究发现，对 1997 年我国《刑法》来说，犯罪的严重程度只能解释不

---

〔1〕 参见周光权：《法定刑配置的合理性探讨——刑罚攀比及其抗制》，载《法律科学》1998 年第 4 期。

到一半的刑罚的严厉程度的变化。刑罚的轻重配置,应该另有原因。

应当承认,说明应当如何的确是法学理论研究的基本要求,甚至是主要形式。至少,对法学教育来说大致如此。然而,学者不能据此形成某种错觉,以为理论工作位居实然、实际、实践之上。回顾现代刑法学最伟大的著作之一《论犯罪与刑罚》一书的形成过程便不难看出,书中提出的罪刑法定原则、罪刑均衡原则、法律面前人人平等原则和刑罚人道主义原则都离不开作者对实然的充分了解。在贝卡利亚写作《论犯罪与刑罚》之前,他参加了一个名为“拳头社”的团体,参加该团体的成员还有一些年轻的数学家、法学家、经济学家。其中,韦里兄弟是贝卡利亚青年时期的挚友,他们同在“拳头社”中学习,韦里兄弟为贝卡利亚提供了大量关于监狱中犯人悲惨状况的资料,对贝卡利亚构思《论犯罪与刑罚》起了很大的作用。[1] 正是对封建刑事司法种种黑暗的充分了解,才催生了关于现代刑法原则的深刻论述。可见,人们不应满足于知其应然,而应自觉往返于应然与实然之间的观察、思考,不断用新的发现完善、丰富法学理论研究。

□ 实证研究可以发现知识的相互印证

“我知道,何必实证”的说法中还有一种可能:某项研究正好证实了原有的某个猜想或意向,让人们事后意识到原有的这个猜想或意向果然如此。这时,让人印象深刻的往往是结论而非该结论如何得到强化的过程。不过,经验—新的发现—再经验—更新的发现的循环往复,是知识生产的自身规律。不能因为原有知识得到了印证,便忽略了印证过程的必要。从这个意义上看,所谓实证发现就是经得起反复印证的事实观察过程及其结果。如果某个观察结果不可重复,其科学性必然会受到质疑。

例如,2009 年,在最高人民法院的支持下,笔者从 21 个省市的 77 家法院提供的 39143 份刑事判决书中提取了 71653 个样本,形成量刑研究的最小分析单位。结果发现,过滤已从轻从重的样本以后,绝大部分常见犯罪的平均量刑水平都低于法定刑幅度中间线大约十几个月。以盗窃案件为例,盗窃罪基本犯罪构成的法定刑幅度中间线为 21 个月,而大样本的实际“裸刑均值”为 9. 36

---

〔1〕 参见黄风:《贝卡利亚及其刑法思想》,载[意]切萨雷·贝卡利亚:《论犯罪与刑法》,北京大学出版社 2008 年版,第 126 - 131 页。

个月;加重构成的法定刑幅度中间线为 78 个月,而大样本的实际裸刑均值为 51.58 个月;再加重的法定刑中间线为 150 个月,而大样本的实际裸刑均值为 134.09 个月。其他几类常见犯罪案件的情况也大体如此,实际刑期均值都比法定刑中线低十几个月。恰好,来自德国马普研究所的阿尔布莱希特教授用大量实证数据证明,在德国和奥地利,刑罚裁量的普遍水平位于法定刑幅度的 1/3 以下。[1] 这三个国家的数据背后可以看出一个共同点:法定刑下限是法官量刑的基本起点,既非法定刑中线,更非法定刑上线。这种相互印证的背后,隐约可见中、德、奥三国法官异曲同工的职业实践,不谋而合的共同选择,让人似乎能触摸到某种超越犯罪论体系、超越意识形态、超越国界的集体理性、实践理性、自然理性。

关于观察的相互印证问题,一个有趣的学术现象值得一提:美国学界关于死刑适用效果的多个实证研究之间往往相互矛盾,有的支持死刑保留论,有的则支持死刑废除论。于是有人认为,这说明实证研究这种方法本身不可靠。[2] 其实,如果因为一种方法得出的结论相异便认为这种方法有问题,那最该被质疑的应该是在各种"我认为"之间来回对照的研究。学术观点、结论的多样化,才是学术生活的常态,并且,对实证研究来说,从样本、假设检验、概念操作化和分析工具的选用以及结果的分析,有一整套科学性的判断标准。反倒是某些理论研究,其科学性的最终判断还需求助于实践检验。其实,不需要担心研究结论之间的差异,真正需要在乎的是理论学说之间的比较和竞争有没有科学的评判机制和标准。正是由于缺乏这种机制,身份、地位、字数、引证率、项目经费数量等因素才不得不成为人文学社科学术评价的实际根据。

□ 样本可靠的实证研究可以发现有历史价值的结论

学生或学者的确知道很多知识,而其中的许多是亚里士多德的、孟德斯鸠的、贝卡利亚的、罗克辛等学者本人的"我认为"。在人类认知的历史中,这样的学者的这种经得起时代考验的观点并不多。对包括笔者在内的不少学者而言,所生产的各式"我认为"很快就会被人遗忘。因为许多"我认为"'你认为"

---

[1] [德]汉斯·约格·阿尔布莱希特:《重罪量刑》,熊琦等译,法律出版社 2017 年版,第 322 - 324 页、第 523 页。

[2] 参见[英]罗吉尔·胡德:《死刑的全球考察》,刘仁文、周振杰译,中国人民公安大学出版社 2005 年版,第 453 页。

“他认为”都对认知活动的推进没有太大意义。与其如此,不如把有限的精力投入诸如观察归纳的发现、建设可学习的数据库、建设可持续跟踪研究对象的测量机制、数据分析结果、算法模型、田野调查等成果形式上。至少,几十年甚至更久以后,当人们问起现在的学者都做了些什么时,还能看到这个时代法律世界的一些真实记录。如果一个学科的大多数学者都热衷于或只会从事各种观点之争,对个体来说可能“性价比”较高,总有一定数量的产出,但这个学科贡献的增量知识其实有限,因而整体“性价比”并不高。从这个意义上说,实证发现的意义在于做出些能留得住的东西。

所谓能留得住的东西,一个基本要求就是样本可靠。对经验研究来说,当样本等于或接近总体时,抽样误差为零或接近零。这意味着,研究者不应对小样本抱有过分自信,甚至夸大小样本的作用。在方法论上,这个问题叫作小样本风险:个别事件或想象出来的实例可以用来解释某种已有的理论,但如果某种新的学说建立在这些个别事件或小样本基础上,就是一种学术冒险。用大样本做研究,结论不一定是科学的,科学的结论也不都出自大样本研究,但负责任的学者不可能不在乎研究样本的可靠性。因为说得通,未必行得通。真理往往藏在大量事件背后,不仅说得通,而且行得通。是否行得通的一个决定性因素,就是看一个理论能否被大样本的反复观察所验证。因此,实证研究就是观察、挖掘、筛选、运用样本的艺术,就是用可靠样本说故事的艺术。与此不同,某些口水之争也以事实为根据,但是,仅仅为了自圆其说而用人为挑选的事实说话,当然会支持某种预设的结论,不足为信。

或许有学者说,费孝通的《江村经济》、孔飞力的《叫魂:1768 年中国妖术大恐慌》、朱晓阳的《小村故事》,只聚焦某个点从事研究,难道说也是在学术冒险?其实,如果仔细研读过这些大师的著作,就会发现这些经典虽然从一个点切入,却以海量的事实数据作为基础,正是运用样本说故事的典范。始于 1768 年春的浙江“剪辫案”持续了大半年时间,所引发的恐慌蔓延大半个中国,使得整个国家陷入动荡不安。美国汉学家孔飞力由此入手,在中国第一历史档案馆收集研究了海量的文献,如《朱批奏折》《宫中上谕》《宫中廷寄》《附录奏折・法律・其他》《上谕档方本》,以及图书集成局 1886 年出版的《刑案汇览》、薛允升的《读例存疑》、台北故宫博物院的《宫中档乾隆朝奏折》、1899 年版的《大清会典事例》、光绪年间编辑的《大清十朝圣训》等,最终写出了《叫魂:1768 年中国妖术大恐慌》一书。作者详细观察百姓、官僚、皇帝三个层面在叫魂案中的不同反应,发现每个群体都基于自身利益重新诠释了叫魂事件,经他们各自重塑后的模样已经远离了叫魂事件本身。可以说,叫魂事件是中国放大版的“罗生门”。从中既可以看到各种犯罪定义者如何从自身利益出发,对某一社会事实进行符合自身利益的再定义,也可以观察到专制权力如何凌驾于法律之上,以及官僚机制如何试图通过操纵通信体系来控制最高统治者。

由此可见,样本是否可靠,与样本的分析单位有关。按照上述质疑,大师们的分析单位只是他们着手观察的“点”。其实,在这些学者看来,这些“点”内部的大量事实、数据、信息才是更基本的分析单位。因此,一个省的全样本可谓数量不少,但不能直接推论到全中国;一个村落百年来政治、经济、文化、人口、民俗的大量数据也可能是大时空跨度的典型代表。笔者曾参与三峡移民资金使用专项研究,收集了重庆、湖北两地所有涉该项目的几百个贪腐案件做实证研究。虽然只有几百个案件,但也是该专项研究的全样本。研究刑事司法,有“案”“人”“罪”三个层次的分析单位。因为一个案件中可能有数个被告,一个被告可能有数个犯罪行为。在研究过程中,不能在这三个层次之间来回跳跃。可见,样本的可靠性与许多因素有关,不能简单地说样本越大越好。反过来说,如果研究者随机询问三个北京市民对死刑存废的态度,回来便据此得出结论说,中国民众支持废除死刑的占比百分之几,反对废除死刑的占比百分之几的话,大概连该研究者本人都会觉得不科学。总之,样本的可靠性、代表性、可推论性是实证研究成果能否留得住的基本保证。

□ 实证研究可以通过证否来推动理论的发展

“因为我知道所以无需实证”的逻辑还可能掩盖一种可能性:人们自以为知道的东西,很可能只是某种误解、偏见。因为,人的认知能力都是有限的,现有的大多数理论、知识都不过是尚未证否的假设。现阶段认为是真理的东西,随着社会的发展,可能就会被认为不再是正确的,而推动人们不断推翻已知去发现新知的,就是实证研究。因此,实证发现往往是对通说、常识的证伪和批判。

波普认为,科学的标志就是可证伪性。例如,人们曾经认为,天鹅是白的,当发现一只黑天鹅以后,便证否了原有的知识。各种宗教信条就无法被证伪,因而不属于科学范畴。甚至,随着天文科学、医学的不断发展,像“日出东方”“人皆会死”这样的判断也可能有一天被证否。因此,现在无法证伪的通识,将来未必也无法证伪,此即从相对真理走向绝对真理的认识过程。波普把科学知识看作一个不断增长的动态过程,提出了一个理论成长的四段图式:“Pl—TT—EE—P2……”其中Pl表示问题,TT表示试探性理论,EE表示尝试排除错误,P2表示新问题。波普的知识增长理论倡导了一种与教条主义截然不同的理性批判态度,他反对把任何理论尊为教条或权威。[1]

后来,库恩用“释疑传统”取代波普的“可证伪性”。例如,他们两人都认为占星术是伪科学。波普的理由是,占星术不科学是因为其理论含混模糊,缺乏可检验性。库恩则认为,占星术曾有过许多失败的预言,按照波普的可证伪标准,占星术也是科学。人们从未认为天文学、气象学是伪科学,因为它们和占星术的重要不同是,天文学家如果预测失败,他可能怀疑数据有问题,于是审查所得数据,进行重新测量,也可能怀疑仪器出了问题,甚至他还可能怀疑理论本身出了状况,并试图加以改进。[2] 由这个“释疑”过程可以看出,释疑和检验、证伪的内核都是理性的批判精神,都是对某些“当然如此”的质疑态度。总之,每当提出对一个问题的解法时,应该尽其所能地去试图推翻之前的解法,而不是去保护它。[3]

回顾笔者所经历的法律实证研究,也常常感受到这种证否过程的乐趣。例如,按照一般理解,所谓金融安全应该是指银行金库安全、运钞安全、投资理财安全。总之,金融安全是有形的资产安全,但笔者曾经在一项银行犯罪大样本实证研究中发现,以银行资金安全为直接侵害对象的简单骗局的既遂率不到50%,而以银行信用安全为直接侵害对象的复杂骗局的既遂率则高达90%左右。这个发现,就证伪了一些人关于金融安全的简单理解。

还有一项质疑“罪为因刑为果”的研究发现,无罪与有罪的司法决定不完全取决于案件基本事实是否符合实体定罪条件,还与刑事诉讼过程中的某种司法潜见有关。司法潜见源于证据信息不对称、实体性暗示、控辩力量对比悬殊、控方对案件的初选等四类背景信息,这些背景信息使司法人员对案件是否有罪的最终结果早有心理准备和预期。司法潜见包括无罪潜见和有罪潜见。由于司法潜见的存在,一些有罪判决其实是实体定罪条件与有罪潜见的综合

---

〔1〕 参见王婷:《浅析波普的科学知识增长论》,载《前沿》2007年第10期。

〔2〕 参见谢江平:《从划界问题看库恩的科学观——兼谈库恩与波普划界之争》,载《前沿》2011年第1期。

〔3〕 参见王婷:《浅析波普的科学知识增长论》,载《前沿》2007年第10期。

产物。因此,追求零无罪率的口号不符合司法规律。

通过反例证伪通说的另一个例子是关于法律经验定义的研究。一般认为,抢劫罪是暴力当场夺取他人财物的行为。然而,笔者收集了几乎全部一审以抢劫罪指控而终审以其他罪名定罪的案例并进行逐一分析后发现,这些案例都符合当场施暴当场取财的特征,但最终都未被认定为抢劫罪。例如,被告人刘某等人因购买的推土机质量不合格,遇到来自同一地方的推土机推销商,便以暴力手段逼迫其"赔偿损失"。被害人因其产品确属拼装机而惧怕见官,当场交付了财物。控方以抢劫罪指控,而法院以敲诈勒索罪认定。又如,被告人在酒席中被人打断一颗牙,遂纠集多人对打人者进行殴打并当众将其带走拘禁,要求其家属支付6000元的补牙费用。控方以抢劫罪指控,法院以非法拘禁罪认定。再如,被告彭某嫖娼后以做法不符合要求为由持刀强行要回嫖资30元,并将阻止其逃跑的人刺成重伤。控方以抢劫罪指控,法院以故意伤害罪认定,等等。这些案例虽然都有两个"当场"的特征,但又由不同的前因后果所引起。于是,可以对抢劫罪的三段论稍作修订:其大前提为"抢劫罪是暴力当场劫取他人财物的行为",大小前提之间加入一个来自大样本的经验概括"但有些发生在一定前因后果中的除外",然后才是基于经验概括的小前提"某被告的行为是发生在一定冲突背景中的暴力当场取财行为",最终得出"所以,该被告的行为(很可能)不是抢劫罪"的结论。笔者将这种类型化案件事实法律性质的否定性特称判断称为"小但书"。这种实证观察的样本越大,在司法实践中越具有普遍性,借助这种经验之知对具体案件做出判断时,犯错误的风险就越小。可见,三段论的大前提其实是被人们事先放进一些东西的盒子,法律解释实际上是在"猜"盒子里曾经装有什么。既然是"猜",就会有不同的结果。法的经验定义不能告诉人们,盒子里肯定有什么,但至少可以通过归纳大量的反例告诉人们,盒子里其实(很可能)没有什么。

总之,批判、证否,是实证发现的基本形式。只不过,这种批判不是靠极端语言来表达异议,而是靠数据、经验事实、反例等表达对通说的质疑,因而是一种更温和而有根据的批判。其实,除实证研究以外,其他学术争鸣也避免不了对另一种理论学说的批判、否定。并且,证否"天鹅都是白色的"说法其实就在证实"存在黑色天鹅"的说法,否定与肯定也是相对的。实证发现的特别之处在于说出事实的方法,按照这种方法,证否和批判都是抽样、概念操作化、假设检验、分析工具选用等一整套规则运行的结果。强调实证发现证否的一面意味着，学术上没有永远的教条，因而，研究意向之间也不应存在仰视链或鄙视链。

□ 实证研究可以发现理论的边界与局限

对于许多正确的结论，确实可能没有必要再去做实证。然而，知道结论未必知道结论止于何处，也未必知道如何用现有结论去预测未来法律现象的范围、规模、水平、出现概率。获取一个结论的同时，不去注意该结论的边界，是某些领域人文社科教育的一个缺憾。道理虽然有对错之分，但也要考虑其起因、条件、范围和局限。真理的边界问题，与真理的相对性有关。所谓真理是相对的，不仅是指人类认识过程新旧知识的更替、原有知识不断地被证否，而且意味着真理都有它的成立条件和适用范围。超越边界条件，真理多走一步就是谬误。因此，所谓发现，就是找到某种理论学说的有效条件、解释范围和局限。缺乏这些界说，则只是一些意见而非严格意义上的理论。

遗憾的是，有的学术研究就缺乏这种边界意识，以至于生出各种无谓的争论。比如，我国 1997 年《刑法》颁布施行至今 20 余年来，围绕着多次刑法修订是否已经超越合理的正当性界限问题，肯定说认同多年来的修法成果，认为基本上不存在超越犯罪圈合理边界的问题；否定论认为，刑法的扩张已经超越了正当范围，甚至会造成恶果。看上去，好像不同意见持有者各自认为的合理适度的犯罪圈是同一个，只不过肯定说认为刑法修正尚未超越这个范围，而否定说认为刑法修正已经或者正在超出这个范围。然而实际上，并不存在这个公认的犯罪圈。假设存在一个公认的犯罪圈，如果这个犯罪圈原本就很大，对刑法修正的过程和结果自然持肯定态度；同理，如果这个犯罪圈本身就很小，对同样的刑法修正当然可能持否定态度。因此，与“犯罪圈大一点好还是小一点好”这种似是而非的命题相比，讨论刑法修正的一个前提性问题是，犯罪圈的真正范围到底有多大，其实际边界到底在哪里。

法学引进实证研究方法以后，为理论边界的发现提供了方法。例如，司法解释规定的法定量刑情节应该是法官量刑活动的主要根据，然而其中尚存的问题是：“主要根据”到底是什么意思？人文社科研究中，常用“基本上”“主要”“决定性”“一般来说”等词语表达某个因素的重要性，而“基本上”与“其他情形下”、“主要”与“次要”、“决定性”与“其他相关性”、“一般来说”与“特殊情况”这些表述之间的界限何在呢？正因为无法明确这些界限，法学才没能区分什么是科学理论，什么是意见、见解。

以量刑预测研究为例可以说明实证研究是如何解决这类问题的。司法实践中，虽然某个罪名下各种法定量刑情节在具体个案中有多种可能的组合，但是对于多情节案件如何量刑却无明确的法律规定，这导致此类案件的量刑结果不确定。笔者认为，法官的集体职业实践经验中，包含着某种集体理性、实践理性。这种理性是司法客观规律的反映，也会指导更大范围的司法实践。然而，这个理论也是有其作用范围的。以 14 万余件交通肇事罪案件为样本，对其量刑进行确定性检验发现：通过限缩量刑情节的裁量幅度，可以将此类案件的量刑确定性由原来的 30.5% 提高到 51.1%；在此基础上控制样本离散性程度，又可以将量刑确定性由 51.1% 进一步提高到 73.4%。据此建立的量刑模型还可用于量刑预测，促进司法公正，提高审判管理水平。

这几个百分比其实就是多元线性回归结果的回归系数。在多元回归分析中，每个变量的系数是测量在所有其他自变量都保持不变的情况下，某一给定自变量一个单位的变化导致因变量期望值的相应变化。[1] 也就是说，能够在保持其他变量效果不变的情况下，将某个变量的效果分离出来。[2] 因此，这种观察可以弄清三件事。第一，所有有效变量的共同作用能在多大程度上解释并预测理论假设的作用范围。如果回归结果的确定系数 R 为 0 或接近 0，就意味着法定量刑情节基本上无法解释量刑结果的轻重差异；如果确定系数 R 为 1 或接近 1，就意味着法定量刑情节是量刑结果的主要解释，且量刑的合法性、确定性程度较高，非法律因素的影响得到了控制。第二，在法定情节中，有多少情节的影响满足统计显著性要求，以及满足显著性要求的情节的标准化回归系数是否接近 1。第三，多少个案较好地被该理论假设解释并预测，多少个案其实更多受其他未知因素影响。这里，总体上的回归系数、具体变量的标准化回归系数以及被较好解释的个案规模，其实都不可能达到百分之百的理想效果，这就是理论的边界。在这之外，一定会有程度不同的未知因素影响着司法实践，因而一定会有某个理论无法解释的个案。实证研究不可能穷尽所有可能性，不可能对所有现象给出确定性解释。实证研究可以比较确切地明确其研究边界及优势与劣势。知与不知相伴而生，是实证研究的基本特征。

---

〔1〕 [美]唐启明：《量化数据分析：通过社会研究检验想法》，任强译，社会科学文献出版社 2012 年版，第 100 页。

〔2〕 参见[美]查尔斯·惠伦：《赤裸裸的统计学》，曹槟译，中信出版社 2013 年版，第 218 页。

实证研究的方法及应注意的关键问题

发现适合实证研究的问题

笔者从以上五个方面讨论了实证研究“发现什么”的问题。接下来,笔者将从四个方面讨论“怎么发现”的问题。学术研究中,知道某些结论,未必知道研究始于何种问题,以及如何发现、提出一个值得研究的问题。问题才是科学研究的精髓所在,好问题的价值有时甚至胜过结论。提出问题的方法有很多,如许多法律规则的制定,始于某个新型个案的出现及对其的观察,即许多问题都来自经验观察。自从实证研究方法被引入法学研究领域以来,人们就有可能在更大视野内进行观察。于是,发现、提出问题的路径更多了。因此,从发现的方法角度看,所谓实证发现是指问题的发现,即提出并科学描述一个值得探索的问题。法律实证研究的问题发现,一般具有三个特点。

第一个特点是,一个适合实证研究的问题,往往藏在大量事件背后。当然,非典型个案则并不适合做实证研究。比如,除河北衡水的信用证诈骗案涉案金额高达百亿美元以外,其他地方的信用证诈骗案一般不会达到这个规模。因此,信用证诈骗是否应规定死刑就不一定是个正确的问题。以笔者个人经验来说,取得一定案件数据信息后,应先观察哪类案件的发案规模较大。一种案件的出现规模越大,频次越高,挖掘出来的问题才越可能具有普遍性。即使对这样的问题仍会有不同回答,但不同的结论至少具有更一致和可靠的事实根据和经验原型。例如,对死刑有两种基本立场,保留死刑和废除死刑。笔者的一项实证研究发现,死刑国家的平均人口为一亿七千八百多万人,而非死刑国家的平均人口仅为两千六百多万人,前者大约是后者的6.7倍。可以说,死刑国家基本上是人口大国。为慎重起见,笔者又测量了有死刑国家的人口总数与刑法中死罪个数之间的相关性。结果是,其皮尔逊相关系数为0.46,“P值=0.04”,说明死刑的有无以及死罪罪名的多少都在一定程度上与人口因素有关。这个发现虽然不能直接支持或不支持死刑的存废理论,但至少为该问题的思考提供了新的数据信息。基于这一信息,人们会进一步思考,为什么人口越多越难以废除死刑,是因为人口越多的国家犯罪就越重,还是因为人口大国更需要刑罚威慑。接下来,人口与犯罪的关系、人口与公权力的关系等,一系列值得深入探讨的问题都会连带出现。

第二个特点是，实证研究的问题发现，往往有赖于现象的科学描述。例如，笔者曾经按地理区划四分法将全国法院分成四组，然后对四组法院判决的抢劫罪案例大样本进行观察，结果发现：四组法院对抢劫罪的量刑轻重水平有显著差异。A组法院的罪刑均衡率为86.9%，位居第一位；D组法院的罪刑均衡率为81.5%，位居第二位；B组法院的罪刑均衡率为80.9%，处在第三位；C组法院的罪刑均衡率最低，仅为77.9%。并且，D组法院的偏轻或者过轻的概率较大，两者相加共有13个百分点。C组法院偏重和过重的机会都名列第一，偏重率为12.2%，过重率为5.3%。应当认为，不论量刑过轻还是过重，这都意味着不公平。为什么有的地方法院量刑较重，有的地方则量刑较轻？到底是不同地方的犯罪严重程度不同，还是不同地方法官掌握的标准不同？如果不是量化分析的精准描述，大家也知道量刑失衡现象的存在，但不可能知道它的实际规模、分布、程度，更无从提出为什么存在这些差异的问题。并且，如果不告知四组法院的实际地理分布，即使是具有大量审判经验的法官，对D组和C组分别是哪个地区的法院也有不同猜想。可见，实证发现既可能展现某个有悬念的问题，也可能在精准描述的同时提出新的问题。

第三个特点是，能够成为实证研究问题的，往往来自实践中解决疑难问题的需要。与为了满足某种理论体系的完整性而提出的问题不同，实证研究的问题往往具有一定的对策意义。例如，按照《最高人民法院、最高人民检察院关于办理内幕交易、泄露内幕信息刑事案件具体应用法律若干问题的解释》第6条的规定，在内幕信息敏感期内从事或者明示、暗示他人从事或者泄露内幕信息导致他人从事与该内幕信息有关的证券、期货交易，具有下列情形之一的，应当认定为“情节严重”的内幕交易：证券交易成交额在50万元以上的，或者获利或者避免损失数额在15万元以上的。该解释第7条规定，具有下列情形之一的，应当认定为“情节特别严重”的内幕交易：证券交易成交额在250万元以上的，或者获利或者避免损失数额在75万元以上的。笔者曾对全部内幕交易刑事案件和证监会公布的全部行政处罚案件进行分析后发现，交易额超过50万元的案件，定罪率仅为25.9%，移送率仅为15.4%；获利额超过15万元的案件，定罪率仅为34.0%，移送率仅为17.6%；交易额超过250万元的案件，定罪率仅为28.6%，移送率仅为14.6%；获利额超过75万元的案件，定罪率仅为44.6%，移送率仅为21.5%。值得注意的是，交易获利和情节双严重的案件，定罪率仅为34.7%，移送率仅为20.0%。交易获利和情节双特重的案件，定罪率仅为40.2%，移送率仅为21.2%。这组数据意味着，大部分符合定罪标准的案件都没有定罪或移送刑事司法。

这就提出了一个问题：为什么这么多符合定罪标准的违法案件没有进入刑事司法程序？是司法解释规定的起刑点有问题，还是证监会另有某种未公开的移送标准，或是刑法上的罪量要素概念需要重新诠释？更具体地说，构成犯罪的内幕交易与行政处罚的内幕交易在证明标准上到底有何不同？何时需要符合排除合理怀疑的标准，何时只是达到优势证据或合理根据即可？是否需要仿照贷款诈骗罪证明难的解决办法，新增一个骗取贷款罪？对那些仅有买入没有卖出而缺乏实际获利（仅账面获利）的情形，是否可以借鉴盗窃罪既遂判断标准的控制说按犯罪未遂认定？很显然，这些问题都具有很强的实践意义。如果不是采用实证研究的观察方式，就很难发现类似问题。即使感觉到类似问题的存在，也很难作出精确描述，为进一步的科学研究创造条件。

□ 实证研究应重视工具理性

认为对某些观点已经了解而不需要进行实证研究的逻辑，往往是由于对人类抽象思辨能力的过于自信，或者是暴露出某些所谓实证研究在方法选用上的敷衍。其实，如果不借助正确的认识工具，则很可能会知其一不知其二。自然科学对认识工具的依赖毋庸置疑，即使是人文社科领域，认识工具的作用也越来越不容小觑。笔者曾经利用词语分析工具观察刑法典文本，发现刑法中出现频率较高的动词共有800个左右，是犯罪行为构成要件要素的载体。根据其基本涵义及其在具体法条中的特定语境，这800多个动词至少可以归纳为三类："放火""破坏""持械""残害"等动作的共性是暴力；"盗窃""贪污""盗掘"等动作的共性是偷窃；"骗取""煽动""谎报""骗购""引诱"等动作的共性是欺骗。据此，刑法规定的多数罪名可以被还原为暴力、偷窃、欺骗三类犯罪。在此基础上，法条文本的实证研究和多视角理论思考成为可能。

可以说，法律实证研究是交叉科学的产物。学科间交叉、合作的前提是各个学科自身的足够成熟。一个学科成熟到一定程度时，也会表现出对其他学科的开放心态，而非身陷学科壁垒。目前，法律实证研究更多的是法学、统计学、信息技术三者的交叉融合。其中，法学是内容本体，统计学是分析方法，计算机信息技术是事实数据处理工具。面对海量的法律信息，如果没有这三者的高度融合,很难想象法律实证研究能走多远,而三者融合的本质,就是法学研究的工具变革,使法学研究方法变得更客观、理性,从而减少主观性、人为性的影响。较少任意性的法学研究,才不大容易误导决策。

从这个意义上看,实证发现的基本特征是研究过程中工具理性的追求和彰显。所谓工具理性,就是尽可能地借助科学探测、分析工具透视法律世界。尤其是面对大量事件、样本、数据时,科学分析工具可以帮助人们延展自身的感官,看到内在的关系、规律。强调工具理性,不等于说直接观察、抽象思辨等传统方法不理性,更不意味着研究结果是研究方法的产物。因为,这里强调的工具理性,主要针对那种把法律实证研究简单化为单变量描述的做法。这种做法的信度、效度都十分有限,所得结果才更可能是典型的主体性产物。近年来,不少法律学者开始选用实证研究方法进行研究,这同时带来一喜一忧。喜的是,相比20年前人们还在用"几个盗窃等于一个杀人"这样的问题来质疑法律实证研究,至少法律可不可以量化已经不再是主要问题了。按照转换原理,人文社科领域中的许多现象都可以将看似不可量的事物转换成若干可度量的事物,从而间接测量,实现量化。刑法典已经显示出,法律已经把那些性质各异、量纲不同的各种犯罪转换成刑期不等的犯罪。尤其是近年来在大数据浪潮的推动下,许多法学院逐渐开始做起法律实证研究,法律可以量化已经形成一定的共识。

然而,令人担忧的是,许多冠名以法律实证研究的论著中所选用的研究方法,仍以单变量描述、频次分析、饼图、某某率等简单分析工具为主,以为只要有图有表有数据就是实证研究了。这导致有人认为,法律实证分析和治安形势报告差不多。虽然,对法律实证研究而言,方法选用的基本原则是能简则简,但其前提是,不论繁简,都要解决问题。法学研究中需要采用实证研究方法解决的问题至少有两类。

一类问题是,诸如有罪还是无罪、判不判死刑、上诉不上诉、是否属于再犯、是否减刑假释等,到底与哪些因素的影响有关。很显然,这些定性的结果都不可能是单一因素作用的结果,而是多种因素共同影响的结果。在各种可能的影响因素中,有的人认为有影响的因素可能实际上无关,有的不认为有关的因素却实际上有关。在有关的因素中,有的是主要因素,有的是次要因素。其中存在的问题是如何对这些因素的实际影响做出区分。这就不能指望单变量描述方法,而要靠各种多元分析工具。

其中,Logistic 回归分析就是解决这类问题的有效方法,在其他人文社科研究中被广泛使用。Logistic 回归分析对变量层次要求不高,可同时展开多个、多种自变量对一个二元定性因变量的量化分析。以是否适用死刑为例,运行该程序后,便可以知道,各种自变量的共同作用大概能解释百分之几的因变量的变化,还可以知道,对是否判处死刑具有显著影响的多个因素中,具体某个因素每上升一个单位,出现死刑结果的机会将是原来的多少倍,进而为不同因素解释力大小的比较创造了条件。

另一类问题是,如何解释、预测诸如刑期多长、罚金多少、判赔多少、涉案金额多大、退赃比的大小、赔偿数额多少、犯罪率的高低等不同结果,以及如何找出其影响因素并预测法律后果。与前一类问题不同,构成这类问题的都是连续变量。对此,在满足一定统计学要求的前提下,最好选用多元线性回归分析的方法。例如,受贿犯罪中的退赃比对刑期长短的影响较大。所谓退赃比就是受贿犯罪案发后,退赔的赃款在所有受贿金额中的占比。退赃比越高,说明认罪态度越好,造成损失可控。然而,作为一个连续变量,受贿犯罪的退赃比又受哪些因素影响呢? 这个问题的回答不仅对量刑预测有意义,而且对解释受贿犯罪的原因、预防控制此类犯罪有一定价值。为此,笔者以中国裁判文书网 2014 年全部受贿罪判决书为数据来源,选其中一人一罪为最小分析单位共计 4205 个样本进行研究。因变量即退赃比,自变量有是否索贿、官职级别、单位层次、所在地区、受贿数额、是否自首、是否坦白、是否立功等。运行多元线性回归程序后发现,最明显的因素是受贿数额,其标准化回归系数为 -0.13,说明受贿数额越大,退赃比越小。自首、坦白的影响也很显著,回归系数分别为 0.12 和 0.11,说明自首或坦白的,一般退赃比会较高。官职级别的大小的影响并不显著,其 P 值大于统计显著性要求的水平,尽管其回归系数显示为负值,即官职级别越高退赃比越低。

换个角度,从自变量角度看,与积极的作为犯罪相比,应为、能为而不为的不作为犯罪毕竟是一种消极的不法行为,其危害往往具有间接性,因而似应轻于积极的作为犯罪。如不履行报告说明义务、不履行财税义务、拒绝抚养义务、不服从命令等不作为犯罪,其法定刑理应较轻。然而,最近的一项实证分析发现,单独看,我国《刑法》中 38 个法定不作为犯的平均刑量的确低于其他罪名的平均刑量,但是,与其他变量一起进行回归分析的结果却表明,是否为不作为犯对总体刑量的影响完全不满足统计显著性要求。因此,认为不作为犯罪普遍轻于作为犯罪的想法是不能成立的。这里的工具理性就体现在,不仅不能轻信个别罪名的观察,就连单独观察法定不作为的平均刑量都不足以说明问题,只有将多个因素放在一起进行多元回归分析,才可能科学解析多个因素共同作用下法定不作为对配刑结果的实际影响。

在法律世界中,这种单独看似乎不难理解而放在一起便必须借助科学分析工具才可能得到较好解释的现象还有许多。用此方法分析法律现象,能解答许多问题,如回归决定系数 R2 可以显示因变量的变化被自变量的变化解释的程度,还可以比较不同有效自变量各自的解释力大小,甚至可以用来预测个案公正的程度。之所以提倡走出单变量分析的局限,尽可能选用多元分析方法,是因为法律世界本身就是综合的、复杂的。单变量分析可能人为切割或扭曲研究对象的本来面貌,造成各种错觉。科学选用多元分析工具,才能更好地还原对象的内在结构。所以说,问题的关键不在于是否量化,而在于是否在乎真相。

□ 实证研究应强调程序理性

虽然有很多正确的结论,但学者未必知道其如何而来,虽然无须对外公布每个定理、理论的推导过程,但并非每个科学结论都可以不证自明。更重要的是,假设不能建立在假设的基础上,这应该是科学研究的基本规则。一个假设被证实还是证否的概率各占 50%,如果另一个假设建立在一个未经检验的假设基础上,其被证实的概率则为 25%;如果又有一个假设建立在这个假设基础上,最终被证实为真的概率就更小了。然而,反观法学研究就会看到,完全不问一个结论是怎么来的就假定其为真,然后一个结论接着另一个结论的论证下去,最终得出一个预设的结论,这种论证模式并非罕见。

与此不同,从实证研究看来,发现是对认识过程的如实呈现。因此,实证发现是追求程序理性的结果。这里的程序理性,是对研究者的某种限制,以免过于随意。其实,所有学术活动都包括"说什么"和"怎么说"两个方面。每个学者都可以自由表达学术观点,但怎么表达学术观点,就要遵守一定规则。人们常常以观点对错无从评判、隔行如隔山为由,将学术评价的标准确定为一些外在的非学术指标,原因之一就是缺乏"怎么说"的公认规范。依据这种规范,即使不同领域的专家学者也可能对其他领域的学术成果做出评价。实证发现就有自己的关于"怎么说"的规范,具体体现在研究过程和写作过程两个方面。

研究过程的程序理性主要强调认知顺序上的“拿脚找鞋”而非“拿鞋找脚”。所谓“拿脚找鞋”,就是从现象观察、个案归纳、实践问题开始,找到解释现象、解决问题的答案和方法。所谓“拿鞋找脚”,就是从概念、理论、规则、应然或预设结论出发,寻找恰好适合这些概念、理论及预设结论的事实、事件、证据。两者相比,后者成功的概率较大,几乎没什么悬念,前者则不一定,从现象、事实能导出什么结论事先很难预料。对后者来说,做到自圆其说即可。对前者来说,少量的成功是靠大量试错、失败堆出来的结果,同时,写作过程的程序理性,主要体现在呈现实证研究过程和结果的几个必备要素,即问题、已有学术成果中的竞争性理论、样本、核心概念的操作化、假设、因变量和自变量、假设的检验逻辑、分析方法、结果与发现、讨论、新的理论与问题等。这个模式为研究者提供了一条“轨道”,严格按这条轨道前行的,未必有出色的实证发现,但未能满足这些要素要求而偏离轨道或跳跃某个环节的,就不大可能得到一个像样的实证发现。

例如,宽与严是刑法的一个基本维度,而民众对刑法的宽严偏好常常成为刑事政策决策的重要依据。近年来我国有许多受到各方关注的热案,人们往往会看到法院最终不同程度地吸纳了舆论的意见。问题是,舆论是否等同于民意?中国民众到底偏好重法还是轻法?对此,首先要将“刑法宽严”的概念进行操作化处理,分解为犯罪圈大小、刑罚轻重以及罪刑关系排序等几个方面,并具体化为问卷问题。然后,由于刑法的宽严轻重理应先从犯罪本身寻求解释,犯罪越多、越重,犯罪危险与民众切身感受之间的关联就越密切,越应该引发相应较重的刑法偏好,所以研究的理论假设被确定为:民众的刑法偏好应该是犯罪被害感受的结果,犯罪被害感受越强烈,刑法偏好则越重。假设中的因变量就是中国民众的刑法偏好系数,自变量就是民众的被害感受。然后,研究确定以北京大学中国社会科学研究中心(China Family Panel Studies,CFPS)的中国家庭跟踪调查项目为样本来源。该样本覆盖25个省级区划,代表中国95%的人口。由438名受训的正式访员,对42590位个人进行入户调查,并对调查结果进行一系列质量监控。该项目是国内第一个如此大规模的、综合性的、以学术为目的的社会跟踪调查项目。在此基础上,对回收的问卷采用多元线性回归分析方法进行假设检验。结果发现,中国民众的刑法偏好系数低于0到1之间的中间线,为0.36,这说明大样本研究的证据并不支持中国民众普遍偏好重法的说法;有无传统犯罪的被害遭遇,对刑法偏好的轻重并无显著影响;中国民众的刑法偏好其实另有原因。如个体的沮丧感越强,越可能偏好更重的刑法;自认为在本地收入越低者,越可能偏好重法,相对收入越高者,越可能偏好轻法;对身边干部的信任度越低,则刑法偏好系数越高;对贪腐的潜在数量估计越高,越可能偏好重法;对社会保障满意度越高,越可能偏好轻法,等等。据此得出结论:应理性对待舆论、民意,对其做出有限响应,而不应以民意的名义滥用民意。这项研究耗时3年,投入大量人力物力,可谓"性价比"很低的"非理性"研究活动了。然而,从问题到结论之间全过程的每个环节都展现在读者面前,成本再大也值得尝试。

□ 实证研究如何发现事实与理论的联系

实证研究让一些理论法学家不以为然还有一个重要原因,就是不少实证研究存在一个通病——事实数据与理论分析之间没有内在联系。怎样避免这种问题,恰恰是实证研究最难的部分。程金华教授认为,实证研究中,理论要素和经验要素之间转换非常重要,没有从理论世界向经验世界的转换,就不构成实证研究;如果只有纯粹的经验探索,没有对此进行抽象的理论归纳,那通常也不会有太好的"理论故事"。在两者的论证衔接方面,通常是理论论证回答理论问题,经验探索回应经验问题。[1] 的确,一些研究中,有数据信息,有图有表有回归,也有理论学说、对策建议,就是无法看出前面的数据图表与后面理论阐释之间的内在联系。似乎拿掉前面的实证部分,后边的理论分析也独立成章。数据描述被生硬地挂在文章中的某个部分,为实证而实证的痕迹比较明显。这种做法无益于知识增长,反而破坏了实证研究的优势。

笔者认为,法律实证研究中的"我发现"与"我认为"不可分割。因此,笔者不太理解那种实证法学、规范法学的区分标识。[2] 法律实证研究只是用实证的方法研究法学,并非独立的学科,也并非与规范法学相并列。从这个意义上说,没有实证研究的法学,是法学的缺失,不是实证方法本身的不足。也因为这个原因,实证发现的核心在于数据分析与理论创新之间的内在联系。如何发现这种联系,如何让事实与理论之间形成联系,笔者认为有以下几种方法。

其一,直接证明。例如,关于盗窃罪既遂与否的判断标准,学界有控制说

---

〔1〕　参见程金华:《迈向科学的法律实证研究》,载《清华法学》2018年第4期。
〔2〕　参见张永健、程金华:《法律实证研究的方法坐标》,载《中国法律评论》2018年第6期。

与失控说两种理论。按照控制说，只有被告人最终实际控制了所盗物品才是既遂。按照失控说，只要被害人失去了对财物的控制，犯罪行为就属既遂。如某甲在公交车上行窃得手，汽车行进中被害人发现被盗，司机立即将车开到公安局。对此，如果按照控制说，被告行为只成立盗窃未遂，而按照失控说，被告行为构成既遂。显然，两种认定对量刑影响很大。到底哪种学说代表了司法实践的主流做法，不得而知。于是，有人收集了大量的以是否构成既遂为争点的盗窃罪案例进行实证研究。结果发现，95%以上的类似案件以未遂认定，说明绝大多数法官认同控制说。不难看出，数据与理论的衔接十分明显、直接，操作起来简单易行。不过，遇到此类情形的机会不多。

其二，操作化。所谓操作化，即根据转换原理，通过抽象层到经验层的多维、多次下降操作，将看似无法直接测量的抽象概念、理论具体化、标准化为可感知、可测量、可比较的经验指标。在此基础上，抽象理论、概念得以测量，经验数据也获得了理论内涵。例如，笔者于本文中提到的中国民众刑法偏好研究中，研究者们将刑法的宽严这一抽象概念先拆解成犯罪圈大小、刑罚轻重、罪刑关系均衡性三个基本维度，然后对受访者进行问卷测量。那些赞成将应否划入犯罪圈有争议的几种行为规定为犯罪的受访者，一般偏好重法，反之则偏好轻法；那些赞成“中国每年执行死刑的数量太多了”说法的受访者，很可能具有轻法偏好，反之，则可能具有重法偏好，等等。在此基础上，便可大规模实测受访者的刑法偏好。尽管与直接证据法不同，操作化是一种发现事实与理论之间关系的间接方法，但是，这种方法同样十分有效，且被广泛应用。可以说，未经转换，绝大多数法律现象都无法进行实证研究。不用说“公正”“平等”“均衡”这些宏大的表述，就连“损失”“人身危险性”“被害过错”这些相对比较具体的法律概念，如果不进行操作化处理，都无法发现大量案件中事实与理论的关联。

其三，根据理论组织事实。比如，在死刑适用实证研究中，人们的理论切入点是法律解释学。其中，哈特将法律解释学分为形式主义与规则怀疑主义，[1]陈兴良将其分为主观主义与客观主义，[2]陈金钊将其分为法律决定论

---

〔1〕 参见陈弘毅：《当代西方法律解释学初探》，载梁治平编：《法律解释问题》，法律出版社1998年版，第11－12页。

〔2〕 参见陈兴良：《法的解释与解释的法》，载《法律科学》1997年第4期。

与法官决断论。[1] 在此基础上,笔者将其归纳为真理论的法律解释观与价值论的法律解释观。[2] 问题是,哪种学说能更好地解释普遍的司法实践呢?为回答这个问题,笔者观察梳理了死刑样本中所有控辩争议焦点问题共2000多个,并将其分别归入动刑、除刑、量刑、用刑这样一个分析框架。所谓焦点问题通常是对同一法律问题的不同理解,而正是这些不同理解之间的交锋当中才蕴藏着丰富的法律解释学资源,以及案件与规范之间的种种联系。然后,以是否适用死刑、死缓为因变量,以这四类焦点问题为自变量,进行回归分析。结果发现,在死罪阶梯的较低层次上,真理论的法律解释观的确统御着大多数法官的释法活动,法律上的区别是多数罪与非罪、死罪与否的唯一解释,对这些界限的判断,法官基本上没有太大的自由空间。然而,在死罪阶梯的较高层次,价值论的法律解释观是法官们释法活动的某种客观反映,法官的自主判断对死刑圈、死缓圈的把握具有较为显著的影响。这样,案件中的争点数据与理论资源之间的关系就不显得十分生硬。由此可见,根据理论组织事实不同于"拿鞋找脚"的关键之处就在于"组织"。以本例看,把案件控辩争点分别归结为动刑、除刑、量刑、用刑四类问题,就是组织事实的过程。尽管都离不开某种主观选择,但这种组织过程中,理论与事实之间由某个分析框架相连,其结果到底怎样并不确定。不同于"拿鞋找脚",实证研究的魅力就在于其结果的不确定性,使研究有乐趣,有风险,有成败标准。

其四,根据事实组织理论。例如,按照"罪为因刑为果"的常识,犯罪率的上升理应导致刑罚资源的加大投入。然而,笔者曾用中国1988年至2007年20年间的纵向犯罪率数据与1998年、2003年、2007年31个省(市、区)横向的犯罪率数据,以及同期同地十几项社会经济发展数据与几百个最高人民法院示范性案例数据进行交叉印证性考察,结果发现,中国20年间毛犯罪率总体上升趋势明显。然而,社会用刑罚对犯罪做出的反应却表现出适度克制和轻缓,5年有期徒刑以上刑罚的适用相对比较审慎,即重刑率不升反降。怎样解释这种明显的不均衡呢?笔者回顾了芝加哥学派的社会解组论、莫顿的社会异常论、布劳夫妇的相对剥夺论、犯罪定义学理论等,发现随着经济的高速增长,非正式社会控制的减弱和资源分配结构的失衡是犯罪增多的重要原因。

〔1〕 参见陈金钊:《法律解释学的转向与实用法学的第三条道路(上)》,载《法学评论》2002年第1期。

〔2〕 参见白建军:《死刑适用实证研究》,载《中国社会科学》2006年第5期。

重刑率与犯罪率之间的负相关关系，正是法官群体依法对犯罪做出合理反应的结果。因此，说这种不均衡背后蕴含着更加深刻的均衡，就变得不难理解。

■ 结语：实证发现蕴含着理论创新

完成上述讨论，实证发现似乎被带进了一个更大的误解：实证发现往往是保守的、回顾的、现实的、呆板且无创新活力的。的确，实证发现不一定导致理论创新，理论创新更是不都来自实证发现。但实证发现确实蕴含着理论创新的可能性。因为除继承、比较和综合以外，实践也是理论创新的重要源泉。[1]笔者的上述讨论，基本上是从方法论角度回顾笔者所经历的实证研究。换个视角看，这些刑事实证研究中的具体发现，它们实际上从不同方向走向一个共同的理论问题：犯罪定义学问题。

犯罪定义学的基本问题是，犯罪是被发现的还是被发明的，以及犯罪定义到底是犯罪现象的客观反映，还是犯罪现象的客观性以及犯罪定义者的主体性的共同反映。从前述实证发现可知，如果犯罪定义完全取决于犯罪现象本身，为什么人口总量、密度等因素还会影响死刑的有无——作为犯罪定义的一种形式，死刑不可能完全归因于犯罪的轻重不同。如果犯罪定义完全取决于犯罪现象本身，全国各地法院对同一罪名下犯罪案件的量刑轻重可以有所不同，但不应在均衡性程度上有过大差异。如果不是中国国情以及不同时期立法者内心的不同价值偏好起作用，刑罚资源的分配就不会出现刑法各次修订前后的变化。对法官量刑是否以法定刑中线为参照，法律并无规定，但是法官群体的职业实践选择的法定刑中线以下十几个月不等的位置，就不能全用犯罪本身的客观性来解释。如果罪为因刑为果，那被害人的被害感受就应当对其刑法的宽严偏好构成显著影响。然而，为什么不仅没有实测到这种影响，反而各种心理、收入、福利、教育、反贪力度等因素的影响更大呢？如果犯罪行为本身是定罪量刑的全部解释，为什么有职业律师辩护案件无罪率是没有这种律师服务案件的几倍之多？如果犯罪现象的客观存在完全不以人的主观意愿为转移，那么，其范围大小就应当也是客观的，可为什么还会有犯罪圈应该大些还是小些的讨论呢？如果犯罪是刑法的唯一解释，为什么20年全国刑事

〔1〕 参见于树元：《试论理论创新的思想方法》，载《黑龙江社会科学》2006年第5期。

司法数据证明犯罪率高速增长的情况下重刑率不升反降呢？如果犯罪定义者完全被动地反映犯罪现象，为什么死刑适用的某个阶段中由法律决定论主导，另一个阶段中就成了法官决定论主导呢？所有这些，都指向一个结论：犯罪定义不可能是犯罪定义对象的原貌复制，定义者或多或少，或积极或消极，都会将自身的主体性投射到犯罪定义中。

犯罪定义学是刑事一体化思维的必然结果。从意大利实证派犯罪学理论中可以引申出客体决定论的主要思想，而从现代犯罪学，如标签论、文化冲突论、社会异常论中可以引申出主体决定论的基本思想。客体决定论认为，犯罪定义的决定性因素当然是被定义的行为、现象本身，客体性是犯罪定义的决定性因素。主体决定论认为，行为被赋予犯罪意义的决定性因素是定义者，其主体性是犯罪定义的核心属性。按照主体决定论，把何种行为定义为犯罪是一个对象化过程。然而，正如颜色和视神经本身都不能单独说明视觉一样，任何一个犯罪定义都不可能完全还原为客体或主体本身。犯罪定义是主客体间不断往返交互的中介，包括主体（被）客体化和客体（被）主体化两个方向上的过程。这一解释可以说是刑法学和犯罪学之间交叉部分的一点理论创新。

应当说明，实证发现的结果当然不只是这一种理论创新。况且，这一理论对现有刑法、犯罪学研究有何意义还不明显。如果行为本身不是被犯罪化（规定为或判决为）的唯一解释，那么，对定义者自身或者社会控制的控制，也许更值得研究。可见，有了一个实证发现，研究可能刚刚开始。

▣ 阅读指引

☐ 著作

1. ［美］迈克尔·O. 芬克尔斯坦、［美］布鲁斯·莱文：《律师统计学》（第2版），中国人民大学出版社2008年版。

   作者以大量法律诉讼为例，讨论统计学方法在法律研究中的应用。该书回避了烦琐的数学推导，深入浅出，循序渐进，即使没有统计学基础的读者也能读懂。

2. 张永健：《法实证研究：原理、方法、应用》，新学林出版股份有限公司2022年版。

   该书用大量可视化量化分析和经济学、心理学等方法讨论物权法、侵权法等民事法学问题，是跨学科法学研究的典范。

3. 白建军：《法律实证研究方法》（第二版），北京大学出版社2014年版。

作者讨论如何运用大样本量化分析方法研究法律问题。全书沿着方法与对象两个维度交互展开,以“宫格体”呈现法律实证研究的各种应用场景。

4. Charles Wheelan, *Naked Statistics: Stripping the Dread from the Data*, W. W. Norton, 2013.

查尔斯·惠兰的“赤裸统计学”用幽默和精彩的语言——而不是依赖数学工具——来介绍统计学的原理及其应用。对于相当一部分“数学盲”法科学生而言,惠兰的这本书将“赤裸裸”地直击你的内心,使得你和统计学之间的距离不再遥远。

5. Lee Epstein & Andrew Martin, *In Introduction to Empirical Legal Research*, Oxford University Press, 2014.

爱泼斯坦和马丁是全球法律实证研究领域的大咖,他们合作的这本书为读者了解这个领域的理论和实践提供了一个非常靠谱的窗口,通过阅读此书来了解法律实证研究,就好比我们到少林寺学习大力金刚指。

6. 程金华、张永健选编:《法律实证研究:入门读本》,法律出版社 2020 年版。

本书挑选了十多位有代表性的华人学者在过去 20 年内发表的论文,介绍这些学者是怎么做实证研究的,内容包括法律实证研究的定义、内涵、价值与具体应用。

电子资源

1. “洞见与方法”微信公众号

由北京师范大学五位在刑事法领域长期从事实证研究的年轻学人联合主理,学术品位不俗。该公众号致力于推广与普及实证研究方法在法学研究领域的应用,定期推送国内外法律实证研究方面的佳作以及与实证研究相关的学术活动资讯,对于法律实证研究的初学者和践行者来说颇具阅读价值。

2. “实证法研”微信公众号

专注于传播实证法学的理念与方法,平台运营团队由国内多所高校师生跨学科组成。公众号推送内容主要包括国内外优秀法律实证作品的译介和荐读、实证研究方法的最新进展等,致力于为读者推送最优秀、最前沿的法律实证作品,及时反映国内外法律实证领域的动态,推动我国法律实证研究水平的提升。

作为教育者的尊荣感(代后记)*

在北京大学法学院,有这样一系列讲座,通过举全院之力,让老师们深切体会到站在讲台上的尊荣感,感受到来自学生、学院、学校乃至全社会的尊重,从而激励老师们讲好每一堂课。

2018年秋季学期以来,北京大学法学院推出"法学阶梯"系列讲座,把封闭课堂变成开放讲座,让老师们体会到作为教育者的尊荣感,有的放矢地提高课程质量。目前,学院已经成功举办41场讲座。其中,12场"入门讲座"作为法学第一课和法学基础课,在同学们站在"法的门前"时,予以指引;16场"进阶讲座"作为法学答疑课,进行课程期中总结和反思,授业解惑;13场"高阶讲座"作为法学前沿课,针对硕博研究生讲授法学研究基本方法,授人以渔。

一、盘活存量:讲好每一门课

在法学教育层面,"法学阶梯"系列讲座是课程模式的一次创新性探索,旨在着眼于现有课程体系,激励老师们讲好每一堂课,"盘活存量"。

车浩老师作为北京大学法学院教学委员会主席,是学院教学改革的主要负责人。他指出,法学院进行的课程改革可以归纳为两种模式,即增量改革和存量改革,前者体现为根据学生需求、社会变化和学科研究动向,增加一些新型课程;后者则强调提升原有每一门课程的教学质量。

作为优化和完善课程体系的重要思路,近年来,法学院的增量改革取得了显著成效。例如,法学院近年来开设的案例研习课、实务课、写作课等备受好评,引领了国内法学教育的课程改革风向。

一个学院的教学质量能否整体推进,学生能否从教学中全方位受益,既需要少数老师和少数精品课程的引领作用和品牌效应,也需要大多数老师的共同努力和大多数课程质量的普遍提高。一套完整的法学教育,需要覆盖到很

---

* 原文载于2019年6月24日"北京大学教务部"微信公众号。

多老师、很多课程,只有讲好每一门课,才能全面培养好一个法科学生。所以,在增量改革取得成效的基础上,法学院进一步启动存量改革,即将课程改革的发力点覆盖到现有的整个课程体系,“盘活存量”,想办法进一步提升现有各门课程的质量。

当然,在北京大学,老师在授课风格、教学设计上有很大的自由空间。因此,车浩老师表示,通过行政命令干预老师的课程安排既不现实也不明智,改革的突破点在于想方设法提升教师授课的积极性,使老师由衷地愿意为教学投入更多心思和精力。为此,学院设计了“法学阶梯”系列讲座,让老师站在更宽阔的讲台上,体会到作为教育者的尊荣感,从而让学生普遍性受益。

二、有的放矢:阶梯式教学讲座

纵然将封闭课堂升级为开放讲座可以促使和激励老师精心准备和策划,但把每一堂课都办成讲座并不现实,因此,就需要针对课程的关键时点,着力进行结构性改善。

在一门课的进程中,三个节点尤其重要。第一堂课意味着同学们初入一个陌生的学习领域,尤其需要老师的导引。而以往老师们通常会简单介绍课程大纲、本学期课程进度等内容,往往深浅程度不一,且较为零散。可以说,第一堂课的质量是缺乏保证的。现在学院推出的“入门讲座”,就是将第一堂课改造成一次关于本学科基本概念和学习方法的“入门讲座”。这样一来,在特定主题和讲座结构的要求下,就能促使老师花更多时间和精力备课,体系化地呈现课程导论,从而引导新生进入法学之门,对本学科形成一个初步的认知。

到期中阶段,则需要老师和同学适当地停下来,共同进行反思和总结。许多课程会设置期中作业或期中考试,但出题和检验都完全由老师主导,在信息了解上,师生双方是不对称的。更好的检验方式可能是在期中安排一次集中答疑,汇总学生的困扰和问题,以便老师高效地捕获并解决学生在前半学期学习的共同障碍。于是,学院设计了“进阶讲座”,由教务办老师和助教一起对选课同学进行问卷调查,收集问题并形成报告提交授课老师,老师根据报告精心准备,在讲座上对集中、重要、有共性的问题进行透彻地讲解,扫除学生前期学习障碍,为后半学期的学习打牢基础、指明方向,从而有质量、有目标地开展后半阶段的教学。

期末考试则是整个学期课程的最后一个重要环节。关于考试方式,车浩老师认为,从其教学理念来讲,法学课程的考试应该尽量开卷。因为大学课程的目标,不是通过闭卷考试选拔记忆力和天赋好的同学,而是培养法学生利用层出不穷的法律材料理解和处理问题的能力,只有开卷考试才能检验教学的效果,识别学生之间的差异。

车浩老师总结,“开学入门第一课、期中答疑和期末考试,这是最重要的三个节点。当然,考试改革涉及方方面面,虽然逐渐有越来越多的老师尝试开卷,但是这方面的改革还没有大力推行。现在的目标就集中在前两个时点上——如何让老师在入门阶段付出更多的心力,如何让老师在期中阶段愿意拿出时间来给学生系统性答疑,这是我们想要解决的问题”。

谈及“法学阶梯”系列讲座区别于其他讲座之处,车浩老师表示,其定位为教学类讲座而非学术类讲座,换言之,其本质上是一次面向全院、全校甚至社会公众的公开课。这样的讲座要求老师把每一门课精华的部分拿出来,不是仅展现其某个研究或者某篇论文的成果,而且展现这位老师在整门学科上的成就。当然,如果没有足够的学术科研水平打底,老师们做这样一个导论或答疑讲座,也会受到制约。在这一点上,两者是不冲突的,甚至可以起到相辅相成的作用。

三、作为教育者的尊荣感

“有些老师表示在校内做讲座反而更紧张和激动,也有的老师说很多年不打领带了,上这个课还要打领带。”在讲到授课老师对“法学阶梯”系列讲座的反应时,车浩老师如是举例。

北京大学有很多老师,每个院系都会有突出的学术“大咖”和网红老师,曝光率比较高,而绝大多数老师可能到退休都没有在校内做过讲座,但恰恰是这些大量的兢兢业业的老师,构成了教学队伍的主要力量。他们上的课,占据了整个课程体系的最大比例。

现在的“法学阶梯”系列讲座,就是在举全院之力,全方位地为老师的教学进行宣传。前期会通过官方公众号和校园海报等进行充分的讲座信息宣传,吸引社会公众和其他院校的学生前来旁听;讲座过程中,有法律出版社和北大英华科技有限公司参与全程的视频摄制工作,速记公司对讲座全程速记并整理成文;后期还会将讲座综述发表在“中国法律评论”微信公众号、“北大法宝”微信公众号、北京大学法学院官网等各种公众平台,同时宣传授课老师在教学科研等各个方面的成果。

于是,表面看起来不过是形式的创新,但实际上追求的是实质的目标:通过调动大多数老师的积极性,在各类课程中增加入门导论和难点答疑的环节,让整个课程质量得到改善,最终的受益者是学生。学院做大量投入,向社会公众推举这些老师和他们的课程,也是为了让老师们深切体会到站在讲台上的尊荣感,感受到学生、学院、学校乃至全社会的尊重,从而激励老师们讲好每一堂课。而且,不同于众多学术讲座的是,“法学阶梯”系列讲座本质上是一次“公开课”,是教学类讲座。因此,老师们在该讲座中获得的尊荣感,首先源自其教育者的身份,而不仅仅是学者身份。

此外,学院鼓励老师更多地投入教学,并非“唯教学论”,其本身就是在平衡本科教育和学术研究的紧张关系。其实在科研方面,老师们以前受到的引导和激励就已经很多了,如各种科研奖项、职称评定、论文发表等;学院现在所做的工作,同样也是加强对老师们投入教学工作的肯定和鼓励。“教学和科研是大学老师的两项基本职责,两者是不应当偏废的。”

四、“花香蝶自来”

除老师获得尊荣感,学院课程质量提高,学生最终受益外,“法学阶梯”讲座也具有重要的社会意义。

在教学改革层面,这样的模式对于不同课程、院校都具有可复制性。每一门课都可以这样打造,每一位老师都可以做到开头系统的导论和中期全面的答疑,所以每一个法学院都可以依靠其存量做同样的推广。在此意义上,“法学阶梯”系列讲座也是北京大学法学院对全国法学教育的一点探索和贡献。

“北大法学院作为我国的法学重镇,一直引领全国法学教育的航向。通过把这些课程当中最精华部分、老师最精心准备的环节向社会公众推出,其实也实现了教育资源的分享,体现了北大法学院的社会担当。”

最后,法学院会争取每个学期都推出一批入门讲座和进阶讲座,希望通过持续地推进,用三至五年的时间实现法学院绝大部分的课程在关键节点上有质的提升。更精彩的“法学阶梯”讲座,更精彩的北京大学法学院,敬请期待!